ワードマップ

21世紀の文化人類学

世界の新しい捉え方

前川啓治・箭内 匡・深川宏樹・浜田明範
里見龍樹・木村周平・根本 達・三浦 敦 著

新曜社

はじめに

「西洋近代」をどう捉えるかということは、それ自体をテーマにしていなくともすべての人文・社会科学者に関わる課題である。文化人類学はとくに種々の意味合いにおいて、この「西洋近代」を意識している。「かつて私たちが近代人であったことは一度もない」というブリュノ・ラトゥール（二〇〇八）の指摘は的を得ている。もちろん、何をもって近代の指標とするかに拠るのであるが、人間と非‐人間との関係性という点のみならず、科学革命も産業革命も（政治社会的）革命もいずれもが、断絶というよりは**連続性**の上に成り立っているという認識が重要である（終章参照）。歴史学などでもこの点は示されており、時間的「連続性」が鍵概念となろう。また、民族論では民族間の**文化の差異**が強調されがちであるが、**境界**において、民族はもとより**文化の連続的変移**について注目する必要がある。近代も非近代も実際には同一空間内に存在し、また個々の自然、文化間の**インターフェース**空間にも連続性が見られる。このことは本書を貫く共通認識であり、他のあらゆる学問と協働する際に必要な基本的認識である。

文化人類学はかつて**フィールドワーク**という方法論を含め、種々の社会科学、人文学に原理的な方向性を示す学問でもあった。それが現在では人類学が参照されなくなっている。こうした人類学の状況を抜け出すには、他の学問と協働して新たな社会科学や人文学の構築を目指すことが必要であろう。その場合でも、カルチュラル・スタディーズやポストコロニアルの概念を安易に流用するのではなく、他の学問分野に対する**人類学のオリジナリティ**を示しながら、それらと交わりうる方向性を示すことが必要である。人類学の再生に必要なのは、消費者としての学問から、再び**生産者としての学問**へと展開することである。

*

以下、各部の主旨を述べておこう。

（1）学問とは不可視のものをなんらかの方法で可視化させることである。そして、その探究の**範囲**すなわち**対象単位**をどこにおくかによって、個々の構成要素の意味と機能の異なる側面が浮かび上がってくるものである。「対象の範囲」「単位」の違いは、当然文脈の差異を生じるが、それだけではない。研究のアプローチの方向性がおのずと生まれてくるのも、対象とする範囲と単位に依っている（この点で、**アクターネットワーク理論**〔ＡＮＴ〕はいち早くそのことを意識し、提示してきた）。**他者**という認識を、身体あるいは動植物を含めた自然にも拡大し、より広い範囲で取り組む方向性は、人類学が二十一世紀の学問として再生するのに必要なことであろう。

人類学はレヴィ＝ストロース以降、再び**人類と自然**という大きな範囲で探究の対象を設定しようとしている。「人格」や「景観」、「アニミズム」や「シャーマニズム」、映像や音などの事象を従来とは異なる視点から捉え、広義の「イメージ」と関わらせることによって、新たなパラダイムを提示することが目指される。ロイ・ワグナーの探求を起点とする人類学のメインストリームにおける革新を扱うのがＩ部である。

（2）また、人類学に**実践**的な視点の必要性が言われて久しい。まず、人類学のフィールドワーク自体が実践の一つの形態であることを確認しよう。そうした実践をもとに**民族誌**が生み出され、独自の理論的展開を意識してきた人類学は、認識の上では詳細で深い対象への理解を目指し成果を上げてきたが、他の学問分野に比べ、対象社会や人々に対する関わりは個人的なものとされ、社会的コミットメントという意識が薄かったことは否めない。

しかし、現在、**社会的実践**の新たな分野や社会的実践の展望、コミットのあり方を示す種々の試みがなされている。Ⅱ部は、一歩踏み込んだ人類学の実践への展開について扱っている。たとえば、新たな人類学の課題として「**災害**」は大きなテーマとして現前している。災害支援という実践において人類学独自の貢献はありうるし、また**レジリエンス**（復元への適応力）による身体性やイメージ化という観点からの変容の分析と再生のあり方と可能性をみることもできよう。ここでもまた、人と自然、文化と自然の関わりがテーマとなる。一方、社会との関わりにおいては、**公共性**への展開が問われている。

さらに、人類学の主要なテーマの一つは、さまざまな文脈における**周辺性**であった。社会苦に挑んできた運動家を、調査者としてだけでなく、共に実践する存在としてコミットするという展開も見られる。一つの文化形成の実践としてのフィールドワークというものが、社会的な意味での実践にどのように関わるのか。社会的実践過程のなかで人類学はどういう役割を果たすのか。実践的人類学はすでに行なわれている実践家の社会的実践とどのように交差するのか、が問われている。そして、こうした社会的実践の展開は、実は儀礼などをとおして、自然と文化の関わりとも無縁ではない。

（3）ところで、人類学は文化のみならず、市場社会やあるいは近代そのものを相対化してきた。しかし、現代では近代の市場社会を扱う経済学などの学問も変化し、新たな展開を見せている。すなわち、**開発**や**アソシエーション**、**コモンズ**、あるいは**オルターナティヴな経済**などを扱う際でも、一定の合理性などへの吟味も含めて、**方法論的個人主義と集団主義**を超える視野を持つ必要を意識する時代を迎えている。そうした点から経済学をはじめとした他分野と交差するスタンスと方法論の探求が必要となろう。Ⅲ部はそうした展開を意識しての「社会科学としての人類学」を、過去から未来に向けて取り上げたものとなっている。

＊

序章においては、永らく忘れられていた「**人類学的**」ということの意味と意義を提示し、人類学の過去から現在までを、未来を意識しながらまとめている。終章は、各章の「部分的関連」を解き明かしながら、現在から未来へと向かう**二十一世紀の人類学**への序奏として提示されている。

今日文化人類学の扱う個々のトピックは多様であるが、たとえば移民や開発など、新たなテーマとして人類学が取り上げるようになった事象は、フィールドから必然的に要請されてきたものである。したがって、われわれが何をフィールドとするかによって人類学のテーマは決まる。そして、何をテーマにするかによって二十一世紀の人類学は方向づけられる。しかし、それらを扱うにふさわしい世界認識の変容が伴わなければ、人類学は本格的に「再起動」しないであろう。本書は、そうした状況に力強くガイドラインを示そうとする試みである。

21世紀の文化人類学——目次

装幀――加藤光太郎

序章

「人類学的」とはどういうことか

前川啓治

クロード・レヴィ＝ストロース
(*Claude Levi-Strauss*, Editions de l'Herne, 2004, p.264/265)

序章では、「人類学的」とはどういうことかを、まずロイ・ワグナーの「文化生成論」を端緒にフィールドワークや民族誌について明らかにする。人類学を他の学問から区別するものは、対象を捉える視点のあり方である。人類学は客観的であることをそもそも標榜していない。重視されてきたのは、「内在的」捉え方ということである。俯瞰的で、外的な「超越的」客観主義に対し、内在的な意識と感覚で捉える「超越論的」という認識のあり方を提示し、「人類学的」ということを貫く基本原理として提示する。

この視点から、「文化相対主義」を取り上げるとその意味が再認識される。さらにワグナーの方法論を展開したマーシャル・サーリンズとオリエンタリズム批判のガナナート・オベーセーカラの「文化戦争」といわれる論争も、その視点の応用として捉えればその意味が明らかとなる。

最後に、ワグナーに端を発した「生成論的人類学」の革新は、マリリン・ストラザーンの「部分的つながり」論や新たな人類学的比較論へ、さらにヴィヴェイロス・デ・カストロに至って、この潮流が「存在論的転回」論へと展開していることに触れる。

超越的・超越論的

「文化」の客体化

かつて文化人類学といえば、**フィールドワーク**に基づき**民族誌**を生産し、場合によってはそこから理論化を行なう経験的学問とされていた（人類学が、評論のようになってきたのが、民族誌自体の批判を旨とするアプローチが現われて以降である）。

しかし、人類学は経験的な基盤を有しながらも、同時に思想的な側面も持っている。哲学のように厳密ではないが、**他者理解**という人類学の存在理由《セゾンデートル》からは、必然的に認識論や存在論に関わる側面・領域が生じてくる。

民族誌を生み出すフィールドワークは、認識論的に他の学問とは異なる視点を必要とする。それは、後にロイ・ワグナーを引いて示すように、異文化との差異というものを、「**内在性**」を起点に認識するものである。

近代的学問は客観性というものを標榜してきたが、それは観察者が対象から離れて、いわば「絶対神」のように「**超越的（外的）**」ポジションから、鳥瞰的に対象を見るというものである。これに対し、人類学のフィールドワークにおいては、対象となる人々との広範で深い関わりから、彼らの世界を理解しようとするというプロセスを踏む。それは、対象である彼・彼女らの世界から離れて鳥瞰的に捉えるものではなく、また透明人間になって彼・彼女らの世界を見るものでもない。それは、言語のみならず感覚に根差した「内在的」な他者への意識によってもたらされるものである。

フィールドにおいては、まず彼・彼女らの世界における「内在的」な関係性を探求の対象としてそれを捉えようとする。しかし、そのプロセスにおいて遂行する内在的視点から、彼・彼女らの世界と自らの世界との相対的差異が見いだされ、結果的に「自らの世界の何たるか」に気づかされることも重要である。そうしたなかで、フィールドワーカーは、彼・彼女ら（差異を担った他者）の世界を囲い込んで包摂するのではなく、その側面を自らの世界に取り込みながら、自らの世界をより包括的に変容させるのである。

したがって、この一連の認識プロセスによって結果的にもたらされる「比較」も、超越的＝外的視点から「切り取った」項目の比較ではなく、経験的対照性に根差した全体的比較を示すものとなる。こうして対象社会に受け容れられるプロセスにおいて、「内在的」な視点から対象社会を見ながら、それで終わるのではなく再帰的に差異を確認するという視点の移動の**反復**を経て、対象となる世界を捉えるフィールドワーカーのアプローチを、「**超越論的**」ということができよう。

「超越論的」とは、外在的超越的視点を起点にするのではなく、**内在的視点**を起点として他者を客体化しながら、再帰的にその行為と結果自体をさらに対象化して、総

（1）制度的言説によって認識上オリエントを支配し、再構成する西洋の様式。サイード自身は、宗教の起源が近い中東イスラム世界と西洋世界の特殊な関係性につい

合的に捉える、不断の動きを伴う捉え方ともいえよう。この用語はフッサールの現象学において用いられたものをもとに、より広い適用を試みながら、人類学的実践を貫徹する基本的原理として明らかにし、人類学の断片化を超えようとするものである。

民族誌と批評

一九二〇年代、フィールドワークにおける詳細な参与観察に基づく機能主義人類学が、マリノフキによって構築された。そして一九五〇年代、レヴィ＝ストロースが文化の一般理論を**「構造」の概念**で提示した。構造論の登場は、人類学以外の分野にも大きな影響を与え、また思想としても、サルトルの西洋中心主義の枠内で展開された実存主義に対し、その視野を非西洋世界に大きく拡げることとなった。その後、七〇年代、八〇年代には、個々の文化の相対性を強調し、反＝反文化相対主義を唱えたギアツの民族誌的アプローチが提唱され、人類学は一つの頂点を迎えた。そうしたアプローチのある種「意味」の飽和状態のなか、サイードの**オリエンタリズム**(1)や**カルチュラル・スタディーズ**(2)などの影響を受けた「**ライティング・カルチュア派**(3)」が、民族誌のヴァーチャルな側面をとりあげ、人類学批判の論考を展開していったのが、とくに一九九〇年代であり、日本では二〇〇〇年代までその影響を見ることとなった。

そして、その先にあったのは、長年フィールドから思考し、人類学とその実践を両立させてきた人類学者の示唆的な次の言葉である。

て言及していたが、のちに拡大適用されるようになった（二二頁参照）。

（2） 一九六〇年代にバーミンガム大学現代文化研究センターを設立したスチュアート・ホールらによる造語。初期は、マルクス主義やフランクフルト学派の流れをくむものが中心であったが、文化についての事象を権力との関係から捉えようとする。文化をメディア（や）消費という視点から捉え、日常生活における意味と行動を探り、「抵抗」を旨とする政治的批判の意識化を促す批評。

（3） 一九八〇年代以降、ジェイムズ・クリフォードやジョージ・マーカスなどによって提唱されたポストモダン人類学の立場で、デリダのポスト・ストラクチュアリズムやテクスト理論などの影響も受け、従来の民族誌のあり方や「文化」概念を批判した。そこから、多声的な民族誌の「実験」が試みられたりした。

人類学は非常に厳しい環境の中にある。厳しい批評を受けて、民族誌という作品を書く力が減衰してしまっている。そのような状況の中で、批評が新しい民族誌の新しい方向性を切り開き、そこから生まれた新たな民族誌が再び新たな批評を生み出すという循環が成り立たなくなっているのだ。（木村秀雄 二〇〇七：三八三）

クリフォード・ギアツ
（https://en.wikipedia.org/wiki/Clifford_Geertz）

何かの行為を行なえばなにがしかの言及はつきものである。それが一つの視点を得たときに批評は成立する。そういう意味では批評は再生産のためのものだと考えられる。人類学においてその循環が成立しなくなっているのは、そうした批評が必ずしも「内在的」な批評ではなくなったからである。

内在的批評とは、**民族誌の生産**という行為を行なってきた現場に根差した立場《ポジション》からの批評であって（外部の視点もときには貴重であるが）、そうでなくてはただのメタ言語として潰えてしまう。言語においては発話者の**ポジション**（立ち位置）が明らかになるが、メタ言語ではそれが明らかにされない。批評と生産は互いに解釈しあう関係にあるという点で、実際には同等である。しかし、生産行為自体を行なわずに、過去の生産工程の一部を取り上げ、オリエンタリズム批判以降の時代背景によって優位に立ち、カルチュラル・スタディーズやポストコロニアル・スタディーズの概念をもっぱら消費する批評者に断罪されてきたという面がある。民族誌の生産（ポイエーシス）が、民族誌と批評のやり取りから再生産されるのではなく、むしろ批評の枠内で扱われてきたことは人類学にとって不幸であった。その結果、とくに日本においてはフィールドワーク派と批評派の棲み分けと、派生的な「内旋」が続き、他の学問に参照されることもない縮小均衡した学問に甘んじることとなった。

民族誌を生む人類学者のフィールドワークが素朴に「客観的」なものという前提はないし、そもそも社会科学においては客観的ということ自体が、自然科学のそれとは異なる。よく言われることであるが、社会科学、そして人文学の観察者が被観察者と同じ「人」によって構成されているという点である。つまり、通常の自然科学のように観察者は対象の全体を俯瞰的に眺めることはできない。俯瞰的に内実を眺めることができるのは「絶対神」のような超越者だけである。ここから**超越的（外部）視点**というものが導かれる。これは主体が対象と距離を置き、客体を総体として見る構図である。しかし、見る「人」が見られる「人」と同じ「人」という点で、実際には絶対神のようには見ることはできない。見ることができると思っていても、それはあくまで擬似的なものであって、実際には対象をなにがしかの観点から「切り取って」見ているにすぎない。たとえば経済的視点から、政治的視点から、あるいは心理的な視点から……。往々にして人文社会科学において問題となるのは、この「認識の限界」についての無自覚である。むしろ自然科学者の多くは、この限界を意識して対象に向かっている。人文・社会科学者にとっての危険性は、そうした限界を意識せずに擬似的な客観性に向かうことである。

かつて西洋人は、一つの神によって世界が限界を意識することなく広がるものと仮定し、地球の果てへと航海した。他者の「世界」を包摂する限りにおいて、世界の限界を意識することはない。ここでも西洋的な視点の**超越性**が行使されてきたのである。その背景には非西洋社会との圧倒的な政治経済的・軍事的な力の差があったが、その事実は、こうした一方的で包摂的な世界認識とは切り離されて扱われていた。

超越論的な文化相対主義へ

「自分の認識に限界があると認識できる人は、実は自分の認識の限界を超越している。限界の内部にいる人には、限界が見えない。限界を超越して初めて、限界を認識することができる。認識の限界を認識することは、超越を論じることであり、超越論的である」と永井俊哉は述べている（永井俊哉ドットコム「超越論的認識とは何か」。強調引用者）。重要なのは、限界の内部にいる人が、超越的なメタ・ポジションに立ち、擬似的に「切り取り」をしていることに気づかず、それを世界だと認識し、納得することである。この点から文化相対主義を見直すと、その意義が見えてくる。

文化相対主義とは、文化には上下がなく、対象とする（単位）集団の文化をそのものとして捉えようという態度であった。それは**他者理解**にとって必須の要件であり、疑問をさしはさむ余地のないものとして認知されてきた。しかし、文化相対主義には認識論的かつ現実的な「パラドックス」が本質的に内在している。

まず、**文化の多様性**を強調する立場は、文化の「差異」を強調し、結果的にそれを固定的なものとして捉えがちな点である。そうした観点からは、文化の違いを超えた相互交流の土台を見いだすことが困難となる。**異文化理解**は文化間コミュニケーションにとって重要な手段である。ところが、異文化理解の方法論である文化相対主義を固定的に捉えると、文化の「差異」そのものによって文化間相互のコミュニケーションの可能性がなくなるという奇妙な「パラドックス」が生じうる。

さらに重要な点は、現実において各文化を担っている社会の間に「力」の格差が存在するということを、一時的にせよ軽視してしまうことである。文化的価値観は相対的であるというが、現実にはすでに諸文化は交差し融合しあっており、そこには優勢な文化が、より劣勢な文化を「包摂」するという関係が成り立っている。つまり、「文化はどれほど小規模な単位のものであっても、自律していて独自の価値を有している」という文化相対主義のテーゼにもかかわらず、現実には文化を自律的で独自と設定しうる前提が揺らいでいるのである。

そこで、文化相対主義とは、優勢な西洋社会が劣勢な「未開」社会やその他の非西洋社会の文化を捉える際に、「前者がその優勢な立場から後者の価値を一方的に判断してきた」という近代西洋の認識のあり方に反省を促し、自らそれを是正しようという動きの現われだったということを理解しなければならない。**オリエンタリズム**が、「近代世界の覇者である西欧が、征服されるべき対象としてひとつの世界を認識し、表象する行為をとおして他者を定位し、その他者との対比によって自らを主体として定位させるディスクール」（伊藤 一九九三：六五－六六：サイード 一九八六［一九七八］）であるならば、文化相対主義はこの力関係に由来する非対称性を是正し、他者を自己に従属した他者ではなく、独立した他者として定位させ、そのものとして理解しようという文化的運動であったともいえよう。言い換えれば、歴史的に形成されてきた文化間の力関係というコンテクストから一旦離れて、対象文化を見てみようという態度の問題であり、それを理念的、倫理的な方法論として確立しようとしたものであった。逆にいえば、力関係に根差した文化間の格差やヒエラルヒーという政治的現実がつねに、すでにあったのであり、文化の問題が、現実には社会間相互の政治経済的な「関係性」の歴史から独立して存在することはないということをも示している。こうした重層的な認識の到達点から、人類学者はどのような方法で、他者の文化をそのものとして明らかにしてゆくことができるのであろう。

　真の文化相対主義者は、西洋世界による他者認識に「限界」があるということをわかっている。そのうえで他の文化を理解し続けようという態度を**超越論的**ということができる。文化相対主義に対し、複数文化を前提とするという点では**多文化主義**が同じような響きを持つが、多文化主義は政策となった時点で、それ自体が俯瞰的・超越的な固定化された視点による設定となり、生成的な相互作用を含む動態性が失われがちとなる。また、「人間の鏡[4]」というスタンスは重要でありながらも、時代による制約によって西洋の立場からの一般論となっており、他者が西洋文化に包含されている点で、超越的視点から自由ではないといえよう。

「カルチュラル・スタディーズ」やその影響を受けた「ライティング・カルチュア派」などの、すべてが政治的言説に還元される批評は、やはり別な立場から**超越的（外部）視点**のもと、「切り取り」をしているに過ぎないことになる。「自分の認識に限界があると認識できる人は、実は自分の認識の限界を超越している」という点で、文化相対主義のスタンスは、それに基づくフィールドワークという実践過程のなかで自らの認識の限界を認識し、そのことによって認識の「限界」を逆説的に超越しようとするのである。「超越的視点による自・他の実体化」を免れたあるべき文化相対主義は、こうして超越論的といえよう[5]。このように、本来の文化相対主義は、単に文化を複数として捉えるという単純なものではないことがわかるであろう。

フィールドワークと文化の客体化

ロイ・ワグナー（二〇〇〇［一九七五］）は「文化」に関する人類学の独自性について次のように述べている。

（4）アメリカ先住民ナバホについて調査し、「文化とパーソナリティ」による類型論を発展させたクライド・クラックホーンの用語。未開民族の研究によってわれわれ自身の姿をよりよく理解できるという主旨であるが、その背景には進化の観念が潜在していた。

（5）哲学において「内在」と「超越（外在）」というのは対立する基礎概念であるが、異文化との関わりという文脈では、内在性（人間一般の経験や認識の範囲にあるもの）そのものが超越的になりうる危険性は、植民地主義における自民族中心主義や現代の排外的論調に明らかであろう。したがって、異文化理解には超越論的態度こそが必須である。

人類学者は、文化という概念をとおして人間の固有性と多様性の双方を理解するために、非常に広範な、そして同時に非常に基本的な人間のあり方を研究する道を選択する。このことは、学問に対して特異な立場をとることになる。「意味の意味」を考察する認識論者や、人間がどのように考えるかを考える心理学者のように、人類学者は自己の研究対象のなかに自らの生活様式をもち込まざるをえず、したがって自分自身を研究するように強いられる。より正確には、人間の可能性全体を「文化」として語ろうとするがゆえに、人類学者は自分自身の文化を活用して異文化あるいは文化一般を研究するのだ。……古典的合理主義者が主張する絶対的客観性を放棄し、自らの文化の特性を基盤とした相対的客観性を支持しなければならない。（ワグナー 二〇〇〇：二四）

弁証法、客体化、媒介といった概念の非限定的で普遍的な適用をとおして、「私たちの文化」ではなく一般概念としての文化を創造する人類学は、他者の分析に不可欠な部分として自己分析を含んでおり、またその逆もしかりである。（ワグナー 二〇〇〇：二二一。邦訳での「発明」をここでは「創造」としている）

文化を対象とする人類学者の民族誌は**フィールドワーク**という実践によってもたらされる。そこでは、フィールドワークにおける**カルチュア・ショック**の体験から、対

ロイ・ワグナー
(https://anthropology.virginia.edu/faculty/profile/rw)

象とする社会の文化と自らの背景となる文化の両方を、その**対照性**において同時に捉えるということが原体験となる。フィールドワークを行なうには、対象社会に入り、その土地の人々とコミュニケートし、受け容れられることが必須の要件である。ところがまさに慣習行為や価値観、つまり「文化」の違いから、対象社会に適応できないという経験（カルチュア・ショック）を経て、なんとか模索しながら徐々に適応するプロセスを通し、対象社会の「文化」を見いだし、同時に自らの「文化」も可視化するのである。重要なのは、その際に自／他の差異を通して両方の文化を**客体化**し、その結果、自／他の両方の文化を「創造」することなのである。

　これは、存在論と認識論が分離されていない、すぐれて経験的に存在論的な認識のプロセスといえよう。フィールドワークという実践において、認識の上で引き裂かれた存在がその**レジリエンス**（回復への適応力）によって、新たな「世界認識」を獲得することを意味する。それはつまり、もともと生きてきた文化、すなわち元来担ってきた文化と、対象社会の文化、の両方を包含して「創造」される、より大きな世界観＝〈世界〉の構築なのである。本来の意味で、人類学のフィールドワーカーとは、そういう認識論的・存在論的経験を経た人のことを指すべきであり（その意味では、生きていること自体が人類学的にもなりうる）、その点で、人類学の内在性がフィールドワークにあるといえよう。

　このように、経験された対照性に基づいて客体化された事象を仮に「文化」として設定しよう。そのうえで、「民族誌」とはあくまで、そうした文化的経験のもとに生まれる一連の「文化創造のプロセス」の一断面を固定化して、「切り取った」ものといえる。(6)

ちなみに、こうしたプロセスを経て生産された民族誌は、世界観や儀礼だけでなく、政治や経済、法などを含めた社会構造も対象としており、対象化された政治や経済や法は、広義の文化として捉えることができる。たとえば、文化要素としての「政治」といった場合、設定された単位集団において、公けに制度化された事象から抜け落ちる力の関係性の実態をさすことになる。また、文化要素としての「経済」という場合は、モノ＝財のやりとりに関し、量よりはその形態・内容が対象となり、象徴的な側面を含め、その生産、分配、消費の多様な実態が問われてゆくのである。

このように人類学者が「文化」を捉えるということは、超越論的に自他の「文化」を比較して捉えるということなのである。民族誌とはあくまでそうした**超越論的比較**のプロセスの結果の一側面であり、本来、人類学者が実際にフィールドで行なっていることは、超越論的な「文化」ないし「世界」の創造過程そのものなのである。それは、語の本来の意味での「学び」のプロセスといってもよいだろう。そして、そうした学びのプロセスは当該社会の人々によっても遂行されうる点が重要である。

個別の文化と文化一般

(6) したがって、人類学者の実践過程における「民族誌を書く」ことのみを「切り取って」批判するクリフォードらのあり方は部分的なものであるといえる。その点ではまた、ギアツも「民族誌を書く」ことに集中し過ぎていた感は否めない。クリフォードの所論についての脱構築は、前川（二〇一二）を参照のこと。
　ワグナーのフィールドワークの方法論に重なるものを、一般的な文章で示しているものとして、インゴルド（二〇一七）が挙げられる。また、感覚・身体という点から深めたものとして箭内（二〇一四、二〇一八）がある。

このように「文化」として捉えるものはあくまでも設定であって、それを実体的に客体化する必要はない。互いに変化しながら互いを想像する経験のなかで、「個別の文化」の創造の過程から「一般理論としての文化」概念を創造し、同時にその一般概念を用いて「個別の文化」を創造しうる。また、「個別の文化」を創造する際にも、「一般理論としての文化」概念を創造する際にも、人類学者は「参与観察」やインタビューの経験をもとにその都度、直感的で暫定的な仮説を立て、またそれを確証するためにさらなる観察やインタビューによる検証を繰り返すのである。こうした推論、すなわち**アブダクション**[7]の網の目を通して考察する人類学者は、また抽象度の低い事象については帰納（インダクション）的、より抽象的な理論を打ち立てるためには、レヴィ＝ストロースの親族理論のように、演繹（ディダクション）的考察へと展開することもある。

文化相対主義が平等を旨として異文化を見るとするならば、人類学者が対象とする社会の人々も外来者の「文化」（に相当するもの）を想像し、創造するのである。ワグナーが「反転した人類学」とよぶ「カーゴ・カルト」[8]がその典型である。そして、その主客が入れ子的に反転しつつ生成したものが「ピジン語」[9]である。いずれも、欧米では「カーゴ・カルト・サイエンス」（いんちき科学）や「ブロークン」といわれて否定的な評価のもと実体化された事象である。しかし、ひとたび、対象とする社会の人々自身が外来者の「文化」を客体化するという視点に立てば、その文化的意味と

(7)　帰納法、演繹法に、チャールズ・パースによって加えられた論理的推論法で、仮説形成あるいは仮説的推論とされる。起きた現象（とくに失敗）に対し仮説を構築して論理的に説明する方法。観察された事実の集合から出発し、それらの最良の説明へ、また遡及的に最良の仮説へと反復する総合的推論。

(8)　「カーゴ・カルト」の項を参照。

(9)　現地の人々と初期に接触した貿易商人との間で、モノの交換に伴うコミュニケーションのために自然に生成した接触言語。互換性のある「代替単語」で構成され、これが数世代にわたり定着するとクレオール語といわれる。

意義が明らかになる。

ワグナーは、「人間は、自らの思考・行為・生産物に「制御」として選択された何らかの脈絡を特徴として与えながら、客体化をとおして自分の現実を創造している」(ワグナー 二〇〇〇：二一七)として、**コンヴェンション**に対する**インヴェンション**、インヴェンションに対する**カウンター・インヴェンション**という文化の特殊弁証法的で動態的な創造の過程を「文化の一般理論」として提示している。

普遍的な原理を抽出する際には一定以上形式化することが必要であるが、ワグナーはまず、意味とは**脈絡(コンテクスト)**における象徴要素の相互作用で得られる観念連合(つまり連想)を通して明らかになるものとし、脈絡を創造あるいは経験するための関数であるとする。意味が拡張され、またコミュニケートする場合にも慣習的脈絡を前提としているとされる。そして、この象徴作用の集合的慣習的様態(コンヴェンション)に対し、差異化の非慣習的様態(インヴェンション)があるが、文化とは言語や範疇による「遮蔽」などの制御の作用を考慮しながら、慣習的にあるいは非慣習的に客体化されるものとなる。そして、客体化されたこうした差異化のインヴェンションおよびコンヴェンションは各々が互いを前提とし、またカウンター・インヴェンションという様態によるフィードバックも内包する独自の展開(オヴィエーション)[10]が文化を動態的なものとする。ただし、「制御」の働きを含め、文化生成についての**意識化**という視点が、社会にとっても人類学にとっても重要である、というのがワグ

(10) とくに神話や儀礼において、起点となる慣習的状態から種々の出来事が生じ、比喩が次々に取って代わられ、慣習的様態と非慣習的様態の弁証法的なプロセスを経て筋書きが終了するとき、起点に戻り、当初の慣習的状態とは明らかに異なった状態が確認されること。ワグナーは、この展開プロセスを立体的に捉え、比喩の「自動代替」という内部作用による連鎖を、フラクタルないしホログラフィックな構造として提示している(Wagner 1978)。

ナーの究極の論点である。
ワグナーはまた、自然と文化という点で、エスノサイエンスや「民族意味論」が客体化を行ないながら、客体化という行為過程の存在を否定してしまうことを指摘する。

一種の「人為的慣習化」によって意味論的人類学は、意味を担う表現を言語に、つまり抽出された一組の定義に還元する。そしてその定義を今度は、自然界を客体化する手段として役立てる。民族意味論の営為と技法が、そして最終的には現地社会の人々の「範疇《カテゴリー》」が、この客体化を覆い隠す遮蔽を提供する。（ワグナー 二〇〇〇：二二七）

この点に関してワグナーは、レヴィ＝ストロースについても「民族意味論」に入れざるを得ない面があるとしながらも、その両義性を同時に評価もしている。必要なのは、個別の文化と一般の文化における「文化生成」を扱う方法である。つまり、西洋的な合理主義に還元されない「自己創造的な全体的概念体系の類似物」として諸文化を客体化するには、「文化生成の一般理論」の構築が必要ということであろう。そのためには、超越的視点から超越論的視点への移行についての意識化が前提とされるのである。

コラム「超越的」と「超越論的」の変遷

人類学においても、超越的、超越論的という語は昨今普及してきた。ただし、哲学に由来するこの概念は、用いる論者によってかなり意味合いが異なっている。

「超越（外在）」に対するのは「内在」という概念である。まず、感覚、自然を超えたイデア界を「超越的」世界として初めて提示したのがプラトンであるが、それに対してアリストテレスは形而上学という言葉を用いながらも、イデアに当たるものを感覚的に把握しうるものの形相（目的論的性質）とし、「内在」とした。

「超越」とは「意識の内在性」を超えた領域を指すことから、絶対神の領域を指す場合もあれば、神を想定しない場合には自然やモノ、対象そのものの世界を指す場合もありうる。カントは超越と内在について、現象界で感覚で捉えられるものを内在的なものとした。さらに、主観にア・プリオリに存在するカテゴリーなどが現象を通して、物や自然を捉える条件や状況を探る態度を**超越論的**とした。これは、「先験的」とも言われるもので、個別的内容を超えた超個人的な形式としての主観が、自然としての客観に先験するという超越論性＝先験性の提起であった。つまり、形式的主観がいかに意識を超越する客観を捉えるかということが超越論的ということになる（内在による外在へのアプローチである）。ここまでくれば、レヴィ＝ストロースの構造論まであと一歩であろう）。その結果、超越的な存在に対し、主観＝内在の限界を意識していることは、超越論的視野を有していることになる。

「事象そのものへ」というフッサールは、対象に関する既存のすべての判断を中止し、自己による純粋意識に現われる経験の**現象学的還元**によって、世界を構成することとした。現象学的還元とは、「超越」の要素を排除し、すべてを「内在」に還元することとされる。そして、そのことによって既存の人間存在に与えられた先入観や常識の意味世界を超越するのが**超越論的主観性**ということになる。

こうした概念の用法の推移を前提としながらも、本章での用い方は柄谷（一九八九）に拠っている。柄谷行人は、超越論的という言葉をフッサールのいう意味に限定する必要はないとして、こう位置づけている。「自己意識の構造や自我の統一などといった問題に限定しないで、われわれが経験的に自明且つ自然であると思っていることをカッコにいれ、そのような思いこみを可能にしている諸条件を吟味（批判）することだという意味で考える」と（一九八九：一八六－一八七）。つまり、認識に関する事象の存立基盤そのものを問い、明らかにすることを超越論的としていることになる。柄谷によれば（つまり、この広義で実践的な定義にしたがえば）、フーコーの系譜学もデリダの脱構築も超越論的である。筆者は人類学の文脈で考察する際、永井俊哉の短い定義（二〇頁参照）をこれに合わせて認識＝存在論的定義として用いている。

ところで、**フィールドワーク**の経験者なら分かることであるが、実際にフィールドでまず調査されるのは、調査する側の人類学者である。当該社会の人たちも、外来者である不思議な存在としての人類学者に興味を抱き、そのため人類学者がその出自世界について問われることはしばしばあるが、そうした対話を通して、限定的ではあっても、互いの理解に資する間主観的な**インターフェース**の時空間が構築されてゆくのである。

ここまでの説明で、超越的と超越論的ということと超越的視点と超越論的視点とがそのまま重なる訳ではないことがわかるだろう。**超越的視点**による「比較」という場合は、外部から、しかも超越的主体としての絶対神のように、上から俯瞰的に比較して眺めるということを意味している（しかし、その擬似〔不可能〕性ゆえ、あくまで対象の一部分を切り取って比較していることになる）。これに対し、**超越論的視点**による比較とは、視る主体の世界（文化）が脱構築されつつ、対象となる世界（文化）が構築される過程と言えよう。

とはいえ、超越論的視点とは、必ずしも「外」から見るということを全面的に否定して、常に内在的な視点で見ることを意味しない。内在的な視点から再帰的で擬似的な外在的な視点へ、またそうした外在的な視点から内在的な視点へ、つまり「内」から「外」へ、「外」から「内」へという**視点の反復移動**を繰り返しながら、さらに現実と概念の往来による検証の反復によって対象を捉えるあり方が、超越論的なのである。その意味では、超越論的であるということは、再帰性、フィードバックなども内包した、終わりなき反復の過程を含意しているともいえよう（そして、「内」と「外」の境界は実線ではなく、フィルターのように相互浸透しうるものである）。

こうしたあり方をいち早く指摘していたのはジル・ドゥルーズであり、言語活動における主体の二重化として言及している。経験そのものの「現実性の条件」として、「経験論的主観〔主体〕が世界に生まれるときは必ず、その経験論的主観は超越論的主観のなかで同時に反省＝反映され、超越論的主観は経験論的主観を思考し、経験論的主観は超越論的主観のなかでみずからを思考する」（二〇〇八：一三二：一九八五）としている。さらに、ドゥルーズの「内在平面」という概念は、「自らと実在的に区別される超越の存在を否定する内在（性）を指すもの」として、認識論的にだけでなく存在論的に「内在」と「超越」を捉えている。

超越論的展開

過去から未来へ 生成する人類学

出来事と出会いの構造

普遍主義と相対主義の間に立つロイ・ワグナーは、外在的な批評ではなく、内在性を起点とする超越論的な批判・批評を展開してきたが、マーシャル・サーリンズはこの視点を西洋と非西洋の出会いの歴史の理解に応用している。サーリンズは、『歴史の島々』（一九九三）において、クック船長のハワイにおける死[1]という歴史的事件を取り上げ、文化の出会い、**文化的インターフェース**における象徴的な関係性について、構造論的に解明している。

マクロの歴史的観点からは、クック船長の航海はその後のイギリスの世界支配の基礎をつくったものと考えられている。クック船長がイギリスから世界に向かって航海したのは一七七〇年代であった。一度目、二度目と種々の困難を経験しながらも南極大陸をはじめ、世界各地に寄港し、幾つもの大陸の存在と具体的イメージを呈示していった。そうして航路を探り確定してゆくことが、その後のイギリスによる世界支配の布石となった。

（1）コラム「クック船長の死」参照。

ただ、三回目の最後の航海時には全二回の航海と異なり、ロシア版のベーリング海域の地図や情報の不備に翻弄され、またクック船長自身が寄生虫の病いに侵されていたのではという話もあり、一、二回目の航海における冷静な判断と行動とは異なり、船員と衝突し、怒りを放つこともままあったという。さらには、ハワイに停泊している航海船からボートを盗んだ首長に発砲して死亡させるなど、慎重さを欠く対応があったとも伝えられている。

こうしたクック船長側の事情や認識に対し、サーリンズはハワイの先住民の側の**世界観（コスモロジー）**と儀礼から、クックを死に至らしめた内因を探ろうとしている。すべての「構造」すなわち意味のシステムは、現象上からは「出来事」的であり、また「出来事」を「構造」の経験的形態とするサーリンズは、出来事の総体を次のように述べている。

水平線をこえてのクック船長の侵入はまったく予期されていなかったし、かつてなかったできごとであった。しかしこうして存在論的にかつてなかったことを、よく知っている概念に取り込むことによって、人々は彼らの現在を過去の中に埋め込んだのである。（サーリンズ 一九九三：一八八）

外部の存在の出現（出来事）は、当該社会内部の立場によって各々利害が異なり、立場に応じて異なる解釈があてはめられているが、基本的には当該社会内部の観念、文化の意味体系、ハワイではロノ神のスキーム（図式）とその儀礼のシナリオを軸に展開されているのである。

ここでは、外来の文化がそのまま伝統社会に広く浸透するわけではないという点が重要である。クック船長のように、強力な西洋社会の文化を体現するエージェントの存在も、当初現地社会のコスモロジーによって読み取られ、読み替えられ、西洋社会における意味づけとは異なる存在として受容され、対応されたのである。（クック船長の体現する）西洋文化も、現地社会の社会構造と文化との関わりにおいて受容された。すなわち、現地の文化の論理を維持しながら、外来の西洋文化を自文化に組み込み内包することによって展開していったのである。現地社会内部のコスモロジーに根差した文化の論理とでもいうものがあり、あくまでそれを準拠枠として派生的に内部の構造が変容してゆくわけである。

一連の歴史的展開は、ワグナーの文化理論（二八―二九頁参照）における**コンヴェンション**（ハワイの伝統的コスモロジー）に対し、**インヴェンション**が外部から到来し（クック船長）、それに対する**カウンター・インヴェンション**（ハワイ人によるクック船長の読み替え）がこれに対応し、さらに続く弁証法的展開がハワイの文化を動態的なものとしたということができる。[2]

（2）コラム「クック船長の死」参照。

文化戦争とそれ以降——構造からイメージへ

ところが、この画期的ともいうべき歴史人類学にスリランカ出身の人類学者ガナナート・オベーセーカラが、『キャプテン・クックの列聖』（二〇一五）で異論を呈した。彼は、サーリンズが西洋で神格化されたクック船長を、ハワイの人々までもが（神と）列聖したように描いているとし、帝国主義的として批判した（サーリンズは、クックのみならず自らも「西欧の暴力と帝国主義の手先」とされたことに怒りを隠さなかった）[3]。オベーセーカラの批判は多岐に及んだが、クックはロノ神だという考えはヨーロッパの神話で、それは現地人がヨーロッパ人を神として捉えているという自惚れであるとした。ロノ神としてのクック船長という概念は、基本的に西洋人によって「捏造され」、「永続させられている」としたのだ。

これに対し、サーリンズは反批判を行なった（Sahlins 1995）。その要旨は、まずオベーセーカラが、ハワイ人を西洋近代社会に特有とされた効率主義的な実践合理性から捉え、一方で西洋人を非合理であるとしている点であった。ハワイ人をコスモロジカルな観点から捉えるサーリンズは、人間と神との区別は絶対的ではなく、またクックをロノ神と言う場合と首長と言う場合とがあっても、それはハワイ文化の特性にあると指摘する。あるいは、ハワイ人といっても司祭階級か、首長や王による言及かによっても異なる、という民族誌的事実を挙げた。

問題なのは、地域によって伝統は異なるにもかかわらず、オベーセーカラは「西洋

（3）サーリンズは反帝国主義を標榜してベトナム戦争に反対した学生闘士でもあった。

マーシャル・サーリンズ
(http://pressblog.uchicago.edu/wp-content/uploads/ynzalxogej.11913.20111020.jpg)

対非西洋」というポストコロニアルやカルチュラル・スタディーズの枠組みに依拠するあまり、ハワイの基層文化を、自らの出自先であるスリランカの文化慣行から安易に推測している点である（人類学の文化相対主義は、西洋に対してだけ適用されるわけではないのだが）。また、オベーセーカラが一次資料を扱っていないことは多くの評者の批判の的となり、サーリンズの議論の方が検証に耐えうるものとされた。

この論争について、ギアツは広い文脈から「**文化戦争**」という語を用いて言及している。「オリエンタリズムや脱構築主義、ポストモダニズム、ポストコロニアリズムといった知的流行に動かされた研究者たちが、政治的動機から、他者の代理として他者自体を表象する権力を糾弾し、かつて確固たる概念だと思われてきたものをたんなる社会的構成概念にすぎないと闇雲に切り捨てるような、当時の知的混迷状況を示そうとしている」（中村 二〇一五：四一六－四一七）。オベーセーカラの批判は前項の木村が言う「批評」にあたるものであろうが[4]、それらは人類学としての内在的批評とはいえないだろう。

ところで、この論争も超越的と超越論的という観点から見ることができる。「世界」の「限界」を意識しない西洋人は超越的といえるが、彼らはハワイの人々をも自分たち西洋の「世界内存在」と捉える。ただ、全き同一性を認める訳はないので、彼らを（西洋人の起源としての）「原初」の人々とみなし、改宗をすすめることによって自分たちの世界に内包し、認識論的かつ存在論的に西洋の「世界」に吸収しえたのであ

（4）「超越的・超越論的」の項参照。

（5）社会間の「文化的インターフェース」を扱う際には、超越論的なあり方は、入れ子的で重層的なものとなり、文化間の読み替えが生じる（前川 二〇一二）。筆者は、フィールドワークを行なった

る。一方、当のハワイの人々はその出会いにおいて、クック船長を彼らの「世界」に内在的に包摂したのである。

サーリンズは、ハワイの世界を一次資料を用いてたどっており、ア・プリオリな枠組みで超越的に扱ってはいない。限界を認識しながら超越論的にハワイの人々とクック一行のやり取りを捉えようとしている。ただし、ここでは超越的と超越論的といっても、捉える対象とその構造がより複雑化している点を指摘する必要がある[5]。

ハワイ人とクック一行のやりとり、すなわち（ハワイ人⇄クック一行）を超越的視点から俯瞰することは実際には不可能であり、関係性のあり方としては、（ハワイ人⇄クック一行）をハワイ人から見るという構図すなわち、（ハワイ人⇄クック一行）⇦ハワイ人　か、あるいは（ハワイ人⇄クック一行）⇦クック一行　という構図かのいずれかしかないのである。

サーリンズはこの前者の構図で、「出会い」という出来事を捉えようとした。対するオベーセーカラは、まずオリエンタリズムとして（クック一行⇨ハワイ人）という構図で捉え、クック一行が超越的な立場からハワイ人を認識の上で、その内に包摂するとして批判する。この時点ではオベーセーカラは、ハワイ人を観念的にクック一行の犠牲者としてしか見ておらず、実際にハワイ人をそのものとして理解の対象として見ていない。批判の当初は、（スリランカ人⇨クック一行）として第三者的な見方をしている。しかし、その後論争が始まると、ハワイ人とクック一行のやり取りを、ス

オーストラリアのトレス海峡社会における社会変容を節合論の観点から捉える際に、超越的視点と超越論的視点を対比し、その差異を明らかにし、超越論的なアプローチによって「翻訳（読み替え）的適応」という概念を以前から提示している（前川 一九九一）。

（ハワイ人⇄クック一行）⇦ハワイ人
（ハワイ人⇄クック一行）⇦クック一行

（⇦および⇨は視点を示している）

図　ハワイ人とクック一行の関係性とその認識

リランカ人というポジションから、（ハワイ人⇅クック一行）⇧スリランカ人　として見ており、一見客観的でありながら、擬似的な超越的視線でこの出来事を見ていることになる。つまり、彼にとってスリランカ人とハワイ人との間には境界、すなわち「限界」がなく、ハワイ人をスリランカ人に包摂する仮想的ポジション（立ち位置）から、クック一行すなわち西洋世界に対して境界を見ている。その結果、サーリンズはハワイ人によるクックの神格化を見るのに対し、オベーセーカラはクックの実態を明らかにしながら（理論を飛躍させながら）、サーリンズによるクックの列聖化を見ようとするのである。

　このように明らかにずれはあるが、論争は無意味ではない。というのは、件《くだん》の論争において、クック自体の受け取り方が西洋社会において見直されたからである。おそらく、それがカルチュラル・スタディーズやポストコロニアル・スタディーズの論点である。ただ、同時に明らかとなったのは、そうしたアプローチは対象社会を見ずに、専ら西洋社会の方を見ているということであった。この点をサーリンズは、「西洋のヘゲモニーと地域のアナーキー」という対照的な捉え方に陥っているとして、世界システム論ともども「悲しき修辞法」と呼んで批判したのである[6]（Sahlins 1993）。

　サーリンズが示したのは人類学者としての学問的倫理でもあった。対するオベーセーカラのそれは政治的倫理のオーバーランであったといえよう。政治的価値観が学問的立論の一部をなすようになり、本来「言説《ディスクール》研究」には限定されない人類学を糾

（6）サーリンズに学んだデイヴィッド・グレーバーは、カール・ポランニーのようにさまざまな事例をあげて、「負債」を「贈与」という観点から読み替え、むしろアナーキー（無政府状態）が西洋社会を含めて世界に存在したこと、しうることを訴えている（グレーバー 二〇一六）。

弾するようになったここ数十年の派生的状況を指摘せざるをえない。人類学までもが、一次的生産物の伴わない外在的批評になってしまい、学問としての検証や吟味が軽視されるようになった。レヴィ＝ストロース以降、人類学はそうした人類学外の影響と関わりながらも、地道なフィールドワークによる「世界」形成の学問であったにもかかわらずである(7)。

歴史家なみの史料批判の意識をサーリンズのように人類学者が持つのは簡単ではないが、（歴史であれ、民族誌であれ、）可能な限り一次資料から立ち上げて、「文化」（と設定したもの）を明らかにしてゆくことは、十分条件とは言わないが、必要条件ではないだろうか(8)。

白人の到来という出来事に関しては、さらにマリリン・ストラザーン（二〇一六：［一九九〇］）も間接的にサーリンズに言及している。ニューギニア高地人の例を、やはりワグナーの「文化構築」の視点から捉えながら、インターフェースを必ずしも西洋人とのそれというレベルから捉えず、部族間あるいはクラン（氏族）間のレベルから捉えようとする。各レベルの集団の内・外の関係性を捉える視点は、現地の人々自身のアブダクション的推論を重視しながらの超越論的なそれといえる。ストラザーンによれば、白人はそうした高地人の異なる部族に対する認識（パーセプション）の延長として捉えられ、白人の到来という出来事が特別ではないとされる。

ストラザーンとサーリンズの違いは、もちろん対象がメラネシア社会とより中心化

（7）人類学的概念は政治的概念に還元されてきた。「ブリコラージュ」という概念はレヴィ＝ストロースの主要な概念の一つであるが、出口（二〇一七：一五五）も指摘しているように、抵抗のための意図的な流用という意味に、まさに流用されてきた。しかし、「知」のブリコラージュこそが超越論的取組みなのであり、フィールドワークにおける試行錯誤の結果としての民族誌も、ブリコラージュ的である。もっとも、その実際のプロセスを「遮蔽」して、堅固な構造物として「構造としての文化」を構築してきた人類学者もあろう。インゴルド（二〇一四）は、そうした制度化された構造を横断して創造する軌跡を、「歩くこと、物語ること、歌うこと、書くこと、生きること」と表現している。

当のレヴィ＝ストロース自身は常に両義性を温存させていた。なんとなれば、数えきれない神話のなかに「構造」を見いだすのも、ブリコラージュ的作業の成果なのだから。

されたポリネシア社会という違いはあるが、後者が動態性を扱いながらも、構造論を意識していることから（社会的）コード化を前提に捉えているのに対し、前者はより直接的な**イメージ**として、外来者の到来（出来事）を捉えている点である。[9] ストラザーンは、（生物を含む）自然とアーティファクト（人の手の加わったモノ）、（白人の到来を含む）出来事、パフォーマンスなどいずれも、自らにとって及ぼす影響・効果という観点から高地人は捉え、対応するものとしている。現地の人々にとって重要なことは、たとえばモノそのもののイメージの喚起だという。

　当然、西洋的主体とは大きく異なる関係性に根差した「人格」なども、親族関係や互酬性などの社会的関係性（コード）という観点からだけではなく、さまざまな点から生じていることになる。実際、交換が儀礼において行なわれることの意味・意義は、そうした儀礼的効果であるともいえよう。ちなみに、ストラザーンが「部分的つながり」という語を用いるのも、一意対応が前提とされやすく、固定化して捉えられやすい「構造」の概念を、脱構築することを意図してのものであろう。[10] また、ニューギニア高地人による「水平的比較」から「部分的つながり」へという展開は、すでに述べた「超越論的比較」から派生するものということができるであろう。

パラダイム・シフトと生成する人類学

　さて、ストラザーンやヴィヴェイロス・デ・カストロの叙述を前にすると、不思議

（8）　一九八〇年代初頭までに日本で人類学徒となった者の多くは、学部では別の分野を学んでおり、その上で人類学を独自に学んできた経緯があり、単なる実証主義者という訳ではなかった。他学問での「還元主義」に飽き足らず、他学問では経験できないフィールドでの「発見」に大きな意義を見いだしたのだ。民族誌を重視するのはその結果という面もあるといえよう。

　現在のように人類学界も「学（会）」として組織化されてくると、現場での発見とアクチュアリティを求めてフィールドに出るという動機は多かれ少なかれ薄れてくる。そのことは、人類学が「生産」的学問として他学によって頻繁に参照されていた一九八〇年代からすでに危惧されていたことでもある。

　しかし、人類学の内在性は、フィールドで考えることである。すると、フィールドは生きていることに気づく。そして、フィールドから考えさせられることにな

な既視感に襲われる。日本でも既に一九八〇年代にドゥルーズの「生成論」は紹介されていた。もっとも、ドゥルーズは人類学にも触れてはいるが、新たな社会思想として提示されたその「生成論」は、そのまま人類学の方法論と交差するとは当時考えられなかった。一方、その頃人類学ではギアツが広く読まれ、間もなく人類学者自身によるナルシシスト的自己批判の時代に入っていった。[11] ワグナーの人類学はすでに「ライティング・カルチュア」の同時代に、またストラザーンの人類学はまもなくスティーヴン・タイラー（クリフォード、マーカス編 一九九六）などの試みを超える取組みを示すことになるにもかかわらず、である。一九八〇年代当時からのこうした思想的動向においては、昨今取り上げられる**存在論的転回**という見方の底流に**生成論的展開**があるという点が重要である。

人類学は、断片化ととまどいの二十年余りを経験してきたが、新たなパラダイムの構築にはそれだけの時間がかかるものだと理解すべきであろう。ハーバート・バターフィールドの弟子ヒュー・F・カーニーの『科学革命の時代――コペルニクスからニュートンまで』では、近代科学の成立過程が三つの**パラダイム**の間の推移として捉えられている。すなわち、神学的な有機体的伝統（枠組み）に対する反動として錬金術などを含む魔術的伝統（枠組み）が形成され、そして魔術的伝統（枠組み）に対して機械論的な伝統（枠組み）が形成されてきたという一連の経緯がある。しかし、各々のパラダイムのなかには両義的な立場もあり、その移行は直線的なものではな

る。そして、この認識過程全体が超越論的なアプローチといえるのである。

(9) ただし、コード化という点で、サーリンズもハワイの社会を一枚岩としては捉えておらず、たとえば司祭（階級）はクックをロノ神とすることによって、自らの正統性とそれに伴う威信や力の増大（利害関心）を意識していたと言及している。

(10) ただし、繰り返すが、レヴィ＝ストロース自身の「構造」概念は両義性を残したもので、一筋縄でいかない面もある。レヴィ＝ストロースにあっては、たとえば「近親相姦の禁止」についての解釈のように、構造とコミュニケーション（交換）は一体化しており、構造の概念が静態的に捉えられていても、コミュニケーションの側面から相当の動態性を潜在させているとも考えられる。構造とは、変換を内包する文化の動態的現実を輪切りにして提示したも

く、三つのパラダイムの競合状況における、各々のパラダイムの分派同士の相互連関による、時間をかけた連続的推移として捉えられている。(12) 産業革命や政治社会的革命がそうであったように、科学革命も**連続性**のなかで生み出されていったものなのである。

　ギアツまでの人類学の反動として「ライティング・カルチュア派」が、そして「ライティング・カルチュア派」に対して、いわゆる「存在論的な人類学」が展開されている。とはいえ、「ライティング・カルチュア派」と「存在論的な人類学」が、互いに影響を与え合っている面もあるといえよう。実際、ストラザーンは、当時の「文化の窮状」を訴える前者、「文化を書く」派に対して、「人類学を書く」というテーマを『部分的つながり』における二つのテーマの一つとしている（ストラザーン 二〇一五［一九九一：二〇〇四］）。

　失われた二十余年から現在、新たな人類学のパラダイムが形成されようとしている。新たな人類学は、構造論のように一般理論化の可能性を抱きながらも、「自然」と「文化」の概念、また「自然と文化」の関連性の捉え方を刷新する方向性を内包している。レヴィ＝ストロース以来の人類学のメインストリームは今や、「自然と文化」の入れ子的な重層性を視野に入れて、まさしく語の本来的な意味での「人類学」の展開を期しているのである。あらゆる生物、そしてモノを環境として生きる人類を前提とした、空間的にも時間的にも包括的なスパンでの人類学こそが、文字通りの人類学

のと考えられる。
　また、認識論的に「構造論」から「部分的つながり論」への展開を捉えた場合、そのミッシングリンクが「多配列的思考」（白川・石森・久保編 二〇一六）ともいえよう。ただ、「部分的つながり論」は、比較の認識論からつながりの生成論へと展開しているが。

(11) ナルシシスト科学とは、西洋世界の存在・認識論に基づく世界の枠組みから出られないものを指す。ライティング・カルチュア派のあり方は、（たとえばテクスト）を批判しながらも、それに自己執着するナルシシストの究極的な形態という逆説がある。

(12) 錬金術の時代には種々の「実験」が試みられた。ただ、人類学での「実験」という語は、調査者側の都合によるものだという自覚が必要である。

といえよう。

　人類学はこうした点で他の学問にはない視点の広がりが期待できる。かつて政治・経済・親族（社会）・宗教など複数の側面を包括的に提示することに優れた人類学であったが、より広範に対象をそのものとして扱うことによって、新たな現象が意味を生じ、そしてそれらを包括する人類学が構築され、再び社会科学や人文学をリードすることが期待される(13)。

　たしかに民族誌の「厚い記述」でしか明らかにできないことはあろうし、その点であえて民族誌の重要性を強調する必要もない。ギアツはこう述べる。「民族誌的解釈という行為によって展開した一連の理論的取り組みを、別の民族誌的解釈に用いて、より正確で、より妥当性のあるものに発展させることができる。……しかしながら、「文化解釈の一般理論」を書くことはできない。……というのは、ここでの理論構築の基本的課題は、抽象的規則性を体系化することではなく、厚い記述を可能にすることだからである」（ギアツ 一九八七：四四。訳は文脈に合わせて変更している）。

　「文化解釈の一般理論」の構築は難しいが、しかし「文化理論の一般化」を諦めるのは早計である。「文化形成の一般理論」は、ワグナー（二〇〇〇）にならって構築することができようし、「自然と文化」の、より重層的な関係性を捉えようとする新たな人類学の文化理論の試みが実際に進められている（たとえば、『現代思想　総特集　人類学の時代』二〇一七年三月臨時増刊号など）。ただし、ウェブなどの現代情報社会

(13)「超越論的」視点から接合（節合）理論を「翻訳（読み替え）的適応」として展開する筆者の概念は、最前線の経済学者（や往年の明治維新を専門とする政治学者）に用いられて、開発の理論の一部をなし、開発教育や開発の実践にも応用されている。大野健一『途上国のグローバリゼーション――自立的発展は可能か』（東洋経済新報社、二〇〇〇）、同『途上国ニッポンの歩み――江戸から平成までの経済発展』（有斐閣、二〇〇五）、坂野潤治・大野健一『明治維新 1858-1881』（講談社現代新書、二〇一〇）など。
　狭義の経済学的開発を旨とする伝統的な開発パラダイムの反動として、経済学者の開発言説批判をする時代は、先のカーニーのパラダイム論でいえば移行期にあたる。新たなパラダイムは、古いパラダイムの反動だけでなく、そうした影響を受けつつも、生産的な枠組みや方法論が構築されなければ、単に開発というものを、「経済から社会、そして人間の領域へ

にあっては思想と流行は紙一重である。この新たな人類学の理論化の流れにも、すでにポップ人類学の兆候は見えているが、新たな人類学のパラダイムは文字通り、自然を所与のものとしない空間と時間の広がりのなかで、（生物を含む）自然とアーティファクト（人の手の加わったモノ）、出来事、パフォーマンス、イメージなど、またそれに関連するアニミズム、シャーマニズムなど、すべてを包摂した**生成的世界**を提示することであり、また取り戻すことである。したがって、「存在論的転回」という言葉が使われるが、ワグナーやストラザーンにあっては「生成論的展開」を基礎とし、食人という行為から説き起こすヴィヴェイロス・デ・カストロにあってさえ、**生成=存在論的**なのである。(14)

一般的な理論という意味ではすでに述べたように、レヴィ=ストロースの構造論に遡り、そこから再出発する必要がある。デリダやドゥルーズがポスト構造主義といわれる理論を展開して久しいが、その方向での人類学的な取組みは、フィリップ・デスコラやヴィヴェイロス・デ・カストロなどによって展開されている。(15) そこでは「文化と自然」の「インターフェース」が新たな視点で展開されている。力と情動に根差した**パースペクティヴィズム**（視点に基づく解釈的存在論）を提示したのはニーチェであるが、デ・カストロはその関係の形式によってではなく、内容たとえばシャーマニズムという「思想」のあり方によって、視点に応じて生成する時空の並存を見て、「自然と文化」の捉え方を逆転させようとしている。ヴィヴェイロス・デ・カストロ

と広い文脈で捉え直そう」という、昨今の開発機関のスローガン以上のものを生み出すのは難しいといえよう。

(14)　出口（二〇一二：二〇一三）は、いわゆる「静かな革命」（M・ホルブラード）の牽引者といわれるストラザーンやヴィヴェイロス・デ・カストロの試みなども吟味しながら、レヴィ=ストロースの構造論の潜在的可能性を最大限に引きだしている。こうした吟味は、「新たな人類学」という「文化のインヴェンション」（ワグナー）にも必要なことである。

　デ・カストロがスピリット（霊）を一つの総体として捉え、それを「文化」とすることを理解するには、従来の捉え方からの軽い跳躍が必要と思える。

(15)　文化という点では、デリダは中心社会のあり方や原理を脱構築しようとしたのに対し、ドゥルーズはピジン語に言及したりして、（周辺）地域の文化生成を意識していた。

がその理論のバックボーンの中心として依拠するドゥルーズとガタリの『千の高原《ミル・プラトー》』（一九九四）にも、背景にはそうしたニーチェ的な哲学が垣間見られる[16]。

既にワグナーの議論（二八―二九頁）で触れたが、レヴィ＝ストロース以降の人類学的な一般理論を考えるのには幾つかの視点が必要である。まず、「概念」を生み出す元ともいうべき**カテゴリー（範疇）**は、あくまで対象の骨格を描く図面の構成要素にすぎないという点である。三次元の現実はそのまま図面に表わすことができないので、見取り図や平面図、立面図など種々の工夫がなされてきた。四次元あるいはそれ以上の次元の生成的な実際は、カテゴリーでは捉えられないのは明らかである。カテゴリーは「切り取った」世界において、合理的な整合性をもった説明を行なうのに用いられるが、あくまで現実のうちの「切り取られた」ものしか表わせない。「生成する現実」は、そういう意味では「名詞」として捉えるものではなく、述語的なものであるしかないのだろう（たとえば、箭内 二〇一六[17]）。

ワグナーは、レヴィ＝ストロースの二項対立的な「カテゴリー」化に懸念を抱いていたが、「名詞」であるカテゴリーは、生成の「断面図」を提示するものであり、その意味で有効であるが、それ以上のものではない。生成的現実は、あえて言語で語ろうとするならば、「述語」的であろう（それでもすべては語れない）。名詞的なカテゴリーは「切り取られた」ものであり、その意味で擬似超越的なものである。したがって、それが「切り取られた」ものということを、（ワグナーのいう）「意識化」をする

(16) 神道はアニミズムであると言う研究者もいるが、日本人が世界各地におけるアニミズムの事例を捉える時、欧米人とは異なるポジションにいることを意識する必要がある。またそのことによって欧米人と解釈が異なりうることがあるのは、ワグナーの客体化論によって捉えられる。ヴィヴェイロス・デ・カストロのスピリチュアルな事象に関する独自のアプローチは、ラテン・アメリカ出自によるポジショナリティ（立ち位置）も反映しているのであろう。

(17) レヴィ＝ストロースもマリノフスキも各々構造主義、機能主義という方法論を打ち立てたが、実際にはそこから零れ落ちる「文化」の両義性や繊細さを十分に意識していた（終章参照）。

また、文化はつねに（括弧つきの）「文化」なのである。文化という用語に代わって、慣習、イメージ／力という用語など、人類学的用語の刷新も必要であろう。

しかし、一方で、「自然と文化」という時の「自然」が何を指して

必要がある。しかし、多くの人がそれをそのまま現実ととってしまう。ここにわれわれの日常生活における根底的な問題があるのだ。

ただし、静止された現実理解のためのカテゴリーは、多くの人々が簡単に共有できるという点で「喚起力」があるのもまた事実である。かつては、その作用が支配のために用いられもした。あるいは、支配に対する「戦略的本質主義」もその同じ作用を運動家が利用しようとしたものである。しかし、そのようなリスクを十分に意識した上で、一つの設定として、その喚起力を意識しながら、タイムリーに実践に用いるということは考えられる。逆説的であるが、「カテゴリーの力」というものは実践における一つの重要なテーマでもありうるのだ。

「超越的」ということが、概念と現実の直線的関連を前提に「切り取る」のに対し、「超越論的」であるということは、「隠喩（類似性）」による越境と「換喩（隣接性）」による弁証法という別方向の展開を同時に内包し、直線的でなく入れ子的でねじれており、概念と現実の間のフィードバックを旨とする「生成的な世界」を、そのものとして捉えるための終わりなきアプローチの仕方といっていいだろう。それが人類学であり、そのことは他の社会科学に対して優位を保ちうる点であり、社会的実践においても有効な面である。それは「自然と文化」を相対的に、かつ総体的に捉えるために必須の視点なのである。

いるのかについて、現時点では必ずしも研究者の共通理解が得られていないことに留意が必要である。「自然」がヒトを除く生物、さらに無機物を含むあらゆる外的存在を指すのか、ヒトの身体も含むのか、それによって自然の内実は大きく変わる。さらに、「自然状態」というのは「自然」とは異なる意味をもつこともある。

レヴィ＝ストロースのように自然のなかに「構造」を見るのか、マリリン・ストラザーンのように自然のなかにカオス、フラクタルを見て、「部分割」として状態を捉えるのかで、「自然と文化」の関係性を捉えるあり方が異なるのは当然であろう。ただし、ともに自然現象を文化把握のアナロジーとしている点で共通している。「レヴィ＝ストロースの子どもたち」の一人と自称するマリリン・ストラザーンは、人類学の方法論の革新において、レヴィ＝ストロースを基点として意識していると考えられる。

コラム　クック船長の死

クック船長の死は、ジョン・ウェバーの著名な絵画「キャプテン・クックの死」によって目にした人も多いことだろう。それは、「文明人」が現地のハワイの人々の「野蛮さ」によって殺された事件ではない。

クック船長一行は、一七七八年にトンガからソサエティ諸島タヒチを経由し、アメリカ北西岸を目指して北上している時に、ハワイ諸島を「発見」した。その際、大酋長並みの敬意をもって迎えられた。その後航路を北に向け北上していたが、冬を過ごすためにハワイに戻ってきた。十二月はじめにハワイ島の北西湾岸沖に近づき、右回りで島を巡り、翌年の一月十七日にケアラケクア湾で錨をおろした。あまたのカヌーと一万人もの人々がやってきて一行を歓迎し、とくに土地の女性たちは船員に性的関係を求めた。一方、クック船長は崇拝という語が相応しい歓待を受けた。時のハワイの社会は、王、司祭、首長戦士、平民という階層社会を構成していたが、クック船長はハワイの神の顕現とされた。とくに、「司祭たちは、クックが新年の神ロノであり土地の豊穣を更新するために年に一度の帰還をはたしたという彼らの解釈」（サーリンズ 一九九三：二一）をもとに対応したのである。

歴史の偶然というか、クック船長がハワイ島に至った時は、ロノ神の収穫祭マカヒキの祭が行なわれていた。ロノ神とは、自然の恵みと豊穣をもたらす農耕神で、十月中旬ごろから新年まで四カ月続く雨季のマカヒキに還ってくる季節神であった。通常の寺院儀礼はその間執り行なわれず、いわゆる貢納が行なわれるのもこの時期であった。例年ロノの神像はケアラケクア湾から島を右回りに巡回し、ケアラケクア湾に戻ってくる。その年クック船長の乗るレゾリューション号はまさにそのタイミングで、右回りでケアラケクア湾に到着したのである。さらにその帆船が、白い布を帆のようにしつらえた十字型の神像に似ていたことからも、クック船長はロノ神の具現として島民に受け取られたようである。

司祭は彼をロノ神とし、寺院においてロノ神の歓迎の儀礼を執り行なった。司祭の立場からは、クック船長をロノ神と見なすことによって、自分たちの存在感と権威を公けに示すことにもつながった。一方、島の戦いの神クーに結び付いている戦士首長たちには、司祭たちがクック船長をロノ神の具現として公けに儀式において示せば示すほど、クック船長は危険な存在とみなされていった。また、王自身はというと、当初はクック船長一行を歓迎していた。しかし、ハワイにおけるロノ神および外来王についての神話的な枠組みによれば、王は神と対峙し、王がロノ神に勝利し、自分たちのモノとして馴化することによってその正統性を確認し、更新することになっている。つまり、王は土着の神を取り込むことによって、土地の支配者になると考えられていたため、ロノ神としてのクックは、この文脈では王と対立するのであった。

このようにクックは、当時の王カラニオプには潜在的に危険な存在であり、王を守る戦士首長からは、敵対する存在と捉えられても不思議ではなかった。そのためクック船長の到着から二週間ほど経てマカヒキが終わる時期が近づくと、王と首長たちはクック船長一行の出発の日を案じていた。幸い、クック船長一行は、マカヒキの新年祭の直後の二月三日にハワイ島を後にした。

ところが、出航後まもなく船のマストが折れてしまい、やむをえず帆なしの状態でケアラケクア湾に、左回りの航路で戻ったのが二月十一日であった。前回の寄港ではマカヒキの祭りの時期に右回りで到来するといった偶然が重なったことから、クックの到来はロノ神の到来とみなされ、ロノ神のコスモロジーと儀礼があてがわれた。しかし、今回のクックの帰還、すなわちロノの再来は時期はずれであり、前回の到着とは航路も逆で、神像とみなされるべく帆もない状態であった。マカヒキの時期が終わり、首長たちの戦神クーの供儀の時期に入り、王のタブーも手伝い、クックの船に集まった島民は前回寄港時の十分の一程度であった。この時期、再びロノ神が戻ってくるという出来事は島民には想定外だったのである。しかし、司祭たちはこの時もクックをロノ神として歓迎した。一方、王と首長たちは、司祭たちの態度に怒りを示し、クックたちがなぜ戻ってきたのかを根掘り葉掘り尋ねた。二回目の不時の寄港のタイミングでは、「イギリス人はマカヒキの季節からいつもの寺院儀礼への移行のしるしとなる恒例のカツオ釣り儀礼の邪魔をした」(同書：一六三－一六四)ことになるのである。そして、寺院では、首長たちの戦神クーを祀る儀礼が執り行なわれていた。

その頃、クック船長の船では、首長を含む人々が略奪を行なったため首長の一人が甲板から投げ出された。この時点でクック船長は、彼らにとってもはや象徴的に王と対立するロノ神ですらなく、実際に王や首長と敵対し、島を乗っ取る略奪者とみなされた。クック船長が、盗まれた小舟をとり返すために、銃を携えた船員とともに王を探し出し、人質として船につれてこようとした際、王の妻と首長たちは幾多の王の死の話を語って止めようとした。この時点から、ハワイの人々とイギリス人との間に潜在していた緊張が顕在化したのである。

件の絵画で、クック船長を後ろからナイフで刺して殺そうとしているハワイ人は、王の姻族の小首長の一人である戦士ともされている。一方、司祭たちはクックの死後も毎日神への贈与としてクックの船に食事を運び、司祭たちはクックの亡骸に対してロノ神の葬送儀礼を丁重にほどこしたのである。

このように、クック船長一行とハワイの人々との出会いとやりとりにおいて、前者には船長と乗組員との「物語」が形成されるように、後者にはハワイの人々の「物語」が形成される。王と首長、司祭、平民、男、女、それぞれに「物語」が生まれる。前者をオベーセーカラが、後者をサーリンズが扱ったわけである。異者のインターフェースの両側に各々の「物語」が進行するのである。

いずれにせよ、原理的には、人々は既存の世界観に基づき、未知の事象を翻訳（読み換え）して、それを内部に位置づける「物語」を創造するのである。そして、そうした認識における「カテゴリーの変容」が、派生的に新たな社会変容を生じさせる。階層化されていたハワイの社会が経済的に階級化されていったのは、西洋から導入され、恒常的に輸入されるようになった「モノ」を、王がタブーとして独占するようになったからである。

図　ジョン・ウェバー「キャプテン・クックの死」

I部

自然・存在・イメージの生成

1章　人格と社会性

深川宏樹

ニューギニア高地で大量の豚を贈る

本章では文化人類学の概念創造と知識産出の方法論の一端を、人間と社会をめぐる諸議論に焦点を当てて紹介する。人類学はフィールドワークを基礎とし、しばしば研究対象となる「人々の視点から」、外側からではなく「内側から」、フィールドの事象を知ることを要請される。それゆえ、その知識獲得過程は、概してフィールドの語りや実践に対して内在的である。しかし、それは単に、フィールドの人々から見た現象を素朴にありのままに記述することを意味するのではない。とくに一九七〇年代から一九九〇年代にかけて、人類学者が構築する理論と、対象となる人々の生のあり方とを、可能な限り対等な関係に置き、両者の対比や差異化を通じて、概念と記述のスタイルの双方を、同時に創造する方法が提示されてきた。この方法は、現地調査を行なって対象を分析し記述する人類学者の側だけに創造性を認めるのではなく、調査対象となる人びとの「社会」や「文化」の創造性を最大限に認め、それを人類学の記述に活かすことはいかにして可能か、という問題意識に支えられている。

この問いに答えるようにして提起された諸々の議論は、世界各地のフィールドに特異な諸事例に共通する性質を抽象することで得られる、一般法則の定立を目指していない。むしろ「一般的」とされてきた諸理論に含まれるわれわれに特異な思考の前提と、個別のフィールドに特異な事例との類比と差異化を通して、われわれと彼らに「共通する」概念が生み出される。それはどこまでもわれわれの思考であり記述であるが、他者理解を通して自らの概念を拡張すること、この点に人類学の核心の一つがある。

だが、このような自己の相対化と変容は、言うほど容易なことではない。本章ではまずわれわれが最も自明視しがちな「人間」の概念を主題とする人格論について論じ、続いて、人間が埋め込まれた「社会」の理論を振り返る。そこから、われわれにとって動かしがたい、世界中の人間に共通する生物学的「事実」と社会ごとの多様性という二分法を乗り越える「身体とサブスタンス」の議論へと進む。さらに、われわれにとっての「人間」と「社会」の概念を同時に異化し、拡張する「社会性」の議論から、現代人類学の概念創造と知識産出の方法が、どのような過程で生み出されていったかを省みる。単にわれわれとは異なる社会や文化の記述を並べる行為は、蝋人形館にさまざまな民族衣装で着飾った人形を陳列する営為に比される。そのような建造物を打ち壊し、他者とともに新しいかたちで思考すること。それが過去から現代まで、人類学に通底する課題の一つである。

人間の概念

変容可能性

地図

一九七〇年代、南インドのタミル・ナードゥで、ヴァレンタイン・ダニエルは幾人かのインフォーマントに村の地図を描いてもらった。描き方はおおきく二つに分かれた。一つは最初に、村をくっきりとした境界線で囲い、次にその内側を主要道路、家屋、寺院などで埋めていくものであった。その地図は、行政の地図に近似していた。この種の地図は、同地域に限らず世界中に見いだされるだろう。

もう一つの描き方は、まず紙の真ん中に寺院や司祭の住居を書きつけ、次に縁のほうへと注意を向け、慎重に、神の祠《ほこら》を印づけていくものであった。祠の多くは、村の外から内へと伸びてくる道や川、墓地のある南側に集中した。それらの地点は見知らぬ者や物、死霊が他所から侵入してくる、村の開口部であった。この地図は、土地を構成する諸物質／諸性質が、そこに住む人を構成する諸物質／諸性質と混ざり合い、良くも悪くも影響しあう（ゆえに他所から流入する者、物、霊などには注意深くあらねばならない）という人々の関心を示していた。こうした地図に描かれた土地は、そこに住む人に似ている（Daniel 1984 : 61- 104）。

われわれは誰が（何が）人間で、人間が何を為しうるかについて、未だ多くのことを知らないのかもしれない。人間の可能なあり方は多様で開かれている。しかし一方で、われわれの思考は既につくられている。**フィールドワーク**は、異なる生のあり方に直接触れられる類い稀な好機だが、ロイ・ワグナーの言うように、人類学者は自らの意味世界を担ってそこに参与する（ワグナー 二〇〇〇：三二）。その経験から導き出される「概念化は、不可避的に再概念化である」（Strathern 1992a : 73）。ゆえに未だ知られざる可能な人間のあり方は、われわれの**人間概念**（personhood）の変換として現われる。それは既存の言葉の相互参照の秩序には属さない、新しい「それ自身を表わす象徴」（つまり固有のフィールドに沿わせて新たな言葉を紡ぎ、新たな言葉に沿わせて固有のフィールドを紡いだという出来事を示す象徴）となり、「人間」の慣習的用法を絶えず差異化していくだろう（ワグナー 二〇〇〇：八一）。そのように差異化され、新たに捉え直される人間を、人類学では「**人格**（person）」と呼ぶ。

フィールドワークこそ行なわなかったものの、このような意味での人間理解に人類学で最初の一手を指したのはマルセル・モースであった（モース 一九九五[1]）。彼は法的権利と倫理的責任の担い手にして、自己意識をもち自律的に行為する個人という人格が、西欧社会でいかにして形をとるに至ったかを論じたが、その際、比較対照として北米のズニ族などの事例を引いている（同上：二〇－三五）。それらは「仮面をも

マルセル・モース
(http://threeohone.wikia.com/wiki/Mauss_Marcel_1872-1950)

（1）モースのフランス語論文の初出は一九三八年であるが、重要単語のフランス語を括弧内に残すかたちで英訳されたものが一九八五年出版のカリザスほか編『人というカテゴリー』に再録されている。

つ社会」（同上：三三）であり、各氏族は一定数の限られた名前と役割のセットを備えていた。生ける身体は名前を継承し、仮面を被って所与の役割を演ずることで人格となる。トリンギット族ではそのような仮面や銅製品を敵から奪えば、名前、役割、財産、祖先などを含めた相手の人格になることができたという。

西欧における「一切の仮面を剝ぎとられ裸の本性を有した個人」（同上：四五）や「不可分で個的な理性的実体」（同上：四八）としての人格とは対照的に、それらの例における人格は、生ける身体から事物として着脱可能なものである。モースは西欧における着脱不可能な（そして分割不可能な）人格の概念史を綴ったともいえるが、そこでは**仮面**（persona）を軸に、着脱可能な人格と着脱不可能な人格が、互いが互いの特徴を照らし合うように、不可分なものとして立ち現われている。仮面は二つの反転した人間概念を、われわれが同時に思考することを可能にする仕掛けである（出口一九九九 参照）。

モースの旅の終着点は、個人の「意識以外のなにものでもない「人格」」（同上：五〇）としての**自我の概念**であった。対して人類学の人格論は、「個人の意識以外のなにものでもある」ような**人間概念**へと向かっていった。「演劇的ペルソナ（仮面）」（ギアーツ 一九九一：一〇八－一一二）モデルは、その後の研究に通底するモチーフとなるが、むしろ人格論の豊かさは、仮面だけでなく、たとえば冒頭の南インドのように土地が、あるいは太平洋のニューカレドニアのように樹木やヤムイモ（レーナル

ト 一九九〇）が、「人」であるような世界を描いていった点にある。

しかし人格論は、この地域では何が人で、あの地域では何が人で、各々の地域で人間とはしかじかのものだといった、人間分類の地図を作成することを目指してはいない。そこに賭けられているのは、われわれの人間概念の拡張、そしてそれを通じた人類学の変容である。モースは論文の末尾で自我の概念について、「われわれとともにこの思想が消えてしまうこともありうる」（モース 一九九五：五二）と記していた。彼は非西洋を自らの劣った逆像とすることで、西洋の自我をより強固にしようとしたのではない。むしろ、そのような自己同一性の儚《はかな》さこそを、そして自らが自己の変換としてであれ「**他者になる**」素地をもっていることを主張したのである。

カメレオン的フィールド・ワーカー

だが、人と学問は、それほど軽やかに姿形を変えられるものだろうか。フィールドワークを通じて人類学者が行なうことは、大摑みにいえば、対象となる人々のことを「知る」ことである。しかも**自文化中心主義**的に手持ちの概念（たとえば先述の「自我」）を強引に対象に当てはめるのではなく、「住民の視点から」（ギアーツ 一九九一）知ることが求められる。さもなければ、人類学者はフィールドで自らが既に知っていることを知り、自らが見たいものを見るに終わるだろう。

だが一方で、ギアツが皮肉ったように、突出した共感能力をもってそこに住む人々に次々と自己同一化してゆく「カメレオン的フィールド・ワーカー」（同上：九八）になれると考える人類学者は多くはない。(2) ではどうすべきか。ギアツによれば、人類学者は、相手の心の中を覗くことはできないが、人々が日常的にコミュニケーションに用い、人々自身が「自分自身というものを自分自身と仲間同士に対して現実に表現する際に用いる**象徴形態**　言葉、イメージ、制度、行動――を、見つけ出して分析」（同上：一〇三。強調引用者）することはできる。それら観察可能な**象徴形態**の解釈を通して、人類学者は一方的に対象を知るのではなく、対象となる人々自身が自らを知る、その知り方に徐々に接近することができる。(3)

人格論の文脈で、こうした大枠に反対する者はおそらく少ないだろう。しかし、ギアツが西洋の人間概念を手際よくまとめた後、「他の人々を理解するためにはそうした西洋概念をさておいて」（同上：一〇四）と述べ、軽やかにジャワ、バリ、モロッコの人間概念の通覧へと向かうとき、先述のワグナーの言葉が思い浮かぶ。ダニエルによれば「カメレオン的フィールド・ワーカー」が問題なのは、それが不可能だからではなく、人類学の核心を表現できていないからだ。彼はさまざまに皮膚の色を変えながらも、結局のところそのアイデンティティは無傷なままであり、かつフィールドの経験を自らの言語に移し替える過程で、新たな語彙を創造しなければならないという事実を不可視化してしまう（Daniel 1984: 47-52）。

人類学者はフィールドで既知の事柄から逸れた事象に直面したとき、その未知の

（2）　これは人類学者に共感能力や感受性が必要ないという意味ではない。フィールドワークの**参与観察**の「参与」は、対象となる人々に近づこうとしながら、いかに自分の殻の外に出るのが困難であるかを思い知らされ、それでも再び相手に近づこうと試みる、近づきと遠のきの振幅のさなかにある。フィールドワークとは常に未完の運動であり、そこに一旦ピリオドを打って、一時的な形をとらせたのが民族誌や論文である。

（3）　人間の概念は、人々自身が日常的に用いる〈近い＝経験〉の概念である。その象徴形態は人の呼称から日常的な振舞い、恥の観念まで細部にわたる。ギアツは、〈近い＝経験〉の概念のニュアンスに富んだ解釈と、人類学者が社会生活を一般化する全体モデル（バリの演劇主義など）との間を繰り返し往復し、両者をより緊密に結びつけながら細部と全体、双方の理解を深化させるべきだとした（ギアーツ 一九九一）。

（あるいは、自らにとって無知の）事象に重きを置いて、粘り強くつきあい、その事象との関わり合いのなかで、自らの思考枠組みを新たに組み換えようと試みる。その試行は、フィールドから戻った後も継続する。既に手元にある知識の使い方よりも、そこからズレゆく**未知や無知への接近方法**、その活用方法こそが、フィールドワークに基づく人類学的な知識の独創性の原点にあり、未知に侵食されながら自らの思考の殻を破られる経験こそが知的興奮の源泉にある。これは部分的には、人が生きるなかで誰しも経験することではあるが、そこから人類学で理論的に問われるのは、フィールドで出会う人々の生に人類学者が従事する知的生産と同等の創造性を認めて両者の差異を活用する（ワグナー 二〇〇〇）ことで、学問の既知の概念や、慣習的な記述・分析のスタイルを拡張することだ。人類学の醍醐味のひとつは、そのように**他者とともに変容する**ことにある。

変容

人格論におけるそのような「**変容**」の好例は、インド（Marriott 1976）、メラネシア（Strathern 1988）、アマゾン（Vilaça 2011）、イギリスの新生殖医療技術（Konrad 2005）などの文脈で使用されるようになった「**分割可能な人格**（dividual person）」の概念であろう。[4] この語は基本的に「**個人＝分割不可能な人格**（individual person）」との対比において考案されたものであるが、現在、さまざまなヴァリエーションをもたらす

（4）「分割可能な人格」とは別に「部分化可能な人格（partible person）」の語が使われることもあるが、両者は大半の場合、同義に用いられているため、本章ではより流通度の高い前者の用法に統一する。

ち、その用法も多様化している。ここではその淵源となったインドの例から、本章との関連において、その核心部分のみを取り出してみたい。

そもそも**人格が分割可能**であるとは、いかなる意味においてであろうか。モースの着脱可能な人格の例を想起すれば、そこから人格が分割可能であることも想像できないわけではないが、この点を豊かな民族誌的記述から示したのはダニエルであった。彼の民族誌のテーマはまさに「**変容**」にあり、その主題は書名のとおり『流動する記号』(Daniel: 1984) である。南インドのタミル・ナードゥでは人と土地や家屋などは、本質的に異なる存在ではなく、相互に移譲可能な諸物質によって構成される。それら諸物質は、それぞれの人の性別、年齢、カースト、それらの人が住まう土地や家屋により性質を異にするが、人と人、さらには人と土地や家屋のやりとりを通じて、互いに混ざり合い、その性質を変えてゆく。タミル・ナードゥの生活は食事、交換、生殖、儀礼、居住などにより異なる人や物の間で異なる性質を担った諸物質がやりとりされ、混合する(あるいは、そうしたやりとりが遮断され分離する)過程である。

絶えず変転し流動する世界の記述から明らかになるのは、土地や家屋が、人と異なりながらも「人であること」である (ibid：61 - 162)。われわれは人格と物格、生物と無生物の線引きを変えなければ、この記述についてゆくことはできない。人の身体と、土地や家屋の「身体」、それぞれに固有な諸物質/諸性質とその構成関係の間の適合性 (compatibility) に絶えず気を払いながら、人は土地と「交換」し、家屋を

「出産し成長させる」なかで、自らを成長させ繁栄させる。人の身体は個体に見えるが、それは過去の諸身体のやりとりの一時的な凝結物であり、現在もその変容の途上にある流動体である（その変容にともない、諸身体のそれぞれの質と構成関係の適合性も移ろいゆく）[5]。

「個人」と対比される「分割可能な人格」の核心は、こうした意味での人格の**変容可能性**／流動性にこそある。前者の「個人」は、社会過程を構成する分割不可能な最小単位にして自律的な行為者であり、社会過程や社会秩序とは分析的に区別される実体である。それに対し、後者の「分割可能な人格」は、土地や家屋などの「行為者」（Daniel 1984：90, 147）まで含めた「社会」過程を、その一時的な凝結物として体現し、同過程の進行にともなってその編成を変え、自らを構成する諸物質の質を変える「流動的な記号」である。その記号が指示するのは、慣習的に一律に取り決められた指示対象ではなく、個々の人格が、生活のなかで具体的な関わりをもち、やりとりを行なった個別の身体や、自他の諸行為である。その指示対象は文脈依存的で、時間の経過により際限なく変動しうる。これらの点を示すには、人格とは別個に設定された社会構造や象徴体系の説明よりも、個別の具体的な文脈から、「社会」過程と不可分な人格の構成論理を明るみに出す「人格‐中心的な（person-centric）」（ibid：65 - 88, 185）記述スタイルが要請される（「自我」「個人」中心の記述ではない[6]）。

言うまでもなく、ここで「われわれ」の社会は個人（分割不可能な人格）から成る

（5） ダニエルの著書の副題「タミルの仕方で人であること（Being a Person the Tamil Way）」は、このような人格のあり方を指示している。

（6） 分割可能な人格は、「社会」過程や記号過程からは分割することができない。それを分割する、あるいはそこに大分割を設け、さまざまに問いを設定するのは、われわれの慣習である。

のに対して「彼ら」の社会は分割可能な人格から成るのだ、といった本質主義的な主張をしているのではない。そのような主張は「自己」と「他者」を、関係において捉えることなく実体視し、素朴に実在すると想定された社会の本質を、それ自体として抽象できると信じ、そのような見地から他者を限定し固定化することを躊躇《ためら》わない。(7)

　問題は他者を限定することでもなければ、ましてやわれわれの思うがままに作り変えることでもなく、われわれ自身がいかに変われるかである。人格論は、対象となる人々自身による自己理解、自己創造との関係における他者理解、他者創造である。この関係はフィールドワークという出来事を通して形成され、緊密化してゆく。その関係から産み落とされる概念は、「われわれ」と「彼ら」のいずれの既知の言語にも属さず、両者が互いに互いを彫琢し、隠喩的に拡張しあう、新しい「それ自身を表わす象徴」となる。ただし、人類学は、われわれの言語でなされ、概念や記述スタイルを構築するのもわれわれである。分割可能な人格の概念が、タミル・ナードゥの（あるいは他地域の）人々の本質ではなく、人類学の人間概念の拡張であるというのも、そのためである。最後に、これは、人類学のなかでも**反転**（分割不可能／可能）を用いた概念拡張と新しい記述スタイルの確立の一例である。反転は人類学者が自らの知識産出をコントロールする方法のひとつであり、ある反転はさらなる「他者」との出会いと比較を通じた、さらなる変容を予期させる。人間の概念の拡張とは継続的な運動であり、そこにおいて人間の**変容可能性**が十全に表現されていくだろう。

(7)　本章の議論が本質主義ではない点をことさら強調する背景には、インド研究者のマリオット(Marriott)が「分割可能な人格」と一元論を、西洋的思考とは隔絶した、南アジアに固有の思考の本質として、多くの批判を浴びた事実がある。この点の詳細、ならびにインド研究におけるマリオットの位置づけと、ダニエルによるその乗り越えに関しては、中空・田口（二〇一六）が既に論じている。

構造と機能

構造機能主義

この項以降では、人類学の社会と人間をめぐる思考が、その理論的変遷において、いかなる変貌を遂げていったかを紹介する。当初、その主役の座を占めたのはイギリスの社会人類学であり、その方法論は「人間社会の自然科学」であった。西アフリカ・ガーナのタレンシ族で一九三〇年代半ばから長期調査を行なったマイヤー・フォーテス（Fortes 1987：245 - 286）は、前項で触れたモースの人格論（一九九五）を彼独自の仕方で解釈し、対象地域の人間概念について論じたが、その論述は当時の社会人類学の枠組みを見事に反映している点で興味深い。彼によればモースの功績は、人間概念が**社会**に由来することを明らかにした点にあり、社会によっていわば外側から規定される人格の客観的側面である道徳的人格は、かつてラドクリフ＝ブラウンが「**社会的パーソナリティ**」と呼んだものに相当する。

ラドクリフ＝ブラウンによれば、人間は普遍的に、生物学的存在であると同時に、**社会的存在**である。後者において、人は「彼が他の人々との間に有する社会関係のす

マイヤー・フォーテス
(https://alchetron.com/Meyer-Fortes)

べてによって形成される複合」（ラドクリフ＝ブラウン 一九七五：二六八）であり、彼はそれを社会的パーソナリティと名づけた。人間は生物／社会の両面から成る二重の存在であり、前者を研究するのが生理学者などの仕事であれば、後者を研究するのが社会人類学者である。ここでの**社会関係**とは、偶然に取り結ばれた出会いや、私的で自由な関係ではなく、規則や規範によって相互行為に型をはめられた関係である。それら社会関係すべての秩序だった配列から成る**社会構造**は、ある地域に長期にわたって広範に観察される事象であり、個々のデータからその規則性を一般化することが社会人類学の目標とされた。ゆえに、恒常性をもたない一時的事象や個人の特異性は、概して研究から除外された。あくまで人類学の課題は、一地域において具体的に観察しうる社会生活から、その一般形態を「発見」することにあったのである。

もちろん個々の社会人類学者が、各調査地で人々の多様性に富んだ行動をやみくもに観察しようとしても、そこから学問的に有益な資料や知見が得られるとは限らない。データを取捨選択し、検討するための仮説的な理論が必要である。その理論の中核に位置したのが、先述の社会構造の概念であり、それに加えて、規範により制度化され、社会生活のなかで繰り返される諸活動が、構造の継続性に貢献する役割を果たす、すなわち、構造の維持機能をもつとする**社会的機能**の概念であった。社会構造の「継続性とはビルディングのような静的なものではなく、生活体の有機的構造のそれのようなダイナミックな継続性」（同上：二六六）であり、絶えず人が生まれては死

アルフレッド・ラドクリフ＝ブラウン
(http://www.browsebiography.com/bio-alfred_radcliffe_brown.html)

ぬなかで成員は変化し、親密な者との間で緊張が生じることもあれば、敵集団が同盟者に転ずることもある。それら人間の諸活動は、たとえ表面的には矛盾していようとも、深いレベルでは相互に支え合いながら全体として社会を統合する作用をもつ(Gluckman 1956 : 1- 26)。そのような動態性まで視野に入れて、社会構造の継続に寄与する諸制度の相互連関や、人々の関心を収斂させ、連帯を可能にする諸価値を解明するのが人類学の仕事である。このように社会構造の動的均衡の保持に貢献する(＝一定の機能をもつ)諸制度の相互補完・反映・強化の関係を、一貫性をもった機能的まとまりの総体として記述する立場を、**構造機能主義**という。

以上の理論的な枠組みを社会人類学者が共有すれば、世界各地の調査地から、同様の事実関係資料が収集され、それによって社会の比較が可能となり、そこから社会の多様性に通底する均一性を析出することができる。ただし、その際にも焦りは禁物である。諸社会を体系的に比較するためには、資料の「不要な」細部を捨象し、系統立てられた分類法のもとで、明確に定義づけられた社会の類型化がなされなければならない。そのとき初めて、類型間の正確な相互比較から、さらなる抽象化が可能となる。「人間社会に関する自然科学における比較は、他の諸科学における実験に代わるもの」(ラドクリフ＝ブラウン 一九七二:三－四)であり、このように比較を帰納的推論の手段とすることで、人間社会の普遍的な法則を導き出すことができる。

実に壮大な見取り図であるが、後述するように右記の「比較」という面では現在、構造機能主義はそれほど成功したとは考えられていない。むしろ構造機能主義の面白さは、個別の社会内部で個人間、集団間にいかなる統合の機制が働いているかを、まさに建造物のような静物としてではなく、生命活動のような動的過程として丹念に描き出した点にある。この点を伝えるには何よりも実例を出すのが早い。ここでは前項の「人間の概念」とも交差しながら、どこまでも構造機能主義に忠実であったフォーテスの研究を集約的に示す。彼はタレンシの社会構造との関連で人間概念を分析し、いかに個人と個人、個人と社会が相互に関係づけられているかという古典的な問いに答えようとした。その際、人の生死を超えて存続する社会構造の要として彼が見いだしたのは、人々が畏敬の念をもって崇拝し、地位・権威・財産の相続と継承に関わり、社会集団の永続性の象徴となる**祖先**の存在であった。

祖先崇拝

フォーテスは、タレンシの生命観やライフサイクル、加入儀礼や葬儀、卜占、良い死・悪い死の観念など、多彩なデータから（とくに男性の）人間概念を精査し、その根本条件は二つであると結論した。一つは、生物学的身体をもつこと、もう一つは、法的・道徳的、儀礼的な地位を有することである（Fortes 1987：257, 260, 265）。前者は人が両親から生まれた事実に由来し、後者は人が成長するなかで徐々に獲得する権利・義務や権威の複合であるが、その完全なる実現は父親の死をもって達成される。

（1）フォーテスのいう人格とは、社会の法・道徳・権威の体現者である。完全なる人格性とは、諸個人が共通して追求すべき価値のおかれた、人格が充たすべき理想的条件である。また、彼は、モースが西欧近代においてのみ歴史的に形成されたとした自我の概念を、世界中の人々がもつ人格の主観的側面とし、その自己意識に社会規範が内面化されることで、社会構造が維持されると考えた（Fortes 1987：250-252, 282）。

なぜなら、男性はたとえ既婚で自らの妻、子ども、家屋、畑を持とうとも、父親が存命の限り、法的・儀礼的な自律性を有さず、財産の処分権や祖先祭祀の主導権をもつこともできないからだ。

一方、父親の人格の究極的な実現も、彼自身の身体的な死と、息子の存在に依存する（ibid : 270 - 274, 277）。なぜなら、タレンシの男性にとって完全なる人格性（full personhood）の実現とは、自らの地位や財産を相続する息子（子孫）をもち、死して祀られ、生者には比肩しえない権威をもつ祖先になることだからだ。[1]法的・儀礼的な自律性を欲する息子と、それをもちながらも自らの衰えに苛立つ父親との間には潜在的な葛藤があるが、両者の反目は忌避関係の設定により緩和され、父親の死に際して象徴的に解消される。息子は盛大な葬儀を執り行なうことで、父親の威光を、世俗を超越した祖先の永続的な権威へと昇華させる。同時に彼はその地位と財産（土地）、そして亡父も加わった祖先たちを祀り加護を得る権利を継承し、家長やリネージ[2]の長となって、世俗の権威と化す。結果、息子と父親（祖先）は、世俗と宗教の両面で、相互依存的に社会の諸部分を律する力となる。

こうした人間概念は、父系出自の分節リネージ体系を有する、タレンシの社会構造に由来し、勤勉さや誠実さといった人徳よりも、出自集団の連続性を支える円滑な世代交代と地位の継承、法的権威の持続を重視する。祖先崇拝の組織もリネージ体系と一致し、最小リネージから最大リネージまで、リネージ成員は各分節でまとまって共

（2）　その最も基礎的な定義において、**リネージ**とは、共通の祖先から父系あるいは母系の系譜的つながりを辿れる人々から成る集団を指す。第一に、リネージは、その成員が共通の出自により互いに関係する出自集団であり、父子関係あるいは母子関係を通じて子どもの集団帰属（成員権）が確定される。第二に、リネージは、その集団編成が父系あるいは母系いずれか一方のみの系譜原理に依ることから、単系出自集団であるとされる。第三に、リネージは、しばしば**外婚制**（集団内婚を禁じ、配偶者を他集団から得なければならないとする制度）をともなう。なお本文中のタレンシの文脈では、リネージは、その内部で、大集団から小集団へと階層的に、順次、枝分かれ状に分化しており（＝分節体系をもち）、各レベルの集団はそれぞれ共通の祖先を擁する（そしてそれら共通の祖先は、もとをたどればリネージの始祖に系譜的に連なる）。

通の祖先を崇拝する。そのため、リネージの構成員たちは、各分節における共通祖先の権威とその崇拝により、順次、段階的に小分節から大分節へと統合されてゆく[(3)]。

祖先崇拝とは、父系出自社会の核となる、父親と息子の関係を聖化し、それを社会組織の全体へと押し広げ、クラン[(4)]やリネージの始祖の時代から連綿と続く、侵すべからざる永遠の秩序として表現することで、それらすべてに法的・宗教的な拘束力を付与するものである（フォーテス 一九八五）。宗教は社会統制の有力な手段となって、リネージなどの血縁・地縁・政治組織、父子関係やリネージ長／リネージ成員などの役割規範、相続や継承などの法的・経済的な制度と相互補完的に噛み合わさり、さもなければばらばらになりかねない個人たちを社会集団へと統合する機能をもつ[(5)]。

タレンシの人格の理念、祖先崇拝、出自集団や政治体系などに関する精巧な記述は、「「機能主義」の線に沿った集約的フィールドワークがいかに効果的な民族誌的発見の方法であるか」（フォーテス 一九八一：六四）を示す好例である。そこでは一地域の諸制度や諸価値が相互依存的に結びつき、全体としての構造を強固に持続させ、社会の結束と凝集性を高める機能をもつことが証明されている。確かに、これらの諸事実を一－二週間のフィールドワークで網羅するのは不可能であろう。また予め定まった調査キットに従って資料を集めさえすれば、このように綺麗な図が描けると信じる人類学者は（一度、フィールドの混沌とした状況やとりとめもない日常を経験した者ならば）おそらく今でもいない。葛藤や緊張を孕んだ動的均衡を保つ諸要素間の

（3）タレンシの最大リネージは、人口増加により地域的に分散しながら拡大し、諸々の大分節が自律性をもって分裂する遠心力を内包する。しかし、最大リネージの始祖を頂点とする共通の祖先祭祀は、分裂に抗する求心力となり、集団全体を統合する機能をもつ。さらにリネージを超えた範囲の対立は、地域すべての諸集団に共通する大地崇拝により相殺され、より広い社会的連帯が築かれる（フォーテス 一九七二）。

（4）**クラン**（氏族）とは、共通の祖先から父系あるいは母系の系譜的つながりを共有すると信じられてはいるが、実際にはその系譜的つながりをたどることのできない人々から成る集団、あるいは人々の集合の範疇を指す。この点において、始祖からの系譜を実際にたどることのできるリネージとは区別される。ただし、クランも、その集団編成（あるいは範疇化）が、共通の始祖を頂点とする父系あるいは母系いずれか一方の

つながりは、まさに長期調査を通して試行錯誤により「発見」されたものであろうし、そのモデル化には、人類学者の創造性が遺憾なく発揮されている。

社会を「発見」する

上記のように、初期(一九三〇－一九四〇年代頃)のイギリス社会人類学が主たる調査対象としたアフリカ諸社会の構造と機能の解明において、地縁集団や政治体系、儀礼制度まで絡めた**単系出自集団**(6)の研究が果たした役割は大きい(エヴァンズ＝プリチャード 一九七八；フォーテス 一九八一)。一方、一九五〇年代頃からは、主に太平洋地域の研究から非単系出自集団論が巻き起こり、社会構造の分類は精緻化／内旋してゆき、エドマンド・リーチのかの有名な批判「ラドクリフ＝ブラウンの追従者たちは、人類学的なチョウ蒐集家であり」(リーチ 一九七四：二〇)、不毛な社会分類の目録づくりに精を出しているに過ぎないとの批判がなされたのは、一九五九年のマリノフスキ記念講演でのことであった。

構造機能主義は、第一に、対象によって自らが変容することも揺らぐこともないたぐいの「人間社会の自然科学」(ラドクリフ＝ブラウン 一九七二；一九七五)であった。各々のフィールドでどのような事象に直面しようとも、個別社会を自存する実体とみなし、その機能的統合を論じる姿勢は決して崩れることはなく、問題は常に、それを「発見」することにあった。また、科学の基礎は体系的分類にあるとし、その分

みの系譜原理に依ることから、単系出自集団のひとつとされる。しばしば、クランは、始祖を共有すると信じられている複数のリネージを包摂する。

(5) ここで入念に祀られ、永続化をはかられているのは社会それ自体であり、「彼らが祖先を崇拝するのは、彼らの社会構造がそれを要求しているからである」(フォーテス 一九八五：五九)。

(6) 単系出自集団とは、代々、父系あるいは母系いずれか一方のみの系譜的つながりだけを通じて成員権が伝達され、成員同士が始祖を頂点とする共通の出自により関係する出自集団を指す。父系であれば子どもは父親の集団に、母系であれば子どもは母親の集団に帰属する。初期の社会人類学は、祖先を中心に組織化された単系出自集団が、社会の基盤を成し、世代を越えて、長期的に、全体としての社会構造を安定化させる機能をもつと考える傾向にあった(フォーテス 一九八一 参照)。

類基準を多かれ少なかれ出自集団に置く立場についても事態は同様であり、その硬直性がリーチによる批判を招いたと捉えることもできる。

これと密接に関連する第二の点として、構造機能主義は、人類学の「科学的な」理論枠を特権化することで、対象となる人々が自分たち自身や相互の関係をいかに概念化し、自らの思考や行為についてどのような枠組みをもつかを、十全には取り上げなかった。ここで「十全には取り上げなかった」というのは、それらの枠組みによって、自らの不問の前提を可視化し、自らの枠組みを変容させる傾向を十分にはもちえなかったということである。[7]「彼ら」の枠組みを「われわれ」のそれに回収し、前者により後者を強化するのではなく、「彼ら」の枠組みと「われわれ」のそれとを対照し、「われわれ」の枠組みをより豊かにしていくことにこそ、人類学のとるべき方向性の一つがあるだろう[8]（箭内 一九八八：一五七、一六〇、一六六）。

人類学においては、フィールドワークと同等に、ある種の「理論」が重要であることは言うまでもない。だが、もしそれがどこかフィールドから「遠い」ところでそれ自体の問題を生みだし続けるなら、それは人類学らしからぬものとなってしまうのかもしれない。ワグナーによれば当初の社会人類学は、まさにそのような問いのまわりを旋回することで内旋に陥っていた（Wagner 1974）。それが、出自集団を核とする社会統合の問いであり、そのなかで、法、政治、権利配分、財産、権威などが、社会や集団を境界づけ、一体性を保つ鍵とされた。

（7） ただし、この時期の社会人類学の研究が、すべて本項でいう「構造機能主義」の狭い枠組みに収まるものであった訳ではもちろんない。過去の社会人類学の研究が、今でも新たな視角から再解釈と理論的展開を可能にする深みと広がりをもち、繰り返し再読する価値を有する点については、たとえば出口（二〇一五）を参照のこと。

（8） なお、ここで引用している箭内（一九八八）の論考は、構造機能主義への批判として展開されたものではなく、より広い人類学全体の種々の枠組みの非特権性と不充分さへの謙虚な自覚と、「われわれ」と「彼ら」の枠組みの共約不可能性と対等性まで視野に入れた、人類学理論の豊饒化の方向性について考察している。

まさにそのような地点から「社会人類学は徐々に発見的方法の装いをとった一種のゲームに変貌していった」(ibid : 97)。それらの概念は人類学者の属する西洋社会のそれであり、当初人類学が対象とした、諸地域の人々の生にそのまま適用できるものではない。しかし、ゲームの参加者があくまで「発見的方法」として、対象となる人々がわれわれと似た法、政治、権利、財産をもつ「かのように(as if)」記述しているに過ぎないとしさえすれば、その使用は確固たる裏づけなく許容されうる(春日二〇〇九:二二〇–二二二参照)。

しかし、集団への成員帰属の厳格な規則、個人の権利と積極参加の義務、政治的な合意と統合、法的・経済的な団体性、一貫性をもつ秩序の必要性は、まさにわれわれの社会の問題であり、そのように社会を意図的に組織化し、諸集団を築き、それらの統合を図るのは、われわれの文化である、とワグナーは主張する。それが人類学にとって問題なのは、「人類学者は平等性と相互性に基づいて、他の諸々の人々や、他の諸々の概念世界を扱う倫理的な責任を有する」(Wagner 1974 : 103) からである。人類学者が社会や集団を創造する仕方を「発見的」に対象に課すことは、彼らの創造性よりも、われわれの創造性を優位に置くことに等しい。であるならば、人類学者による「彼らの社会」の創造は、それらの人々自身が自らの関係を創造する仕方を尊重し、**彼らの創造性を優位に**、あるいは対等に置くものでなければならない。しかし果たして、われわれはいかにしてそのような視点に立つことができるだろうか。

身体とサブスタンス

生殖＝再生産の「事実」からの解放

生殖＝再生産の「事実」

「われわれ」の理論の創造性を優位に置き、不動の地位を与えるのではなく、「彼ら」の創造性を優位に置く、あるいは、われわれのそれと対置することにより可能となる社会記述とはいかなるものであろうか。ここで、「われわれの考えは自文化中心主義的だ。だから彼らの考えを見よう」と考えることはできない。人類学者の心は白紙で、何の先入観にも囚われずに素朴に現象を記述できるというのは誤りであり、むしろ、われわれは自らの思考がとる形式に意識的でなければならない。この点を考えるスタート地点として、われわれにとっての自明の「事実」や「客観的現実」を問題化した、アメリカの文化人類学者デイヴィッド・シュナイダーを取り上げてみよう。

彼によれば、われわれが知覚し、経験し、理解する対象は、すべからく**象徴**と**意味**から成る**文化的な構築物**である。それゆえ、単一の現実があり、それに多様な意味が付与されている、と言うことはできない。現実それ自体が象徴的に構築されており、多様な現実のいずれか一つを「真の」現実として特権化することはできない。われわれにとっての「自然」も、そうした**象徴的構築物**の堅固な一例であり、「自然の事実」を確定する科学も、われわれの文化の一部を成す（Schneider 1976 : 204)。

したがって、たとえば親族は、血縁や女性の交換の「事実」、経済は財の生産・分配・消費の「事実」に基づく「客観的現実」であるのに対し、宗教は「（主観的な）象徴体系」であるといった図式も成立しない。宗教と同等に、親族や経済も、象徴の観点から理解されなければ、われわれは自らの「**事実／非事実**」の区分に基づき、異文化を一方的に裁断することになってしまう（ibid : 207 - 208, 211)。これを避けるには、われわれは自らにとっての「事実」が何たるかを自覚する必要がある。

そこでシュナイダーが眼を向けたのは、人類学の理論を下支えする、人類学者の側の文化であった。彼は一九六〇年代前半に、シカゴに住む白人中産階級を対象に現地調査を実施し、象徴体系としての文化のレベルで、いかに人が親族として認知されるかを明らかにした（Schneider 1968）。そこから彼が導き出した結論は次のようなものである。第一に、アメリカ文化において、人を親族として定義する象徴は「**血**」である。血のつながりの有無により、人は親族と非親族に弁別される。第二に、親族を定義するもう一つの象徴は「**婚姻**」である。婚姻を介して、人は義理の（in-law）親族として定義される。血と婚姻（契約）はそれぞれ、アメリカ文化における、より包括的な対立項である「**自然の秩序**（order of nature)」と「**法あるいは慣習の秩序**（order of law or custom)」の一特殊例である。言い換えれば、アメリカ人の親族関係についての思考は「自然」と「社会（法・慣習）」の対立により構造化されているのである。さらに血と婚姻の対立項を媒介し、全体としての象徴体系を安定させ、かつ集約的に示す「中核的な象徴」が「**性交**」（とその結果としての**出産**）である。性交は、婚姻関係にある夫婦の性愛を象徴するとともに、そこから生まれた血族（親子、兄弟姉妹）の非性的な愛を象徴する。

以上の知見をもとに、シュナイダーは、社会人類学の親族論を精査し、諸理論に共通する暗黙の前提を指摘した（Schneider 1972）。社会人類学は各社会の多様性を論じているようでありながら、実のところ、すべての社会は、男女の性交と出産に基づく「**生殖＝再生産の生物学的事実**（biological fact of reproduction）」により定義される親族関係を基盤とする、と想定している。この「事実」は、それ自体は証明される必要のない不問の前提である。親族が「現実の」「真の」生物学的関係とされようが、社会によって多様に想像された生物学的関係とされようが、基底にある「生物学的事実」の地位が揺らぐことはない。それが親族を定義する以上、生物学的関係は、親族のもうひとつの側面、すなわち社会的側面よりも論理的に優位に立つ。ゆえに親族の「自然」と「社会」の間には、常に、前者が後者を基礎づける階層関係がある（ibid: 34）。出自概念を中核として、世界各地の多様な社会構造の比較が可能となったのも、「自然の秩序」に属する「生殖＝再生産の生物学的事実」が、人類社会の共通の基盤として、普遍視されたからである。

（1）実際、シュナイダーは後の著作（Schneider 1984）で、かつて自らが調査したヤップ島でチィタマギンとファクと呼ばれる人と人の関係を、直感的に「父親」と「子ども」と翻訳・記述したことを自己批判した。彼によれば（一見、父子に映る）両者の関係は「生殖の事実」により定義されず、土地を介した交換関係として記述すべきものであり、ゆえに西洋的な意味での「親族関係」と呼びうるものではなかった。

（2）ここで述べた論点をより詳細に展開したシュナイダーの『親族研究批判』（Schneider 1984）は、当時の社会人類学に対して相当の影響力をもち、それは「シュナイダー・ショック」とでも形容しうるものであった。ただし、人類学における親族論の変容の原因はより複合的であり、シュナイダーによる批判のみに還元できるものではない（宇田川 二〇一二：一六七）。

しかし、シュナイダーによれば、この「生物学的事実」を構成する性交と出産は、人類学者の属する文化が親族関係を定義する象徴であり、それが表わすのは決して切れることのない血のつながり、永続的かつ親密な関係としての血縁である。この点が把握困難なのは、人類学者にとって（あるいは誰にとっても）自文化が半ば無意識のうちに体得された**暗黙の図式**であるからであり、その象徴が、通常は象徴としては扱われず、字義通り「真の事実」として扱われるからである。だが、そうした象徴と、それによって定義される親族関係が異文化にも見いだせるとは限らない[1]。われわれはどこにも属さない「中立的」で「客観的」な視点に立つことはできず、自分が既にもつ概念から思考をスタートさせるしかない。しかし、人類学がこの「自然」の象徴に無自覚に束縛される限り、対象となる「社会」の記述は歪められる危険性がある[2]。

サブスタンス

こうした批判を受けて、シュナイダー以降、一九九〇年代から親族論を再編する意図から発展したのがサブスタンス論である（Carsten 1997, 2001 ; Weismantel 1995）。ここでの**サブスタンス**（substance）とは、身体を構成する物質を指す。何が身体を構成する物質と考えられるかは、地域によって異なり、身体内部の血や肉だけでなく、身体外部の食物や家畜、土地や土壌などもサブスタンスに含まれうる。サブスタンス論は、生まれではなく育ち、誕生の一時点ではなくプロセスを重視し、共住や共

（3）ただし、例えばニューギニア研究では早くから単系出自モデルが適用できないことが指摘され（バーンズ 一九八二）、共住や共食による親族形成が論じられた（Strathern 1973）。それゆえ親族論の展開をシュナイダー以前／以後と単純に切り分けられるわけではない。また、アマゾン研究では出自集団や団体的集団と対比される、身体的集団の概念が提起されており、そうした議論を踏まえながら、親族の形成過程と人々にとっての歴史創造を地続きに描いたガウ（Gow 1991）は、「彼ら」の創造性を重視した社会記述の優れた一例として挙げられる。

食、養育、交換など、生殖以外の方法で、人生を通じて長い時間をかけて、サブスタンスが伝達・共有されることを強調する(3)。

それらの研究は概して、血縁についての民俗概念を扱い、生まれに縛られず、ライフサイクルのなかで変転する身体の可塑性や、親族関係の継続的な構築性に重きを置く。そして個々人がサブスタンスを共有する過程、すなわち身体的な同質性を構築する過程が、長期的に親族に「なる」過程であると考える。こうした立場は、各社会の**象徴**を重視しつつ、「親族（血縁）」概念を生殖という「自然の事実」によって基礎づけず、そこから解放し、最大限広義に捉えて拡張してゆくものであった(4)。

本項との関連における、サブスタンス論の要点は、それが社会人類学に予め備わった理論を前提に、対象となる人々の生を「経験的データ」としてその検証の手段とするのではなく、自らの理論の前提を意識化したうえで、その前提との比較対照を明示的に織り込んだ「記述」を新たに創造しようとしたことにある。こうした点は、エクアドル高地ズムバグアの親族関係を、われわれの理論によって一方的に解釈されるべきデータとしてではなく、それ自体ひとつの「**理論**」とみなし、両者の間を往復しながら、対比的に各々の特徴を照らし出すメアリー・ワイスマンテルの記述に顕著に表われている（Weismantel 1995）。だが、この文脈で、対象となる人々の「理論」を認めるとはいかなることを意味するのだろうか。そこでは事象を統一的に説明する、体系化された知識が想定されているわけではない。おそらく、それは先述のシュナイ

（4）しかし、それらの研究は、血縁を含むすべての親族関係を後天的なものとし、個人の行為や選択に帰す点で過度に構築主義的であり、所与の関係性を軽視しすぎる（Viveiros de Castro 2009）。サブスタンス論の旗手ジャネット・カーステンは、生殖と系譜を核とする親族関係の語の代わりに、通常は親族関係とされないあらゆる関係を含みうる「関係性（relatedness）」の語を採用することで、「自然と社会」の対立に縛られない融通無碍な「親族関係」を記述し、比較の幅を広げることを提唱している（Carsten (ed.) 2000）。この親族概念の無制限にもみえる拡張は、「人為的な関係の構築」の範囲内に留まっている。また、サブスタンスの共有過程に固執するあまり、それには還元できない「非サブスタンス的な（non-substantial）」関係の論理を視野の外に追いやり、逆に地域の親族関係の理解を妨げうると批判されている（Bamford 2004）。こうした批判は一定の妥

ダーに即していえば、身体や物質を含む「自然」や「現実」「事実」を創造する仕方を「われわれ」だけにではなく、「彼ら」の側にも対等に認めることを意味する。この点をより踏み込んで明確化するには、「われわれ」の創造性と「彼ら」の創造性を両者の関係において把握しなければならない。

「発明」する記述

ワグナーは創造性を主題としたその主著『文化のインベンション』において、西洋文化の創造性と、彼の調査地パプアニューギニアを中心とする諸文化の創造性をさまざまに対置しながら大胆な議論を展開している（ワグナー 二〇〇〇）。彼によれば、「われわれ」の創造性の概念と「彼ら」の創造性の概念は、本質主義的に規定されるものではなく、両者の関係においてそれぞれの特異性が明らかになるような形で、両者の**類比（アナロジー）**を通して、そして類比を創造するなかで、それ自体創造される。それゆえ、これは類型論ではない。前者からの類比を出発点に、両者の創造性の概念に適切な変換関係を築いてゆくことで、両者が同時に創造されるのでなければならない[5]。それは出発点から見れば、前者から後者への類比的な拡張のかたちをとる。

なかでも本項との関連で重要な点は、「自然」と「文化・社会」の相互的な「**発明**（invention）」という着想である。彼は独自の象徴論に基づき、西洋文化とパプアニューギニアなどの諸文化との比較から、「自然」と「文化・社会」の対立項を「**本**

当性をもつものの、本文中にあるように、それによってサブスタンス論の意義がすべて失われるわけではない。

（5） ワグナーによれば、西洋文化では、「文化」は人によって物のように創造される人工物であるのに対し、パプアニューギニアの「文化」は人を創り、人と代替可能な物を創り、そこで創造されるのは、それ自体が創造的な相互行為の関係である。前者の文化の下で一方的に構築された「異文化」は、自らの創造性を発揮することなく、民族衣装を着せられた蝋人形のように固定化され、博物館の標本の一つとなる（ワグナー 二〇〇〇：五二－六七）。

（6） 身近な例をあげれば、西洋文化では、人は暦や時計を発明し、スケジュールを立て時間を管理することを通して、予測を「裏切り」、自由にならない自然の時間を対抗発明し、自らを社会化し規律化することで「抗いがたい」

在的（innate）・**所与**（given）」と「**人為的**（artificial）」というより包括的な対立項へと置き換えてゆく。彼の独創性は、いずれの文化においても、本在的所与と人為的なるものが、互いに互いを発明しあう関係にあるとした点にある。なお、ここでの「発明」の語は、何か特別で非日常的な思考や行為を指さない。それは人間の意識的な（行為者が「制御」する）創造的思考・行為の広範な領域を覆う拡張した意味で用いられており、対立物の無意識的な（行為者の意識から「遮蔽」された）「**対抗発明**」を伴う[6]（本書「序章」参照）。発明は常に対抗発明と一体となって（「所与と人為」の弁別まで含めた）文化の「**自己－発明**」を構成する。

この観点からは、所与で普遍の自然を基盤に、多様な文化や社会が人為的に創造される、と言うことはできない。相対的に見て、「自然」も「文化・社会」も含めて、世界はまるごと創造されている。このように、**相対性を主観の側だけでなく、客観の側にも適用すること**、すなわち「現実」と呼ばれる本在的所与（あるいは本在的所与と人為の弁別）の創造を、「われわれ」の側にも「彼ら」の側にも対等に認めることにより、それぞれの創造性を相対的かつ総体的に把握する道が切り拓かれる（同上：二一三）。これがシュナイダーの象徴論の発展形であることは明らかであろう。さもなければ、われわれが（無意識的に）創造した「事実（自然）」を基盤として、それに従属するかたちで、さまざまな文化の人々が「象徴や意味のレベル」でのみ、部分的な創造性を発揮するという階層関係が崩れることはないのである。

衝動や自然の欲望を対抗発明する。また人類学者は普遍的な理論により諸文化を考察することで、それには還元できない文化の個性を対抗発明する（ワグナー 二〇〇〇：一二二－一三一）。

（7）**男財**とは、財の分類において、婚姻や葬儀など特定の文脈で「男性のもの」と範疇化される財のことであり、通常、「女性のもの」と範疇化される**女財**と対を成す。男財と女財は、しばしば姻族間で、婚姻や葬儀などの儀礼的機会や日常的な場面において（ときに長期の時間差をともないながら）取引される。

（8）ただし、当地域では、辿ることすらできないほどの親族関係が縦横無尽に張り巡らされているとの想定から、人々は互いに「遠いイトコ」として既に関係しており、その意味で「水平的な」サブスタンスのつながりが所与の地としてある。横の婚姻交換は、この水平的な関係を排し、（それ自体以上の枠組みに依りながら、ワグナーは、親族関係の独自の「記述」を試みた（Wagner 1977）。彼によれば、社会人類学の理論では、男女の性交と出産という「生殖＝再生産の生物学的事実」に基づく系譜関係は普遍的に見いだされ、そのなかで「自然」に差異をもつ父親、母親、息子、娘、交叉イトコなどと「社会的」役割との対応関係、あるいは、「自然種」間にある差異と「社会集団」間の差異との対応関係が問われる。そこでは概して、「自然」の差異の関係と、「社会」体系との間に、相同性が設定されている。

対して、ニューギニアのダリビの親族関係において所与と人為は「自然」と「社会」の分割に対応しない。そこにあるのは相互に類似したサブスタンスの所与の「流れ」と、その人為的な差異化と客体化である。（われわれなら父系出自と呼ぶであろう）男性的サブスタンスの縦の流れは、婚姻時の男財[7]（豚肉）と女性（妻）の対比・交換によって、夫方・父方の男性的サブスタンスの縦の系と、妻方・母方の女性的サブスタンスの縦の系へと差異化される。[8] ただし、母方は自らの縦の系を、男性的サブスタンスの流れとみなすため、視点によっては二つの縦の系は互いに類似している。

それゆえ、夫婦の子どもが誕生した際、差異化の行為なしには、子どもは父方からだけでなく母方からも、自らの男性的サブスタンスの縦の流れを具現する客体とみなされる。そこで父方は母方に子どもの代替として男財を継続的に贈ることで、その子どもを母方から差異化・分離し、自らの父方の縦の流れに連ねる。このような不断の

は不可視の）二つの垂直的なサブスタンスの縦の流れを可視化し、客体化する行為である（Wagner 1977 : 627）。

図1　ニューギニア高地で、婚姻時に夫方から妻方に贈与される豚肉（深川宏樹撮影）

差異化と客体化の行為によって、特定の形態（サブスタンスの二つの縦の流れと、それを差異化する横の交換の直交）に制御され限定されたサブスタンスの流れが創造される。その対立物は、差異化なき無制限の類似したサブスタンスの流れである。

以上のようなワグナーの議論において、親族関係の「記述」は、社会人類学の親族論における自然と社会の図式を部分的に崩して反転させながら織り込んでいる。つまり、親族間の「自然の差異」を普遍の地として、「社会関係の構築」を多様な図として描くという従来の階層的対立を崩落させ、さらに「所与の差異」と「人為的な関係の結合」という図式を反転させ、われわれにとって「身体的（自然的）」でも「社会的」でもあるようなサブスタンスの「所与の流れ（類似の諸関係の存在）」と「人為的な差異化」による、その特定形態の創造として、ダリビの親族関係が記述される。

これは「彼ら」の創造性を「われわれ」のそれと対照することにより可能となる「社会」記述の一例である。彼の論文タイトル「**類比的な親族関係**」は、既存の「一般」理論に特異な諸前提との制御された類比と差異化を通じて、人類学の概念とそれを用いた記述を創造的に拡張する方法を示唆している。このような例を通して、われわれは、単なる「事実の記述」ではない「**発明する記述**」、すなわち、われわれの世界の記述と迂遠な経路でつながりながらも異なる世界を創造する「記述」がもつ幅広い可能性と、それらの諸世界を図地反転しただまし絵のように同時にもつことの豊かさを知る。

図2　ニューギニア高地で、婚姻時に贈与する豚肉を調理する夫方の男性たち（深川宏樹撮影）

社会性

切断＝拡張する思考

「我々／彼らの分割」の内化

ここまで人間と社会に関する理論の変遷をたどり、イギリス社会人類学・構造機能主義の「人間社会の自然科学」から、観察者である人類学者が「事実」を眼差す視点や「一般理論」に埋め込まれた暗黙の諸前提を相対化したアメリカ文化人類学の象徴論を承け、「われわれ」だけでなく「彼ら」の側にも「理論」を対等に認める「社会」記述の可能性について論じてきた。本章を通じて幾度も強調してきたように、われわれはゼロから思考をスタートさせることは困難であり、どこからか出発せねばならない。前項（「身体とサブスタンス」）では、人類学者の側の既存の理論や諸前提が、フィールドの人々が自らの生の様態についてもつ「**理論**」**を**「**引き出す装置**」（eliciting device）」（Schneider 1976：220）として作動していた。それによって「彼ら」は単なる被観察者であることをやめ、「われわれ」とともに新たな理論（＝「記述」）を「**発明**」する創造者となる（正確にいえば、その過程で、われわれの視点から「われわれ」と「彼ら」が創造者として相互的に創造される）。

こうした「発明」重視の共創造の流れを引き継ぎ、メラネシアの社会性の記述を人格論と半ば融合させながら構築したのが、マリリン・ストラザーンである。彼女にとっての大きな問題のひとつは、**「社会」と「個人」の対立図式**であった。なかでも問題化されたのは、全体としての「社会」と部分としての「個人」が異なる分析的水準に属し、前者が後者を統制する（あるいはその逆転として、後者が前者を自らの利害に沿って構築する）階層的な関係であった。この「社会」と「個人」の対立図式を人類普遍の共通の基盤としてメラネシアの社会生活を記述することで、同図式を再生産するのではなく、むしろメラネシアの人々が、ある種、人類学者による記述・分析と類比したかたちで、諸関係を可視化し知識を産出する過程に沿った記述を行なうことで、人間と社会についての新たな思考を可能にすることが目指された[1]（Strathern 1988：13 - 15, 17 - 20, 344；1999：258）。その方法として、彼女は「社会」と「個人」の「否定の戦略」から「転置の戦略」へと進み、人類学の思考を構成する概念を拡張してゆく。

ストラザーンはまず、「対象Xにおいて社会と個人はどのように「ある」のか」を探し求めるのではなく、むしろ「対象Xに、われわれにとっての社会と個人は「ない」」とする不在の知識から出発し、メラネシアにとって外的な人類学の記述が埋めることのできない空白を認める。そして、その間隙を埋める（＝再び同一の共通基盤を設定し閉じた全体を構成する）ことなく、われわれの言語をメラネシアの側の異な

（1）　ストラザーンは一面ではメラネシアの社会性を、写真や絵をふんだんに用いながら人格・物・社会関係の「視覚理論（visual theory）」（Strathern 2013）として提示したが、他方でその主著『贈与のジェンダー』（1988）では言語への徹底したこだわりをみせている。なお、同書の後半部分を図解的に解説したアルフレッド・ジェルの論文（Gell 1999）は、その記述枠組みを視覚的に把握させてくれる。

る言語へと転置してゆく。その言語は、共通基盤を切断する空白の向こう側に位置することになる。しかし、「異なる言語」といっても、それが人類学である以上、メラネシアの現地語で代用することはできない（「人間の概念」の項の「カメレオン的フィールド・ワーカー」参照）。それゆえ、われわれの言語を「異なる言語」のように使用すること、われわれの言語を「不自然に」作動させることが求められる。メラネシアの社会生活において象徴形態（人格や物）が次々と現われる過程を模倣する記述により、われわれの言語は異なる意味を詰め込まれながら、引き延ばされてゆく。それは、われわれの言語の内部に差異を創って拡張すること、すなわち「**我々／彼らの分割**（us/them divide）」を、われわれの外部のものとして拡張する（＝彼らの他者化）のではなく、われわれの内部に創って拡張すること（＝**我々の他者化**）に等しい(2)。当然のことながら、そのような記述はメラネシアの社会生活と同一のものではないが、われわれなりの類似物ではある。

　ここで「象徴形態」と「意味」の語を用いたが、これらについても独自の捻りが加えられる。われわれがある言葉の意味を別の言葉に置き換えて表わすように、メラネシアではある象徴形態の意味は別の象徴形態に置き換えて表わされる(3)。ある象徴形態Aの解読は、社会生活のなかでさらなる象徴形態Bを生み出す行為により達成され、それが（象徴形態Bを解読する）新たな行為を誘発する条件となる。そのような象徴形態の連なりは、社会的行為の実践と一体化した（自ら問いを出し、自ら解＝問いを

（2）ストラザーンは、人類学の記述の上では、人類学の外部に位置するメラネシアなどありえないと考えており、それゆえ人類学の言説内部に既に存在する「我々／彼らの分割」に根差した諸対立（例えば商品交換と贈与交換）の項を拡張したり、諸対立を変換したりしながら、その内部から「メラネシア」の社会性が現われる記述の形態を考案しようとしている（Strathern 1992b : 75）。

（3）これはメラネシア研究でしばしば指摘されることだが、「口だけ」の言葉は具体的な物を伴わない限り、人々によってあまり信用されない。

生み出し続けるような）自己産出的な系を成す（Strathern 1988：16- 17）。

こうした観点から、メラネシアの「社会」記述の媒体としてストラザーンが選択したのは、それ自体の論理で動き続け、かつ人類学の言説内部で「内部（我々）起源」の**商品交換**と対比的に「外部（彼ら）起源」として定義された、**贈与交換**の言語であった（Gregory 1982：Strathern 1990）。商品交換と贈与交換の対比は、行為の様態だけでなく、人格と物、主体と客体といった諸項についての前提を切り換え、異なる記述を可能にする対比としても活用される[4]。さらに「社会」と「個人」の対概念を除去＝置換し、拡張するものとして「集合性」と「対」、数々の社会関係から成る「複数的な」「分割可能な」人格と「（複数性を覆い隠されたり、既に分割されたりした）単一的な」人格といった対概念が導入される[5]。それだけでなく、メラネシアの社会生活の複雑な論理を記述するために「媒介的交換」と「無媒介的交換」、「両性具有」と「交差性関係」「同性関係」、「反復複製」と「代替」といったさまざまな対比が発明されてゆくが、ここでは術語を追うことはやめ、彼女の記述の核心部分に進んでゆこう。

人格化と物化

ストラザーンによれば、メラネシアの行為者は、自らの身体に外的な諸関係から区切られた「個人」ではない。そうではなく、**贈与交換関係の連鎖**（enchainment）の

（4）また、商品交換と対比される贈与交換の語は、「それ自身、政治経済の理論をもつことなく、特定の政治経済の理論に沿って振る舞うであろう」（Strathern 1988：18 - 19）贈与経済と、それ自身、社会の理論をもつことなく、特定の社会の理論に沿って振る舞うであろう社会性との類比からも、メラネシアの社会記述に適していた。

（5）これは西洋における全体「社会」とその部分としての「個人」の等価物として、メラネシアにはたとえば「集合性」と「分割可能な人格」があるという意味では全くない。後者には前者のような全体／部分の関係は欠如しており、ゆえに両者を全体／部分の関係を共通の基盤として比較することはできない。この比較不可能性を示しつつ、異なる社会性を記述するのにさまざまな対比が用いられる（Strathern 1990：213）。

（6）ここで「贈与交換」に関す

なかで、社会関係が**人格化**（personification）したのが行為する人や、人のように動く物であり、かつ社会関係が**物化**（reification）し、可視的形態をとったのが、物や、物のように眺められる人なのである。[6] 人格化と物化は、社会関係が客体化（objectification）されて価値をもち、人々の関心の対象となって相互にやりとりされるうえでの表裏一体の機制である（Strathern 1988：171 - 182）。

この点は、ニューギニア高地のメルパの人々が行なう儀礼的ダンスの事例に如実に現われている（Strathern 1979：1999：35 - 42）。メルパでは、クラン間で大量の豚を与えあう儀礼的贈与交換モカを行なう際、贈与者の男性らが大勢の観衆の集まる広場で、身体を装飾して踊りを披露する。とくに頭部に付けられる、身体よりも長大な羽根飾りは、人々の注意を惹くものである。装飾は多種のパーツ（種々の鳥の羽根、貝殻……）から成るが、（それらのパーツは稀少であるため）各々の男性はそのうち少しの部分しか持っていない。そのため踊り手は、数多くの姻族や母方親族の家々を豚肉などの贈り物を持ってまわり、装飾に必要な材料を請い、それによって身体装飾の諸部分を自らのもとに寄せ集めてゆく。それらの助力は、姻族・母方親族間で過去に繰り返し行なわれてきた男性間の贈与交換の蓄積の結果としてなされるものであり、男性が手にした装飾の諸部分は、それら先行する諸々の交換関係を「要約＝反復する（recapitulate）」ものである。

る語は、財やサービスの交換から、男女の生殖、母子の養育関係などまで含めた、極めて広義の意味で用いられている。『贈与のジェンダー』では個的人格であれ集合的人格であれ、人格間で相互に効果を及ぼしあうすべての関係に「贈与交換」の語が当てられ、その内部で、贈与物ありの「媒介的交換」と贈与物なしの「無媒介的交換」が対比的に定義される（Strathern 1988：178- 179）。

図3 姻族・母方親族から集めた多種のパーツを組み上げ制作される羽根飾り（Strathern, A. and M. Strathern, 1971 : 9）

儀礼的ダンスの場では、クランの男性らは、一列になって踊り、羽根に羽根を付けた長い羽根飾りを頭につけて一斉に振り動かす。その動きが一つになるとき、羽根飾りは川のように流れ、陽光を浴びて輝き、生気を帯びる。観衆の視線は装飾に注がれ、個々人の顔は消え失せてゆく。そのとき、踊りは成功する。男性は装飾と化し、装飾は躍動する動きにより観衆を魅了する。美しい身体装飾は、過去の贈与交換の集積体であり、踊り手が今回新たな贈与で既存の関係を動員し、そこから助力を引き出すのに成功した、その行為の証である。まさにそれが成功の証であることによって、身体装飾は未来のさらなる交換パートナーを惹きつける。そこではあたかも交換関係それ自体が身体装飾の形態をまとい、人格のように行為し、男性間の交換関係を「反復複製する（replicate）」効果をもつかのようだ(7)。

しかし、ストラザーンによれば、これは物語の半分でしかない。身体装飾が「覆い隠す（eclipse）」男性の身体は、それ自体、母方と父方の異種の血から成る混成体であり、装飾を集めるのに用いられた贈り物の豚肉は、夫婦協働の結果得られた物であり、その点で夫婦の分業関係が具体化した形態である。広場で男性の交換能力を皮膚の表面に可視化する身体装飾は、それぞれ異なる異性関係を不可視の深層に内包している。踊りのイメージを記憶に刻み、豚を受けとる観衆も、自らの家屋の片隅に装飾の部分を隠し、森の奥に豚を囲い、姻族・母方親族との交換関係の履歴をもつ。そし

図4　多くの姻族・母方親族との贈与交換関係を体現する装飾をまとった男性身体（Strathern, M. 2013 : 111）

（7）ここで観衆に展示されるのは、過去の出来事や相互行為の表象ではなく、それらに可視的形態をとらせて上演する、一つの出来事、一つの行為である。そこには常に即興や革新の余地があり、その達成（成功）それ自体は予め規範的・制度的に決定されていない（Strathern 1979）。できること（出来事）は、関係において発揮される能力の目に見える証拠を創り、上手く演じ、与え、観衆を巻き込み、連結することである。

て今度は自身が踊り手となって、それらの財を明るみに出し、同種の身体装飾とパフォーマンスを反復複製しうる潜在的な行為者である。もし彼らが美しい踊りの流れに魅せられて、その効果として、いつの日か実際に装飾を纏って大量の豚を返礼したならば、それは翻ってかつての踊り手が「美しく魅力的な贈与者の男性たち」であったことを証明し、さらに豚肉を受けとった男性がそれを妻に分配すれば、翻って両者が「協働で豚を育てた夫と妻」であったことを可視化し、知らしめることになる（そして、妻が自らの両親に豚肉＝サブスタンスの一部を分配すれば、それは翻って彼／彼女が「娘を生み育てた父親と母親」であったことの証となり、彼／彼女が何者であるかを顕現させるなど、同様にさまざまな過程が続きうる）。

　このような「身体」過程の記述には、社会構造や象徴体系ではなく、諸関係に可視的形態をとらせて人格や物を不断に「発明」するメラネシアの社会的行為の理論が必要であった（Strathern 1979 : 244 ; 1988 : 173 - 177）。そこでは行為者だけでなく、観衆や受け手の存在が不可欠であり、諸関係の可視的形態（身体装飾、踊り手の列など）を、いかに出来事として遂行＝上演（enactment）するかが決定的であり、それが将来的に引き起こす効果（形態）により、その何たるかが知られる[8]（ストラザーン二〇一六：九四）。「人格をこのような仕方で想像することは、社会関係を「見る」ために人格と諸関係の間で視点を切り換える必要がないことを意味する」（Strathern 1992a : 86）。あるいは、社会関係を「見る」ために物と諸関係の間で視点を切り換え

（8）　発明される形態は、それが他にもたらす効果、次に現わす形態を見ることで、それが何たるかが事後的に知られる。この知識は、内省的な自己知識と対比して「反映的な自己知識」と呼ばれる（Strathern 1999 : 254 - 260 ; ストラザーン 二〇一六：九〇）。（慣習的制約はあるが）原理的には人格は、効果次第で何にでもなりえる。この点が顕著に示されたのは、ニューギニア高地で白人が「森の精霊」から「人間」へと変容した（植民地期初期におけるニューギニア高地の人々と白人との）ファースト・コンタクトについての記述である（Strathern 1992c）。

る必要がない、と付け加えてもいいだろう。クランが諸関係の集積体であるように、男性の身体装飾も諸関係の集積体であり、さらに身体装飾の部分も（姻族間の贈与交換の積み重ねなどの）諸関係の集積体である。観衆が目にし、驚かされるのは、関係に関係が付加され、人格に他の人格の部分（贈与物）が付加され、人格に人格が付加される過剰ともいえる「増大＝拡大（aggrandisement）」の効果である。

個々の儀礼のたびに要約＝反復され、未来へと反復複製されるのは、パフォーマンスとして一時的に個体化する贈与交換関係の連鎖である。増大＝拡大の効果は、さらなる身体装飾（贈与物の集積）、さらなる贈与（交換）とパフォーマンスの連鎖を内包しつつ延長してゆく。われわれはこの連鎖の外部に「全体社会」を想定し、それとは分析的に区別される個人の行為の説明要因とする必要はない。この社会性が求めるのは、「非社会的な」個人を「社会化」して自らの作動メカニズムの一部とすることでもなければ、個人を抑圧する不可視の社会構造や言説の構築性を可視化することでもない。そうではなく、社会関係の可視的形態である人格や物を絶えず新しく発明し、人格や物の「行為者」によってとめどない動きをもつことに、この社会性の核心がある。それが、われわれの社会と個人の問題から切断された場において、異なる言語により記述的に発明された、われわれの内なる「メラネシア」の社会性である。

図5　先行する諸々の交換関係を要約＝反復するパーツを集めて制作した装飾をまとう男性たちの集合（諸関係の集積の集積の集積）（Strathern, A. J. and M. Strathern, 1971 : 167）

こうした社会性の議論は、一方で、ストラザーン自身により、単にメラネシアの問題（そもそもそれは、われわれの思考の問題であったのだが）として終わらせずに、かといって「西洋」と「メラネシア」の差異を消去せずに活用しながら、イギリスの新生殖医療技術の考察（Strathern 1992b）、イギリス中産階級の「自然と文化／社会」概念の変遷と「喪失＝創出」の記述を通じた人類学的思考の枠組みの記述（Strathern 1992d）、ANT（アクターネットワーク理論）のハイブリッドなネットワーク（本書2章参照）とメラネシアのそれとの比較対照（Strathern 1996）へと展開してゆく。また、切断と差異化による概念拡張の方法もさらに射程を広げ、人類学による比較とスケール（分析水準と領域分割）の問題や、継続的な知識産出の形式についての議論（ストラザーン 二〇一五）へと発展する。[9]

他方で、ストラザーンの記述は、たとえば「パースペクティヴィズム」（本書3章参照）の文脈で（主体による）生産－創造の枠組みと対置される（主体間の）交換－変容の枠組みを表現するものとして（Viveiros de Castro 2012：57-59, 71, 86, 111）、あるいは、物と人格がともに紡ぐ「伝記的な」生を論じる芸術論において、芸術作品の内部と外部に拡がる諸関係の構造的一致として（Gell 1998：141）、さらには、諸関係の連鎖の総体を「異なるスケール」で同等に含み込む、個別的かつ全的なフラクタルな人格の議論として（Wagner 1991：162）、異なる観点から展開されてゆく。それらの研究は、各々独自の問題関心から立ち上げられたものであり、まずはそれぞれ独立

（9）なお『贈与のジェンダー』を含めた、ストラザーンの理論の全体像に関しては、里見・久保（二〇一三）が既にその全著作を視野に入れた精緻な読解を展開しているため、そちらを参照のこと。

に読まれるべきだが、先述の社会記述と部分的つながりをもった（多中心的な）延長物として読み込むことも可能である。

それらの議論の一部（Viveiros de Castro 2012）を承け、後年、ストラザーンは、人々がある種の社会的プロジェクトへの参加者として自分自身を創り上げるとする「社会についての生産主義者的な視点」が、自らの記述の暗黙の前提をなしていた点を自己批判している[10]（Strathern 1999 : 258）。ある種の社会の存続、社会関係の再生産や、それに資する人格への視点を完全に欠いては、社会記述は成立し難い。しかし、そうした点を踏まえたうえで、関係の非生産へと向かう（このような世界では半ば自己破滅的な）ベクトルや、関係の連鎖の外部にはじかれた人格（たとえば「狂気」の人）が穿つ「裂け目」を「拡大する」社会記述は可能であり、それを切断と差異化による概念拡張のひとつのありうる展開（関係の生産／非生産、関係の連鎖の内部／外部）の延長線上に位置づけることもできる。重要なのは、その間隙の向こう側に、どのようにして異なる言語と記述を与えるかである（深川 二〇一六：二〇一七）。

われわれの内なる「社会性」は、（特殊具体的な数々の民族誌に依拠した）人間と社会をめぐる新たな思考にむけた**変容可能性の場**である。それを自由に展開し続けること。右の諸議論はその一例である。最後に、社会生活を形式的な「関係」の概念を基軸に論理的に説明し尽くすのではなく、そのすべてを汲み尽くすことなどできない世界の巨大さや未知性との関わり合いにおいて、人格が自らの置かれた環境や歴史的状

（10）なお、ヴィヴェイロス・デ・カストロ（Viveiros de Castro 2012）自身は、ストラザーンを肯定的に取り上げている。彼はストラザーンを少なくとも明示的には批判しておらず、かつ生産－創造の枠組みに位置づけてもいない。

況に比して、自らの実存、自らの「伝記的な生の企て（biographical life project）」（Gell 1998）をときに卑小なものとして、ときに巨大なるものとして再測定する局面（そしてその帰結として「伝記的な生の企て」が再び新しく現われるような局面）に光を当てるアルベルト・コルシン・ヒメネスの議論には圧倒されるものがある（Corsín Jiménez 2004）。彼の言うとおり、人格とは単なる行為者ではなく、「そこにおいて社会生活が強くなる場」（Corsín Jiménez 2008：194）（すなわち、それを通して、社会生活が特異な人生となり、その質やスケールを大きく変容させる場）であり、彼があえて「ヒューマニズム」と呼ぶ（強い）人格論は、今後の社会性の議論にさらなる展開をもたらすものだろう。

コラム　マリリン・ストラザーンとの対話
――研究現場での「部分的つながり」

筆者（前川）がかつて留学していたシドニー大学のスタッフクラブのことである。スタッフクラブといってもそこはオーストラリア、クラブ内にパブがある。

毎月世界各国から人類学者を招き、旬なトピックを提供してもらう学部セミナーがある。その後そのままスタッフクラブにながれて、ビール片手に講師や教員、院生がトピックについて語り合うのである。

一九九七年のある学部セミナーの日、ちょうど海外出張でシドニー大学に立ち寄る用事があった筆者はその会場にいて、「ニューギニア高地における儀礼的交換」についてダリル・ファイルの発表を聞いた。ニューギニア高地でのフィールド調査からの帰路、シドニーに立ち寄っていたマリリン・ストラザーンも出席していた。

二時間弱のセミナーの後、スタッフクラブのバー・カウンターで、筆者はマリリン・ストラザーンと三〇分ほど話した。マリリンが『部分的つながり』において参照しており、発表内容について話し合う予定だったダリルが研究室から戻ってくる間、マリリンが手持ち無沙汰だったので、その年サンジエゴで開催されたオセアニア社会人類学会（ＡＳＡＯ）で、アンドルー・ストラザーンに会ったことなどを話し、筆者のフィールドと研究テーマを紹介した。

＊

筆者の元々のテーマは儀礼的交換であり、ヴァヌアツでフィールドワークをする予定が、独立後調査ビザの取得が困難になり、また家庭の事情も重なって、調査ビザをすぐ取ることができるトレス海峡にフィールドを変更していた。ハッドン率いるケンブリッジの調査団がかつて十九世紀末から継続的な調査を行なったところである。当時すでに社会と文化は変容していたが、その後、私が一九八〇年代に調査した時には、オーストラリアの先住民として、その社会と文化はさらに大きく変容していた。

筆者のスーパーバイザーであったジェレミー・ベケットのアプローチは、中央政府とトレス海峡社会との「**節合の弁証法**」というものであった。マイケル・タウシグなども依拠していたアプローチである。しかし、筆者は、「節合の弁証法」という概念を前提とするにしても、人類学者としては、フィールドワークを行なったバドゥ島の島民に近い視点から、外部との関係性を捉えたいと思っていた。それこそがフィールドワークを行なう人類学者の独自の利点であるし、使命だと考えていた。そして、その際に用いたのが、**超越的**

(transcendent) と**超越論的**(transcendental) という概念であった。この概念は柄谷行人が提示していた概念で、フッサールの現象学的アプローチを、狭義の認識論にとどまらずに、現象の存在の根拠を問うようなアプローチであった(コラム「「超越的」と「超越論的」の変遷」参照)。

＊

「節合の弁証法」を脱構築しながら、内部的視点の展開を行なうための概念を「**翻訳(読み替え)的適応**(translational-replacement)」という概念で提示しようとしていた私のアプローチは、なかなか理解されずにいた。それで、かつてのスーパーバイザーとの苦労話ということで、そのことをマリリン・ストラザーンに話したところ、意外にもすぐにそのスタンスを理解し、とても面白いと返してくれたのである。

筆者は、さらにマーシャル・サーリンズのアプローチを取り上げ、白人とハワイの人々の弁証法的やりとりを、ハワイの人々の視点、すなわち内的視点から捉えるアプローチをその例として説明した(*Current Anthropology* 誌の "The Sadness of Sweetness: The Native Anthropology of Western Cosmology [and Comments and Reply]" における筆者のコメント参照)。さらに、近世・近代の日本と欧米、さらにはヒンズー教や仏教と神道などの習合(宗教的シンクレティズム)の例をあげ、いずれも「翻訳(読み替え)的適応」という概念で捉えられることを説明した。

そして、このアプローチはそもそもロイ・ワグナーの「文化のインヴェンション」論に基づいていることを付け加えた。筆者は、ライティング・カルチュア派が流行っているが、ワグナーのフィールドワーク論で示されるフィールドワークを行なっているのなら、ライティング・カルチュア派の批判はそもそも見当はずれなのではないかと、マリリンに問いかけた。「私たちはレヴィ＝ストロースの子ども」というマリリンは、ワグナーを高く評価し、彼の仕事に依拠しているようであったが、しかし現にライティング・カルチュア派の言及が流通していて無視できない状況にあり、それならばむしろジェイムズ・クリフォードらの言及を利用すればいいというスタンスであった。

ワグナーの文化のインヴェンション論は、フィールドワーカーと対象社会の人々との、ある意味、存在論的比較を含んでいる点を指摘すると、マリリンは、それは対象社会における人々の間でも見られることだと言う。そして、さらに、クック船長のような例は白人との関わりに限らず、実はニューギニア高地の「部族」間でも見られるものだと指摘した。

それに関連して「**比較**」ということを考えているのだが、その点についてどう思うかと問われた。筆者は、なぜ比較をしなければならないのか、それが実際には困難であり、なんらかの「**切り取り**」をせざるを得ないから、比較を諦めてギアツの「**厚い記述**」というような概念がでてくるのではないか、と応えた。それに対し彼女は、実際に人類学は以前からずっと比較を行なってきたし、比較の新たな方法を考えているところだと返してきた。そして、当日のセミナーの演者であったダリル・ファイルのアプローチをどう思うかと問われた。ファイルはニューギニア高地において親族と儀礼的交換に関して詳細なフィールド調査を行ない、生態学的比較によってニューギニア高地という地域社会を一つのまとまりとして捉えようとしていた。ニューギニア高地における親族と儀礼的交換を広範にまとめた人類学者はあまりいないことから、ファイルの成果はよく理解できると伝えた。しかし、マリリンはそこに疑問があるようだった。比較についての限界ということを問題にしていることをすぐに解した。

そこで、私は「超越的比較」と「**超越論的比較**」があると説明した。後者はもちろんワグナー的な比較であるが、前者についてはたとえば、首長制とビッグマン・システムの事例比較の例を挙げた。すると、前者は「垂直的な比較」、後者は「水平的な比較」に対応するかと尋ねられた。そういわれると確かにそのようにもいえるのでは、というような内容の会話を交わした。お互いの認識の地平が一定以上交わっていたことから、短時間ながら相当の共通理解が得られた。そうした経験はそれまで、その世代の人類学者とのやり取りでは得られない経験であった。

アンドルー・ストラザーンのような詳細なエスノグラファーから見ると、マリリンのフィールドでのデータ収集のやり方には不満を持つようであるが、マリリン・ストラザーンはなにか西欧人には珍しく、現地の人々の感性を捉える独特な直観に長けているようでもある。本書の執筆者であり、長年ニューギニア高地をフィールドとしてきた深川宏樹は、マリリン・ストラザーンの言及はニューギニア高地人の感覚をよく捉えているように思う、と言う。理論だけの人ではないようなのである。

その後、日本の祭りのことなども聞かれ、日本人は祭りに没頭するというが、それはどのような感じでそうなのかと聞かれたりして、それは祭りによるが、現在でも伝統を残した祭りでは死者がでることもあるほどで、まさに「その時」に生きている事例はあると応えたりしていた。

最後に、エドゥアルド・ヴィヴェイロス・デ・カストロを知っているかと尋ねられた。知らないと答えると、是非読むようにと勧めてくれた。あいにく手帳もメモ用紙も手元になかったので、「長い名前で覚えるのは大変ですね」と応えながら「ああ、カストロ将軍！と同じだから、とにかくそこだけ覚えて、あとは人類学者で検索します」と言って、そのまま二十年近くの時が流れてしまった。

＊

約束していたダリル・ファイルがスタッフルームにやって来て、マリリンと二人でカウンターに寄りかかりながら真剣な表情で議論していた。議論が終わるとマリリンは去り、大テーブルで院生らと話をしていた筆者の方にファイルも加わり、「マリリンが君との会話は興味深かったと言ってたよ。でも、僕のアプローチのどこが問題なのかわからない。たしかに進化論的にまとめていた点は認めるが、それを別にすれば何が問題なのだろう。ケイジはわかるか」と聞かれた。私は、マリリンとの件の会話を話した。地域の比較のために「切り取り」を行なわざるをえないことが問題であり、そのため常に「変数」の設定は恣意的になりうる。そのような「切り取り」を行なわない比較を試みる、というのがマリリンの意図のようだと説明しようとしたのだが、通じたかどうかは判らない。

＊

マリリンの所論と交差する私自身の超越的／超越論的という概念を用いたアプローチについては、認識論的にややこしいせいか、筆者のスーパーバイザーのベケットには通じなかった。しかしマリリンとは、初めて話したたった三〇分で、話の根幹がすぐに通じたのである。今、思えば、マリリンはワグナーだけでなく、ドゥルーズなども読んでいたのではないかと思われる。

筆者は、一九八〇年代に『アンチ・エディプス』は読んでいたが、その後『千の高原《ミル・プラトー》』には取り組む余裕がなかった。柄谷行人を通して超越的／超越論的の概念を得、フィールドにも応用してきた筆者に、その大元がドゥルーズであろうとアドヴァイスしてくれたのは、『イメージの人類学』を世に問うた、本書の著者の一人、箭内匡である。柄谷はそれらの概念をさらに広義に用いようとしていたのであるが、ドゥルーズにも依拠するヴィヴェイロス・デ・カストロの意義を、その論文から「再現前」してくれたのも箭内であり、筆者のなかのミッシング・リンクを埋めることができた。

ところで、件《くだん》のエピソードをこのコラムにすることは、マリリン・ストラザーンその人から、大家とは思えぬ丁寧な回答で快諾していただいているが、その際に私は自らの理解と確認のために二つの質問を行なった。一つは、マリリンはワグナーやヴィヴェイロス・デ・カストロ、ラトゥールらとともに、「存在論的転回の騎手」と言われているが、実際にはワグナーとマリリンは「**生成論的展開**」というのがより正確なのではないかというものであった。その答えは、

Q1. Yes, I expect you have seen Holbraad and

Pederson's new book on The Ontolgical Turn too. They place me half way there, so your intervention would make sense!

ちょうどマルティン・ホルブラードとモルテン・ピーダーセンのその新著を、マリリンへの問いかけの翌日に筆者は偶然見つけて、注文したところだった（したがって、まだ読んでいなかった）。

もう一つの問いは、レヴィ＝ストロースがダーシー・トムソンを引いて自然科学における「構造」の概念を示したように、マリリンも『部分的つながり』において、時代に対応する新たな自然科学の概念（カオス、フラクタル）に基づいて、「生成」の概念を示そうとしたのではないか、というものであった。その答えは、

Q2. If that is how you read Partial Connections, then you should say so. If that was my motive I wasnt aware of it ... a host of little things propelled me towards this. But if you see a larger outcome, again, I am happy for you to say so.

（原文のママ）

続けて、「私のテクストの解釈は私に拠るものではなく、あなたの解釈であり、そういうものとして歓迎します。私の仕事に関するあなたの推論には魅かれ、またあなたのそうした方向でのコメントに満足しており、その視点を貴重なものとして受け取っておきます」。

七〇年代、八〇年代にロラン・バルトを読んだ者なら、彼のテクスト理論を彷彿とさせるような回答であった。

なお、現在筆者は研究グループで、イギリスのフットパス・ウォークを基にした「ウォーカーズ・アー・ウェルカム」という地域活性化の実践の展開についての研究を行なっているが、英国研究者でもあるマリリンは興味深い英国研究だとコメントしてくれた。

（前川啓治）

マリリン・ストラザーン
（https://www.socanth.cam.ac.uk/directory/professor-marilyn-strathern-cbe-fba）

2章 アクターネットワーク理論以降の人類学

浜田明範

葬儀で集められた貨幣を集計する
(2016年2月ガーナ南部にて，浜田明範撮影)

一九九〇年代以降の人類学が『文化を書く』（クリフォードとマーカス 一九九六）に大きな影響を受けてきたのと同じように、二〇〇〇年代以降の人類学は**アクターネットワーク理論（ANT）**に大きな影響を受けてきた[1]。とはいえ、二〇〇〇年代以降の人類学のすべてがANTの影響を受けているというわけではないし、「ANT以降の人類学」という統一的な領域があるわけでもない。このような認識を踏まえて、本章では、ANT以降の人類学の展開の全体像ではなく一側面について、いくつかの絡まり合った糸を解きほぐしながら紹介していく。

その際に注目するのが、「**存在論的転回**」と呼ばれるANTの影響を色濃く受けている潮流である。この「存在論的転回」は、科学技術論や哲学や美術史などと影響しあっており、人類学の枠を超えたムーヴメントとなっている。しかし、近年の翻訳ラッシュによってだいぶ見通しが良くなってきたとはいえ、依然として「存在論的転回」がどのような立場なのかは分かりづらいままに留まっている。その背景には、「存在論的転回」が単線的に展開してきたというよりは複数の流れが合流することで形作られていることがあり（久保 二〇一六）、われわれの直感に反する議論を展開していることがある。

とはいえ、「存在論的転回」にくみする議論は、重要な点で共通する特徴を備えてもいる。既存の人類学が自明視してきた自然／文化、具体的なもの／抽象的なもの、一／多、疾病／病い、政治的なもの／生物学的なもの、といった区分を議論の俎上に

(1) ANT自体は一九八〇年代から研究の蓄積が始まっており、人類学においてもそれに影響を受けた研究が行なわれていたが、改めてその可能性に注目が集まり、その影響が前面化したのは日本では二〇〇〇年代に入ってからである。

挙げ、相対化しようという態度を共有しているのである。「存在論的転回」における「存在論」とは、これらのカテゴリーの分け方を指しており、人類学的なフィールドワークのなかで出会った人々の思考を通して、われわれが当たり前のように受け入れて疑うこともないような区分を再考しようというのである。

ただし、「存在論的転回」と呼ばれる議論が、既存の人類学からどのくらい「転回」しているのかについては慎重な判断が求められる。むしろ、既存の人類学との連続性を強調する方が生産的かもしれないからである。そこで本章では、人類学における「存在論的転回」がどのようなものであるのかについて、「アクターネットワーク理論」「存在論的」「ポストプルーラル」という三つの項を通じて理論的な見取り図を提示したうえで、「疾病／病い」「生物学的市民」という二つの項を通じて、ＡＮＴに影響を受けた人類学が自然／文化という区分を超えたところで、どのような議論を行なってきたのかについて具体的なイメージを提示していく。

アクターネットワーク理論

科学と政治が絡まり合いながら変化する世界を探る

アクターネットワーク理論（ANT）とは、ブリュノ・ラトゥール、ミシェル・カロン、ジョン・ロウらによって展開されてきた理論的な立場のことである。ANTは、もともと**科学技術社会論**[1]のなかから生まれてきたが、その裾野は近年ますます広がっており、日本語でも盛んに紹介されるようになってきている。そこで本項では、人類学における受容と展開を意識しながら、ANTの基本的な発想を紹介することにしよう。

ANTを日常的な言葉で説明するならば、特定の現象がどのように可能になっているのかをアクターのネットワークによって説明する理論ということになる。しかし、これではほとんど何の説明にもなっていない。ANTを理解するためには、ここでの「**アクター**」がどのようなものとして想定されているのかについて知る必要がある。

まず、通常、アクター（行為者）と聞くと、われわれは、「行為を行なう人」のことだけを指すものだと考えがちである。しかし、ANTではアクターのなかに人間だけでなく、モノや動植物などの非人間も含めて考える。モノや動植物といった非人間

（1）科学技術社会論またはSTS（Science, Technology and Society）とは、科学や技術の進展がいかに社会や文化や政治の影響を受け、また、それらに影響を与えているのかについて検討する学問分野のこと。

は、人間による働きかけや意味づけを待っているだけの受動的な存在ではなく、人間の行為や態度や認識を方向づける力を持ちうる、とANTでは考える。要するに、人間と非人間を同じ資格で扱おうとするのである。

次に、アクターのネットワークと聞くと、通常、個々のアクターはネットワークに先立って、それとは無関係に存在していると考えがちである。別々に存在するアクターが集まってネットワークを形成しているというのである。しかし、ANTではアクターをネットワークと不可分のものと考える。**ネットワーク**はアクターが寄り集まってできるようにも見えるが、実際は、ネットワークが存在するからこそ、アクターは作用することができるからである[2]。充電する機会[3]とも電波の中継局とも結びついていない携帯電話は、もはや携帯電話とは呼べない別の何かだろう。

アクターを人間に限定せず、また、ネットワークから独立したものと考えないことによって、ANTでは、モノや機械や動植物や制度と人間が寄り集まって形成されるネットワークによって特定の現象がいかにして可能になっているのかを説明しようとする。では、どうしてこのような説明の仕方が必要とされたのだろうか。あるいは、このような説明の強みはどこにあるのだろうか。

この点について理解するためには、ANT以前の科学技術社会論においてどのような議論がされてきたのかを知る必要がある。新しい科学技術の導入について説明する際に、われわれは、それを政治的な思惑や社会的な要請とは無関係に起きる純粋に技

(2) このようなアクターとネットワークの相互依存的な関係は森田(二〇一二)に詳しい。

(3) 携帯電話を充電するという行為は何によって可能になるだろうか。ANTではそのような問いを立てる。まず、電気が発電されてなければならないし、そのためには発電所が必要であり、水力や化石燃料が必要である。また、発電された電気を目の前のプラグまで運ぶ送電網が整備されてなければならない。さらには、目の前のプラグの口に対応した充電ケーブルを持ってなければならない。それらを作るためには規格の統一が必要であり、それを作る工場で機械を動かすための電気が必要である。携帯電話というひとつのアクターが存在しうるためには、多数のモノとそれがつなぎ合わされたネットワークが必要とされるのである。

術的な現象だと考えがちである（**技術決定論**）。あるいは、そのような発想に対する反省から、科学技術の発展はむしろ政治的な思惑や社会的な要請に従っているのであり、科学や技術にいかなる自律性も認めないという立場がある（**社会構築主義**）。

ＡＮＴは、これらの二つの極端な立場のいずれをも拒否する。科学技術の発展によって何かが可能になるとしても、もしそれを利用する人が誰も存在しないのであれば、そのような技術は忘れ去られてしまうだろうし、そもそも多大な労力をかけて開発されることもないだろう。反対に、科学技術によって可能になることのすべてが予め人々にとって利用価値のあることに限定されているわけでもない。科学技術による真の革新は、人々の予想を超えるような形で社会や人々の生活を変容させていく点にあるのであって、単にこれまでよりも効率的に物事を進められるようになることにあるのではない。あるいは、特定の目的のために作られた技術が他の目的を達成するために転用されて姿を変えることも珍しくはない。

重要なのは、特定の現象がどのようにして可能になっているのかを、自然や技術にも、文化や政治にも還元せずに、両者がどのように絡み合いながら現実が作り出されているのかを丹念に追っていくことである。このような説明の仕方についての具体的なイメージを共有するために、オランダとアフリカの**貧血**について議論したアネマリー・モルとジョン・ロウの論文（Mol and Law 1994）を見てみよう。

モルとロウは、まず、医学論文を参照することで、オランダには貧血が少なく、ア

アネマリー・モル
(http://www.uva.nl/binaries/content/documents/personalpages/m/o/a.mol/profilepicture/profilepicture/myprofile%3Aimage?1353357349297)

フリカには貧血が多いことを確認する。[4]その上で、モルとロウは、貧血があるかどうかを判定するためのヘモグロビン量がいかに測定されているのかに注目する。ヘモグロビン量を測定するためには、**測定機器**（＝非人間、技術）とそれを扱うのに熟達した人間（＝人間、文化）からなるネットワークが必要である。このネットワークが存在するところでは、オランダだろうとアフリカだろうとヘモグロビン量を測定することができる。しかし、測定機器が古かったり、その使用に熟達している者がいない場所ではネットワークは解消し、ヘモグロビン量を正確に測定することはできない。そのような場所での貧血の診断には、検査ではなく、必要な要素のより少ない臨床的な方法が用いられる。瞼の裏や歯茎や爪の色を確認することで、ヘモグロビン量を測定することはできなくても、貧血かどうかを判定することはできる。[5]

このように、ＡＮＴにおいては、特定の場所で特定の現象が起きているとわれわれが把握できる理由について、技術決定論とも社会構築主義とも異なるやり方で説明していく。自然や技術と文化や政治から構成されるネットワークによって、われわれは現象を把握することが可能になり、そこに貧血が存在していることが分かるのである。このような説明の仕方が人類学に与えた影響として、ここでは二つのことを挙げておこう。

まず、ＡＮＴは文化や意味づけによる説明の代替物を提供するものである。従来の人類学では、地域が独自に育んできた比較的安定的な意味の体系によって、人々の行

(4) ここでモルとロウは、アフリカに貧血が多い理由については議論していない。彼女たちの問いは、どのようにしてわれわれがそのような認識にたどりつけるのか、であるからである。

(5) 紙幅の都合で詳細は割愛するが、ここでのモルとロウの狙いは、地理的な区分ともネットワークとも異なる、流体として貧血を想像することにある。モルとロウによると、臨床的な方法は場所によって異なるので同一のネットワークとは言い難く、また、臨床的な方法は例えばオランダとアフリカという区分を超えて行き来しうるので地理的な区分とも異なっている。貧血は流体的な性質を持っているというのである。

為を説明することが多かった。これに対してANTでは、アクターのネットワークがそのような意味の体系を変容させる状況を説明することができる（浜田 二〇一二）。これは、グローバル化に伴って技術や情報の移動が盛んになるなかで、目まぐるしく変化する人々の行為を説明するための方法を人類学者に提供することになった[6]。

ANTが人類学に与えたもうひとつの大きな影響は、**自然と文化の区分**の自明性を揺るがしたことにある。既存の人類学的研究の多くは、自然と文化の区分そのものを普遍的なものとして自明視してきた。例えば、人間が生まれてから死ぬまでの過程は生物学的に決定される自然で普遍的なものであるが、子どもが一人前の大人となる時期や、そのために必要とされる手続き、あるいは子どもと大人に与えられる役割については時代や場所によって異なる、文化的なものと考えられてきた（慶田 一九九四）。これは、自然の過程を単一のものとしたうえで、それに対する意味づけは文化によって異なるという発想であり、普遍的な自然の領域と複数性をもった文化の領域を区別することができるという前提に依拠した発想である。それに対して、ANTは、自然に属するとされるものと文化に属するとされるものが絡まり合いながら形成されるネットワークに注目することによって、自然と文化の区分は必ずしも自明視できないことを明確にした。

この点に関して、ラトゥールは純化とハイブリッド化という言葉を用いて説明している（ラトゥール 二〇〇八）。「**純化**」とは、自然と文化、非人間と人間を互いにまっ

ブリュノ・ラトゥール
(https://upload.wikimedia.org/wikipedia/commons/6/61/Bruno_Latour_Quai_Branly_01921.JPG)

（6） ここで、アクターのネットワークによる説明と文化による説明は対立するものというよりは相補的なものとして考える方が妥当である。この点については、中川（二〇一四）を参照せよ。

たく異なる存在として区分する働きのことであり、この働きによって、われわれは特定の現象を、これは自然に属する問題だとか、あれは政治に属する問題だというふうに理解できるようになる。他方で、「**ハイブリッド化**」とは、自然と文化、非人間と人間からなるハイブリッドな（異種混交的な）ネットワークを作り出す働きのことで、この働きに注目するならば、われわれは、自然の問題と政治の問題を切り分けて議論することはできなくなる。ラトゥールは、この二つの働きは相互にお互いを支え合う相互依存関係にあると述べ、この二つの働きが共存しているのが近代の特徴だと述べている。

ラトゥールによると、人類学者は、非西洋を研究する際には自然と文化のハイブリッドを扱ってきたが、同じことを西洋については行なうことができなかったという。それは、西洋においては純化の働きがより強力に作用しているからである。しかし、西洋と非西洋という現在ではほとんど支持することのできない区分を取り払うならば、われわれは、いずれのフィールドにおいても、純化とハイブリッド化の働きに注意を払う必要が出てくる。これこそが、ANT以降の人類学が取り組んできた課題である。

存在論的

具体的なものを通して反・自文化中心主義を深める

ラトゥールによる自然と文化の純化とハイブリッド化についての議論が、人類学者に大きな影響を与えたのは、それが、単に二項対立を解消するものであったからではない。自然と文化のハイブリッドという発想によって、人類学者が批判的に考察することなしに自明視してきた「自然」と「文化」というカテゴリーに対する信頼が揺るがされたことによって、新しいタイプの研究の可能性が切り拓かれたのである（「「自然／文化」をめぐる人類学」の項参照）。

非西洋の人々の生活についての研究をすすめてきた人類学は、そもそもからして、**自文化中心主義**に対する強い批判性を備えていた。自文化中心主義とは、自分とは異なる文化的背景を持つ人々の行為について、自分の手持ちのカテゴリーに基づいて評価したり説明したりする態度のことである。それに対して人類学は、**反・自文化中心主義**と呼べるような、自分の手持ちのカテゴリーの**自明性を疑う**ことを通じて他者に対する理解の可能性を模索する態度をとってきた（浜本 一九九六）。

反・自文化中心主義を是とする人類学では、フィールドワークを行なう前に人類学者が持っていた既存のカテゴリーに基づいて、当該地域の人々の実践を理解することに対する警鐘が繰り返し鳴らされてきた。にもかかわらず、こと「自然」と「文化」に関しては、多くの人類学者が、何が「自然」に属し、何が「文化」に属するのかをフィールドワークに先立ってすでに知っているかのように振る舞ってきた。そうであるならば、人類学者も、必ずしもフィールドの現実に真摯に向き合ってきたとは言えず、自分たちの前提を対象に押し付けてきただけだということになってしまう。

このような問題意識に基づいて、これまでの人類学者が自明視してきた存在論を相対化しようとしたのが「**存在論的転回**」と呼ばれる一連の研究である。ここでいう存在論とは、さしあたり、自然と文化の区分のことだと理解しておいてよい。存在論的転回という言葉が普及するきっかけを作ったアミリア・ヘナレたちは、『モノを通して考える』の序論において、認識論から存在論へと問いを移行させることの利点は、「人々が生を営む方法が、人類学者の理論の……根底にある見慣れた仮定をどのように不安定化させるのか」を問うことにあると明快に述べている（Henare, Holbraad and Wastell 2007 : 8)。

このように捉えるならば、人類学において存在論的な議論に取り組むということは、フィールドワークで出会った人々の営みを通して、われわれが自明視している自然／文化という区分（それに加えて、主体としての人間／客体としての非人間、具体的なもの／抽象的なもの、一／多、疾病／病い、政治的なもの／生物学的なものといった区分）を相対化していくという作業に他ならない。つまり、ここで追究されているのは、人類学が至上命題としてきた反・自文化中心主義をより徹底することである。

では、それはどのようにして達成することができるのだろうか？　ヘナレたちは、**「モノを通して考える」**ことがその手段だと述べる。モノを通して考えるとは、モノを、意味が付与されるのを一方的に待っている客体と捉えるのではなく、「モノそれ自体が意味である」と考えることである。ヘナレたちが盛んに言及するマリリン・ストラザーンに従って、ここで「モノ」と呼ばれているものは、身体やパフォーマンス、出来事を含めた**「具体的なもの」**一般に拡張できると考えてよいだろう（ストラザーン二〇一七）。

では、具体的なものを通して考えるとはどのようなことだろうか。『人類学のコモンセンス』に小田昌教が寄稿した「自然」という章（小田一九九四）は、このことについて考えるための良い出発点を提供してくれる。小田によると、スワヒリ語にはわれわれが通常用いる意味での「自然」に相当する言葉がない。しかし、このことはスワヒリ世界において文化と対立しうる自然に相当するカテゴリーが存在しないことを意味するわけではない。人々は、自然という言葉を持っていないし、自然を客体化して語ることができるようなものとは考えていないが、それでもなお、文化と対立するようなカテゴリーは何らかの形で存在しているというのだ。では、自然に相当する言葉がないのであれば、人々はどのように自然について考えるのであろうか。小田が、ロイ・ウィリス（一九七九）を参照しながら説明するところによると、人々はセンザンコウやニシキヘビといった特定の動物種を儀礼のなかで操作することを通して自然について考えているという。

ここで小田は、概念＝言葉ではなく具体的なもの（動物種やそれにまつわるパフォーマンス）を通して考えるという思考様式があるという、ある世代の人類学者にはなじみ深い、いわゆる構造主義的な議論を手際よく整理している。しかし、ヘナレたちであれば、小田の説明には納得しないだろう。それは、小田が、センザンコウやニシキヘビを分析者であるわれわれの手持ちのカテゴリーである自然を示す記号に縮減してしまっているからである。ヘナレたちは、この流れを逆にして、センザンコウやニシキヘビのもっている汲みつくすことのできない多義性や潜在性を特定の意味に縮減することなく、その**多義性や潜在性**によってわれわれの手持ちのツールキットにない概念やカテゴリーを生み出そうと提案しているのである。これが、**具体的なものを通して考える**ということである。

具体的なものが特定の言葉で汲みつくすことのできない多義性や潜在性を持っているのは、**抽象化**が必然的に捨象でもあるからではない。ここで問題になっているのは、抽象化をしてはいけないということではない。そうではなく、具体的なものに対する異なる抽象化の可能性が常に存在しうることに留意する必要があるということである。このような複数の抽象化の可能性について検討するためには、抽象化という作業の捉え方そのものを更新しておく必要がある。[1]

通常、抽象化といった場合には、特定の具体的なもの（動物種）を、特定のカテゴリー（自然についての記号）の一部と見なすことを意味する。この種の抽象化は、全体と部分の序列が固定化されているなかで、部分を用いて全体を表現するという**提喩的な想像力**に基づいている。ここでは、部分は常に全体の一部として扱われるために、抽象化の可能性は（必ずしも一つにというわけではないものの）限定されがちである。それに対して、具体的なものを、それと**隠喩的**に並置される他の具体的なものとの関係（類似や差異）によって抽象化するという思考様式がある。[2] そこでは、特定の具体的なものを別の具体的なものとの関係で理解していくことになるために、特定の具体的なもののどこに光が当たるのかは、それと並置される無数の具体的なものに相応して多様に変化することになる。[3]

このような思考様式をメラネシアの人々の営みに見いだし、それをもってわれわれが自明視してきた部分と全体についての前提を不安定化させたのがマリリン・ストラザーンの『部分的つながり』（二〇一五）である。ストラザーンは、とりわけその後半部分で、メラネシアの人々が（1）人工物や身体やパフォーマンスといった具体的なものを通して、いかに自らに対して自らを提示しているのかを記述し、（2）そのようにして提示されるイメージ間の関係を、メラネシアの人々が成長、反転、切断と

（1）存在論的な議論における抽象化については、Holbraad and Pedersen (2008/9) も参照せよ。

（2）このような隠喩的な関係に置かれた具体的なもの同士が相互に影響を与えあいながら変容していくプロセスについては、久保（二〇一五）に詳しい。

（3）構造主義以降の人類学では、類似性に基づく**隠喩**と隣接性に基づく**換喩**という二つの形式の比喩を用いて現象を読み解いてきた。それに対して、ここでは、類似したものが並置されるという隠喩的かつ換喩的な関係と、それとはまったく異なる提喩的な関係の二つを区別している。この隠喩的でありかつ換喩的でもある関係については、後述するマリリン・ストラザーンが明らかにした、あるものを、他のものが成長したり、反転したり、切断したりしたものと捉えるメラネシアの比喩の形式によって代表されうる。なお、ここでいう**提喩**とは、部分で全体を

いった隠喩を用いて理解していることを示している。

言語ではなく具体的なものを通して思考するときには、それぞれに複雑性を備えた具体的なもの同士を並置することはできるが、言語を用いた思考で行なえるような、複数の具体的なものを包含するような提喩的なカテゴリーを提示することはできない。ありえるのは、特定の具体的なものの背後に他の具体的なものの姿を多重化して見ることであり、それぞれの具体的なものによって、それと並置されたすべてのイメージを代表させるような比喩の形式だけである。

このような具体的なものの連鎖という隠喩的な想像に基づく抽象化のあり方を認めることは、人類学者がフィールドワークを行ない民族誌を記述してきたことの意義を再発見することにつながる。人類学者は、それらの実践を行なうなかで、自文化の手持ちのカテゴリーに具体的なものを分類する（**提喩的な操作**）のではなく、具体的なものの複雑性をできる限り保持しながら並置する（**隠喩的な操作**）ことで新しい思考の可能性を拓こうとしてきたと考えられるようになるからである。そうであるならば、やはり、存在論的と称する議論が称揚しているのは、新しいタイプの人類学というよりは、人類学的な実践そのものなのである。

表わしたり全体で部分を表わしたりする比喩のこと。隠喩とは、類似に基づいてあるものXを別のものYで表わす比喩のこと。また、換喩とは、隣接性に基づいてあるものXを別のものYで表わす比喩のこと。これらの比喩の形式についての詳細は佐藤（一九九二）を参照のこと。

ポストプルーラル

二つ以上のものが互いに別個に存在していると言えないこと

「存在論的転回」と呼ばれる議論に顕著なように、アクターネットワーク理論以降の人類学では、フィールドワークの過程で出会う具体的なものを人類学者が調査に先立って身に着けていた手持ちのカテゴリーのひとつの事例として扱うのではなく、その**具体的なものの複雑性**を保持したうえで、他の具体的なものと並置することの重要性が強調されてきた。

しかし、このような試みは必ずしもそれだけでバラ色というわけではない。われわれは、日常生活のなかで必ずしも日々の営みの細かな詳細を記憶しているわけではない。むしろ、そのような詳細の大部分を忘れながら生きているのが常態であろう。それは、何もわれわれだけの話ではなく、フィールドで出会う人々についても妥当する。そうであるならば、具体的なものの複雑性を保持し続けるだけでなく、人々がどのように具体的なものの複雑性を縮減しているのかについても検討する必要がある。このような具体的なものの複雑性と抽象化の営みを両立するためには、**モノを通して考える**際に一度否定しておいた、提喩的な思考を再び持ち出す必要がある。ただし、モノを通して考えることを経由した後の提喩的な思考は、そうでないものとは異なる形式をとる。

このことを説明するために、マルティン・ホルブラードとモルテン・アレックス・ピーダーセンが持ち出してくるのが、「**スケール付きのモノ**」という発想である(Holbraad and Pedersen 2008/9)。ここで、並置されることによって特定の側面に光が当てられるのは特定の具体的なものとそれとは別の具体的なものではない。ここで並置されているのはある具体的なものとそれにまつわる抽象的なものである。ホルブラードとピーダーセンはこのような「スケール付きのモノ」の例として「四つ足としての犬」を挙げる。

通常、われわれは「四つ足」というカテゴリーと「犬」という具体的なものをそれぞれ独立して存在していると考えたうえで、「犬」を「四つ足」という全体を構成する部分であると考える。それに対して「スケール付きのモノ」という発想においては、より具体的な「犬」とより抽象的な「四つ足」は、それぞれを両端に置く「四つ足としての犬」というひとつの図を構成するものと捉える。「四つ足としての犬」という言葉は、単に「犬」と呼ぶときとは違うイメージを犬に付与するし、同様に、「四つ足」のイメージも変容させる。ラトゥールの言葉を借りるならば、ここでは、具体的なものと抽象的なものは、純化されているのではなく**ハイブリッド化**されているのである。

この枠組みに従えば、人類学者がフィールドワークを通じて把握し、民族誌に書き込む具体的なものも、単なる具体的なものではなく、「抽象的なもの付きの具体的なもの」であると考えることができる。同時に、人類学者が提出する概念も、単なる抽象概念ではなく、それを導き出すきっかけとなった具体的なものが付着した「具体的なもの付きの抽象的なもの」である。このような具体的なものと抽象的なものの区分自体を無化するような抽象化のことを、ホルブラードとピーダーセンはストラザーンの言葉を借りて、「ポストプルーラルな抽象化」と呼んでいる。

具体的なものと抽象的なものを区分しないような思考を、なぜ「**ポストプルーラル**」と形容しうるのかについては説明が必要であろう。ポストプルーラルという言葉は、その名が示す通り、**プルーラリズム**（多元主義）の枠組みでは目の前の現象を充分に説明できないという認識に基づいている。この多元主義からポストプルーラルへという認識の移行についての最も分かりやすい説明は、アネマリー・モルが『多としての身体』（二〇一六）のなかで行なっているものだろう。

モルは、オランダの政治学者であるアラン・レイプハルトの提示するオランダ社会のイメージで多元主義について語る。「オランダの社会生活は、いくつもの、共在しながら重なり合わないコミュニティによって編成されており」、それぞれのコミュニティには柱のように上部に位置するエリートから下部に位置する者までが含まれる。しかし、エリート同士が議論することはあっても、他の同じ位置にある者たちがコミュニティを超えて連帯することはないという。異なるまとまりが共在していて、お互いに重なり合うことがない離接的な状態。これが多元主義のイメージである。それに対して、異なるまとまりが共在していて、なおかつ、お互いに部分的に重なり合っている状態がポストプルーラルと呼ばれる状況、必ずしも複数とは言えない状況である（モル 二〇一六）。

このような二つ（以上）のものが互いに重なり合っているポストプルーラルという発想は、アクターとネットワークを別個に存在するとは考えないというANTの基本的な発想や、具体的なもの同士を並置することによってそれぞれの新しい側面に光を当てるような抽象化、具体的なものと抽象的なものの並置によって促される相互変容と共鳴しあっている。いずれの場合も、一方がなければ他方の性質そのものが変化してしまうという状況、二つ以上のものがお互いに別個に存在しているとは言えない状況が議論の俎上に挙げられているからである。

ホルブラードとピーダーセンは、ポストプルーラルという状態の具体的なイメージとして、マリリン・ストラザーンが『部分的つながり』（二〇一五）のなかで展開したカオスやサイボーグを挙げている[1]。ストラザーンがカオスの図から取り出したのは、スケールが変わっても表現される図の複雑性は変わらないという特性である[2]。このような特性は、人類学者によるメラネシアについての議論にもしばしば妥当する。特定の社会の日用品についての本は、ひとつの社会全体についての本や、通文化的な

（1）紙幅の都合上ここでは割愛するが、サイボーグについては、ストラザーン（二〇一五）と合わせて、ハラウェイ（二〇〇〇）も参照せよ。

（2）カオスについてはグリック（一九九一）を参照せよ。なお、カオスの図については静止画よりも動画の方がイメージをつかみやすい。動画サイトで「コッホ曲線」や「マンデルブロ集合」「ジュリア集合」「フラクタル」といった言葉を検索すると多数ヒットするので、イメージをつかみにくい場合は、そちらも参照のこと。

比較を行なっている本と同じ程度の分量と複雑さを備えうる。同時に、カオスの図においては、複雑性と同じように、図の形式もまた、スケールが変わっても変化しない。このこともまた、人類学者がメラネシアで出会う現象に妥当する。もともと、社会を類型化するために提案された図式が、それぞれの社会の内部の特定の人間を類型化することもあるからである（ストラザーン 二〇一五：一九－四五）。ここには、より細かく見たりより広く見たりするというスケールの変更が意味を成さないような状況があり、この意味で、具体的なものと抽象的なものの区分を無効化するような状況が展開されているのである。

ただし、ストラザーンがポストプルーラルという言葉を用いた元々の文脈を考えるならば、ストラザーン自身はここで紹介したメラネシアの人々の実践と並置されることによって更新されたカオスのイメージを、ポストプルーラルの一歩先にあるものと考えていたようである。ストラザーンがポストプルーラルという概念を持ち出したのは、一九九二年に出版された論文のなかでである（Strathern 1992）。そこでストラザーンは、多元主義とポストプルーラルとメラネシアの人間観の三つを並置している。

ストラザーン自身の説明に依拠するならば、**多元主義**とは、全体性をもった複数の社会が互いに重なり合うことなく存在しているという見方である。そのうえで、ストラザーンは、多元主義の枠組みでは理解できない状況があることを指摘する。人類学で議論されている例として、ストラザーンは、**コスモポリタニズム**や**クレオール化**[3]を挙げ、それをポストプルーラルな見方であると述べている。ただし、ここでストラザーンは、必ずしもそれらのポストプルーラルな発想を評価しているわけではない。それらは、西洋の人類学者が考え出したものに過ぎないからだ。ストラザーンは、反・自文化中心主義を是とする人類学者らしく、〈人間〉と〈人間同士の関係〉を同一視するようなメラネシアの人間観を用いることで、多元主義の枠を超え出るような現象を理解しようと提案している（「人格と社会性」の項参照）。

つまり、少なくとも一九九二年当時のストラザーン自身のポストプルーラルについての説明は、メラネシアの人間観やカオスのイメージよりは穏当なものであり、ホルブラードとペーダーセンをはじめとする存在論的な議論のなかで使われているものとは指示対象が異なっている。このような取り違えはそれ自体で興味深い現象である。グローバル化が進み、ポストプルーラルな状態が目新しいものでなくなった後に、改めてポストプルーラルという語の響きがもつ喚起力が、メラネシアの人々の思考を経由することによって再発見されているからである。この意味で、近年の人類学におけるポストプルーラルという概念の使用は、強い喚起力を持ったメラネシアの人々の思考が、人類学者の思考に置き換わった例として理解するべきだろう。

（3） ここでストラザーンはウルフ・ハナーツによるコスモポリタニズムとクレオール化の議論を念頭に置いている。ハナーツのいうコスモポリタニズムとは、人間や商品や意味の越境が盛んになることで文化についての多元主義的な理解が難しくなるなかで、他者の文化を受け入れる準備ができていることを指す。また、クレオール化とは、二つ以上の異なる歴史的な起源をもつ文化に由来する要素が、いくばくかの時間をかけて統合され、洗練される過程のことである（Hannerz 1987; 1990）。

疾病／病い

文化の複数性からポストプルーラルな自然へ

これまでに述べてきたように、アクターネットワーク理論以降の人類学では、「自然」と「文化」の区分の自明性を疑問に付してきた。その結果として、研究の対象を文化と意味に限定するのではなく、科学技術社会論の成果を取り入れながら、自然や科学技術も研究の対象に含めるようになってきている。そのような動きの典型的なものとして、**医療人類学**における研究対象の拡大を挙げることができる。

一九七〇年代後半以降に盛んに行なわれるようになった文化人類学の下位分野である医療人類学は、医療や健康を対象とする他の人文社会系の学問分野と同じように、病気と健康についての文化や意味を研究の対象としてきた。そこには、われわれにとって切実な問題である健康や医療について、生物学的な言語だけが特権的に語っていることに対する違和感が表明されていた。健康や病気は、生物学的な現象であるとともに、文化的な現象でもあるというのである。(1)

例えば、文芸批評家のスーザン・ソンタグは、結核という病気に対する意味づけが時代によってどのように変化したのかを跡づけている（ソンタグ 二〇〇六）。ここに

（1） ここからも分かるように、医療人類学においては、そもそもからして対象の理解とともに、現実を組み換えていく運動的な側面が含まれている（4章、5章参照）。なお、この時期の医療人類学の展開については北中（二〇一六）を参照のこと。

も、われわれは、単一の自然に対する複数の文化による意味づけという枠組みを見て取ることができる。この医学や生物学が明らかにしてきた単一の自然に対する複数の意味づけという枠組みは、それ自体、大きな喚起力を持っていた。医療人類学においては、それは、**疾病**（disease）と**病い**（illness）という区分に変奏され、生物学的に普遍的であるとされる疾病だけではなく、個々の患者の文化的背景や生活史的な背景に基づいて別様に意味づけられ経験される病いもまた、注目に値する重要性を持っていることが指摘されてきた（クラインマン 一九九六）。

われわれが**インフルエンザ**に罹った際に重要なのは、それがH1N1型なのかH3N2型なのかということではない。それは、医学にとっては重要な情報かもしれないが、通常、その違いがわれわれの生活に大きな影響を及ぼすことはない。むしろわれわれにとって重大なのは、インフルエンザに感染したためにひどい熱に苦しむということであり、熱が引いてもなお学校や仕事を休まなければならないということである。インフルエンザに感染したために、修学旅行に行けなかったり、商機を逃してしまったりすることもあるかもしれない。ここで、医学的・生物学的な意味でどんな病気に罹っているのかを問題にする際に使われるのが「疾病」であり、それがそれぞれの人の人生や生活にどのような影響を与えたのかを問題にする際に使われるのが「病い」である。上記の例でいえば、疾病とは特定の型のインフルエンザのことであり、病いとはそれがどのように経験されたか（修学旅行に行けなかった、など）である。

このような患者[2]の経験に注目する医療人類学のアプローチの有効性は、とりわけ、生物医療[3]が治すことのできない慢性病や緩和期の患者のケアについて考える際にはまったく色褪せてはいない。その一方で、単一の疾病に対する複数の病いという枠組み自体が、自然と文化の区分を自明視する西洋の存在論的な前提に依拠した偏狭なものであることもまた、否定できない[4]。

このような認識から、ＡＮＴ以降の医療人類学においては、病いを疾病とはまったく異なるものとして純化して考えるのではなく、疾病と病いがいかにハイブリッド化しながら存在しているのかを自覚的に問う研究が行なわれるようになっている。その嚆矢となったのが、アネマリー・モルの『多としての身体』（二〇一六）である。

モルは、疾病と病いの両方を混ぜ合わせながら研究の俎上に挙げるために、**実践誌**という（病いと混ぜ合わされている）疾病を出来事として、実践されたものとしてアプローチする民族誌的な方法を提案している。疾病が診断され、治療される際には、何らかの実践が必要とされる。疾病を具体的な実践から切り離されて純化された抽象的なものとして捉えるのではなく、「具体的なもの付きの抽象的なもの」として掬い取っていこうというのである。

モルは、疾病をはじめとする〈存在〉をアプリオリに存在するものとして捉えるのではなく、人間が他の人間や物と共同で行なう実践に伴って生起するものとして捉える。そして、存在を確認したり現象させたりする実践のことを「実行」（enactment）

（2）　英語圏の医療人類学では、ペイシャント（patient）という言葉がはらむ受動的なニュアンスを避けるために、患者ではなく病者（sick person）という言葉が好まれることがある。ただし、日本語の患者という言葉には「患わされている者」とともに「患っている者」というニュアンスもあるので、ここでは病者ではなく、より一般的な患者という言葉を使用した。

（3）　医療についての人文社会系の学問分野では、医療を、生物学や生化学に依拠した医療という意味を込めて「生物医療」と呼ぶ。ただの医療ではなく、あえて「生物」という接頭語を付与している背景には、病気を治す実践としての医療のなかには、必ずしも生物学や生化学に依拠していないものも含まれる（自生的な医療、民俗医療、民間医療、伝統医療、……）という認識がある。

と呼ぶ。そのうえで、病気についての人々の経験（認識論）から人々と技術がどのように共同で病気を実行しているのか（存在論）へと対象を変更することによって、身体＝自然の多重性を明らかにしようとする。単一の自然に対する複数の文化という枠組みのうち、「単一の自然」という考え方の**自明性**を切り崩そうというのである。(5)

動脈硬化は、大学病院のなかの異なる場所に応じて異なる複数のやり方で確かめられている。例えば、診察室では、動脈硬化は患者が平坦な地面を歩く際に痛みが生じるかどうかによって確認される。この際、足の温度や拍動の強さ、肌の薄さが、動脈硬化があることの傍証となる。他方で、病理解剖を行なう病理部では、動脈硬化は血管の内膜が肥厚しているかどうかによって確かめられている。この二つの動脈硬化の確かめ方は、それぞれ異なるモノや技術によって支えられている。後者の方法を実践するためには、切断された足を用いて標本を作製し顕微鏡を覗く必要があるが、前者の方法にはそれらは必要ない。平坦な地面があればいい。ここで、この二つの方法は同時に行なうことはできない。診察のためだけに足を切断すれば、治療を必要とするもの以上の問題を引き起こすことになるからである。にもかかわらず、これらの確認方法の結果が必ずしも同一であるとは限らない。診察室では動脈硬化が疑われておらず、原因不明で死んだ患者を解剖してみたら動脈硬化があったということもある。歩行時に足が痛むと訴える患者の足が十分に温かく、動脈硬化とは考えられないこともある。

（4）　仮に偏狭であったとしても、西洋の人々がそのような存在論的なカテゴリーを前提にして生きているのであれば、あえてそれを相対化する必要はないという考え方もありうる。再び、ここには、新たな理解に応じた新たな体制を作ろうという医療人類学における運動的な側面が垣間見える。

（5）　ここで、モルが「存在論」として議論する病気の「実行」のされ方は、これまで説明してきた「存在論的転回」の「存在論」と少しニュアンスが異なっている。後者が、文化と自然という区分そのもののことを指しているのに対し、前者は文化と自然という区分のなかの自然のことを指しているからである。あるいは、モル自身の説明に依拠するならば、自然が含みこまれた文化ではなく、文化が含みこまれた自然のことを指しているといった方がいいかもしれない。いずれにしても、いわゆる「存在論的転回」にくみする議論においては、〈カテゴリーの区分モルは、ここで起きていることは、動脈硬化が人間の行為に先立って存在しており、実践によってその存在が「確認されている」と考えると説明できないという。異なる確認方法の結果が違うことの説明がつかないからである。[6] そこでモルは、動脈硬化を、それを「実行する（≠確認する）」方法によって立ち現われるものとして理解し、異なる方法によって実行された動脈硬化を、同一の存在の別の側面としてではなく、それぞれに異なる複数の動脈硬化であると、いったん考える必要があると主張する。

このようにして動脈硬化が**複数性**を持っていることを確認したうえで、モルは、動脈硬化の複数のヴァージョンは必ずしも完全に別々の存在であるわけでもないと指摘する。それは完全に同じではないが、まったく異なっているわけでもない。異なる方法で実行された動脈硬化を相互に関連づける実践もまた、病院では行なわれているからである。複数の動脈硬化は、多元主義的なものとしてではなくポストプルーラルなものとして理解する必要があるのである。

このような動脈硬化の複数のヴァージョンの分離と重なり合いを記述するために、そして複数の動脈硬化のヴァージョンの間の齟齬やギャップが明るみにならない理由を説明するために、モルは、動脈硬化を実行するためのさまざまな方法について記述している。動脈硬化は、足首と上腕の血圧の比によっても実行される。血管にバルーンを挿入して膨らませることで動脈硬化を血管の壁際に追いやることや、歩行療法に

そのもの〉と、〈そうした区分のうちの自然側や非人間側〉の両方をともに「存在論」と呼ぶことがあり、このことが多少の混乱を招いていることを付言しておく。

（6） この点についてのより詳細な説明は、モル（二〇一六：七六－八二）を参照せよ。

よって歩行可能距離を延ばすことも、問題を解消するという形で動脈硬化を実行する方法である。動脈硬化が起きている正確な場所を確定するためには、より古典的な超音波検査とより侵襲的な血管造影という二つの方法が用いられている。さらには、六〇歳以上の人口の何％が動脈硬化に罹るかというような疫学的な実行のされ方もある。

病院では、（1）ある方法によって実行された動脈硬化の重症度が他のヴァージョンの動脈硬化の重症度に翻訳されることで二つのものが一つに調整され取りまとめられたり、（2）異なるヴァージョンの動脈硬化が別々の場所に分配されることで齟齬が顕在化するのが避けられたり、（3）異なる二つのヴァージョンの動脈硬化の存在が互いに他方のヴァージョンの動脈硬化が実行される際の前提になることでお互いがお互いを含みこんだりする。これらの調整・分配・包含という三つのメカニズムによって、複数の動脈硬化の分離と重なり合いが成立するのである。

このようにしてモルは、自然と文化を相互に混ざり合ったものとすることで、文化だけでなく自然もまた複数性を持っていることを明らかにした。これにより、疾病を医療人類学の対象に加えることに豊饒な可能性があることを示したのである。

生物学的市民

生物学的なステータスが駆動する政治

アネマリー・モルが自然の単一性を揺るがすために疾病を場面場面で実行されるものとして取り扱ったのに対し、アドリアナ・ペトリーナは異なるアプローチで疾病について議論することで、「**市民権**」という考え方を揺るがせることに成功した。『曝された生――チェルノブイリ後の生物学的市民』(二〇一六)が描き出すのは、チェルノブイリで被爆したということがいかに人々を市民にするのかということである。

ここでいう「**市民**」とは、自由と人権、平等な政治への参加が国家によって保障されている者のことである。通常、現代を生きるわれわれは、誰かが市民であるかどうかはその人がどのような生物学的なステータスを持っているのかに関わらず決まることだと考えている。現代社会において、女であろうと男であろうと等しく市民としての地位は与えられるべきであるという考え方に反対することはほとんど完全に不可能である。われわれが、市民を純粋に政治的なものとして考えるようになった背景には、ナチスによる障碍者やユダヤ人の虐殺に代表されるような**人種主義的・優生学的発想**に対する深刻な反省があった。つまり、誰が市民なのかを定義するのは純粋に政治的なものであり、そこに生物学的なものを持ち込むべきではないという、**純化**の発想が市民についての考え方には色濃く刻み込まれている。

それに対して、独立後のウクライナにおいては、**チェルノブイリ原発事故**によって被曝したという生物学的なステータスが、むしろ市民権が保障されるための条件になってきた、とペトリーナは指摘する。この状況は、放射線被曝が人体に確実に影響を与えるのにもかかわらず、正確にどのような影響を与えるのかについては科学的にうまく把握できていないこと（すなわち自然や技術に関すること）と、ソヴィエト連邦から独立したウクライナの状況（すなわち政治や文化に関すること）の両方と密接に関係している。

ここでは自然と政治は何重にも絡み合っている。

ペトリーナによると、一九八六年にチェルノブイリで原発事故が起きたとき、当時のソヴィエト連邦政府は、高線量に被曝したと思われた二三七名の者への対処に集中しており、そのうち三一名が死亡したとしていた。これは、六〇万人以上の人が低線量被曝を受け続けていたことを無視するものであった。これに対して、一九九一年に独立を果たしたウクライナ政府は、ソ連との差異化を図るため、チェルノブイリ原発事故で障碍を負った人を積極的に認定し、より手厚い保護を行なう方針をとった。その結果、全人口の五％にあたる三五〇万人がチェルノブイリ原発事故の被災者と認定された。被災者に認定された者は、現金の給付、家族手当、教育と医療の無償化、年金の支給などを受けることができた。二三七人と六〇万人と三五〇万人という数字の違いからは、科学が確定的なことが言えないなかで、特定の生物学的なステータスの認定に、科学的な手続きだけでなく、政治的な要素が入り込んでいることをはっきりと示している。

興味深いのは、政府がすべての国民に社会的な保護を与えることができないなかにあって、実質的には、被災者やそれよりも重篤な影響を受けているとされる障碍者と認定された者だけが、市民として扱われているということである。ここでは、被曝によるダメージという否定的な生物学的なステータスが政治的な権利の基盤となっており、これが「**生物学的市民**」という言葉の意味である。

ペトリーナは、さらに、このような生物学的ステータスを手に入れるためには、ソヴィエト時代に行なわれていたブラットと呼ばれるインフォーマルな取引や融通のシステムを活用する必要があると指摘する。生物学的なステータスは、国家レベルでの政治だけでなく、よりミクロな場面での政治をも含みこんでいるのである。

このような、特定の疾病を抱えているという生物学的なステータスに基づいて生活が保障される生物学的市民という発想の可能性は、人類学者の記述してきた他の事例と並置することでより豊かになる。

例えば、ケニアの**HIV感染症**の患者組織について研究しているルース・プリンスは、ＨＩＶ陽性という生物学的なステータスが、食料や資金、海外への渡航などへのアクセスを可能にすると述べている（Prince 2014）。ただし、ここでそれらを保障するのは国家ではなく国際的に活動するＮＧＯである。ここでは、ペトリーナの描くウクライナの状況とは違い、国家はＨＩＶ陽性者に対する特別な補償をしているわけではないが、それらの人々を支援しようとするＮＧＯの関心は極めて高いからである。

プリンスは、ＮＧＯによるＨＩＶ陽性者への支援が引き起こす影響を、**プロジェクト化**と呼んで整理している。プロジェクト化とは、ＮＧＯなどによる短期的なプロジェクトが殺到することでそれを支える人材が公的機関からＮＧＯに流れていく状況や、ＮＧＯによる支援は基本的に数年のプロジェクト・ベースで行なわれるために継続的なケアの機会が奪われている状況を指している。この背景には、高い給料と近代的な施設を持つＮＧＯに人材が流れていくことで、継続的なケアを提供しうる国家が管理する病院の状況はより悪くなっているということもある。プロジェクトは、時間的にも空間的にも突出した点を作り出すが、面を構成することはできない。

このような状況のなかでは、人々は常に新しいプロジェクトの対象となるように自分を可視化し続ける必要がある。そのために要求されるのは、組織を設立し運営し、適切に金銭管理を行ない、また、その成果をまとめてＮＧＯへの提案書を作成するような能力である。プリンスによると、このような能力はこれまでに必要とされていたものとはまったく異なる新しいものであり（社会主義時代から培われてきた能力が依然として重要性を持っていたウクライナの事例とは異なり）、プロジェクト化は新しい人間像を要求するようなものにもなっているという。

プリンスが描き出すＨＩＶ陽性者の姿はウクライナの被曝者の姿と差異を含みながらも重なり合っており、両者は、通常否定的な状態と捉えられるような生物学的なステータスがむしろより良き生の前提となるような状況という共通性を持っている。ここでは、生物学的なことと政治的なことが混ざり合っている。ただし、プリンス自身は、生物学的市民という言葉の使用を慎重に避けていることにも注意が必要である。先述のように、市民や市民権は国家との関係で捉えられるものであり、そこにこそペトリーナが鍛造した生物学的市民という言葉の切れ味があったからである。

他方で、社会学者のニコラス・ローズは、ペトリーナに影響を受けながらも生物学的市民をウクライナの事例から切り離して使おうとする（ローズ 二〇一四）。ローズは、市民権が政治的な領域に純化されていたのは、むしろ例外的であり、誰が市民であるのかの判断には、血統などの生物学的と言えるような要素が常に参照されてきたと指摘する。さらにローズは、グローバル化が進んでいる現在では、市民としての権利を保障するのは国家に限定されなくなっていることを強調する[1]。

こうしてローズは、生物学的市民という言葉を、生物学的なステータスを根拠に集まるすべての集団に当てはめようとする。ここでローズが強調するのは、国家によって誰が市民であるのかが認定される際に生物学的ステータスが参照されるかどうかでも、否定的な生物学ステータスがいかにより良き生の前提となっているのかでもな

（1）　ローズのこのような傾向は、彼がペトリーナとともに参照しているデボラ・ヒースら（ヒースほか 二〇〇四）の議論と軌を一にしている。こちらも併せて参照せよ。

い。むしろローズが強調しているのは、それらの動きの手前にある現象であり、人々が国家との関係においてではなく、遺伝子を含めた生物学的ステータスに基づいて自らを定義するようになっているという一般的な傾向である。

ローズの議論は、生物学的市民という言葉の対象を拡張することによって、その可能性を広げ、この言葉をより広く流通させることに成功した。その一方で、市民という言葉を国家から切り離したために、生物学的市民という言葉がもともと持っていた国家による市民への保障や約束の不在に関する喚起力を失ってしまっている。換言するならば、ここでローズは、ペトリーナの民族誌と結びついていた、「**具体的なもの付きの抽象的なもの**」であった生物学的市民をただの「抽象的なもの」として扱った結果、喚起力の一部を喪失してしまったと言ってもいいだろう。

民族誌と具体的なものの持つ喚起力を温存しながらどのように抽象的な概念を流通させるのかは、現在の人類学が直面する重大な課題のひとつである。

3章

「歴史」と「自然」の間で

――現代の人類学理論への一軌跡

里見龍樹

無人の人工島

現代の人類学理論は、どこから来てどこに向かいつつあるのか——このような問いを考えるための一つの民族誌的な手がかりとして、筆者の調査地から一つのイメージを紹介したい。筆者はこれまで、南西太平洋に位置するソロモン諸島のマライタ島という島でフィールドワークを行なってきた。マライタ島の北東岸には、南北約三〇キロにわたり広大なサンゴ礁が広がっている。このサンゴ礁のなかには、現地で「海の民」(アシ)と呼ばれる人々が、化石化したサンゴの砕片を無数に積み上げて築いた人工の島が九〇個以上点在している。そのような居住空間が造られるようになった背景については、かつて行なわれていた集団間戦闘における防衛のため、マラリアを媒介する蚊を避けるため、漁撈や交易活動上の便宜のため、といった仮説が提示されてきた。現在でもそれらの島の多くには人々が居住しているが、一部の島は、居住者の転出のために無人となっている(前頁写真)。

これら無人の人工島は、マライタ島でフィールドワークを行なっている最中から、謎めいた魅力をもって筆者の心をとらえていた。マライタ島において、島々は年間を通じて激しい日照、降雨と潮風にさらされるため、居住者を失った島上の住居は、通常わずか数年のうちに朽ち果てる。またそれらの島の上では、ココヤシ、ヒルギなど多様な植物が、人為的な妨げを受けることなく急速な生長・繁殖を遂げる。このため島々は、無人となって二〇年ほどの後には、かつての居住・生活の痕跡を見分けることができないような鬱蒼とした樹木の茂みとなる。

これらの島は筆者にとって、「海の民」が過去百年以上にわたりこの地域に居住してきたという「歴史」と、そのような歴史の痕跡を覆い隠すかのように生い茂る「自然」の間で、あやうい均衡を保っているように思われた。それが具現しているのは、人間の営みの領域とそれを超えた領域が、緊張を保ったままで併存しているような両義的なイメージである。そのようなものとして、無人の島はそれを見る者に、「歴史」とは何か、「自然」とは何か、そして両者の関係はどのようにとらえられるべきなのかという問いを投げかけてやまない。

以下では、このような島々のイメージを念頭に置きつつ、一九八〇年代から今日までの人類学理論の展開について考えてみたい。以下の考察はおおまかに、この間における人類学の理論的関心を、「歴史」から「自然」へという軌跡として描き出す。具体的には、最初の二項が「歴史」、最後の二項が「自然」の主題を扱い、間に位置する「景観」の項が前後をつなぐ役割を果たす。そのような構成を採ることで、本章では、一九八〇年代に始まった人類学理論の転換（序章、2章、4章参照）がその後どのような経過をたどったかということを、一つの視点から概観してみたい。

歴史人類学

「文化」を問い直す

人類学における歴史の問題

今日までの文化人類学において、「歴史」という主題はどのように位置づけられてきたか。また、研究対象としての文化や社会に対する歴史的な視点は、どのような位置を占めてきたか――このような問いを、本章の出発点として設定したい。人類学における歴史的な視点とは、おおまかには、研究対象としての文化や社会は通時的に変化してきたものであり、現状はその産物であるという見方として定義することができる。人類学になじみのない読者には意外と思われるかもしれないが、二十世紀初頭以来の人類学において、そのような意味での歴史的な視点は決して一般的なものではなかった。むしろそこで支配的であったのは、二十世紀の人類学に独特な**非歴史主義**のアプローチ、すなわち、歴史的な視点をあえてとらず、歴史を視野の外に置いて研究を行なうという姿勢であった。そしてこれに対し、人類学に歴史的な視点を意識的に取り入れようとする動き、すなわち後述の「**歴史人類学**」は、一九八〇年代になって、それまでの人類学に対する反発・批判というかたちで活発になり始める。

このような経緯を理解するためには、十九世紀から二十世紀に至る人類学の展開について概観しておく必要がある。二十世紀初頭、マリノフスキらによって長期フィールドワークに基づく個別地域の集中的研究というスタイルが確立される以前、人類学の主流をなしていたのは進化論的な発想であった（竹沢 二〇〇七：第一章）。十九世紀の欧米における支配的な思考枠組みであった**進化論**――そこでは多くの場合、「進化」と「進歩」が混同されていた――の下で、人類学は、世界各地の宣教師や植民地行政官から送られてくる報告をもとに、各地の文化・社会を、近代ヨーロッパを頂点とする「文明の進歩」の諸段階に序列化するような知として形成された。一例としてルイス・ヘンリー・モーガンの『古代社会』（原著一八七七）は、「野蛮」から「未開」を経て「文明」に至る人類の文化的進化の三段階を想定した上で、世界各地の親族名称を、進化の前段階を示す痕跡として進化論的に解読してみせた（モルガン 一九五八―一九六一）。そこではたとえば、父親の兄弟を「父」、母親の姉妹を「母」と呼ぶような親族名称は、かつてその地域で行なわれていた兄弟姉妹婚の痕跡であると解釈された。このような理解を支えていたのは、「進歩」の異なる段階にある異文化を研究することで、「文明の進歩」の過程を、したがって近代ヨーロッパの歴史的位置を理解することができるという想定に他ならない。その限りにおいて、十九世紀から二十世紀初頭までの人類学はすぐれて「歴史的」な人類学であった。

これに対し、一九一〇年代以降、長期フィールドワークに基づく個別地域の集中的研究という新たなスタイルを提唱したマリノフスキらは、それまでの進化論的人類学を擬似的で非科学的な歴史に過ぎないものとして徹底的に否定した。たとえば、マリノフスキの同時代人であるラドクリフ＝ブラウンは、人類学の研究対象であるいわゆる「未開社会」は、多くの場合文字による歴史的記録をもたない以上、過去におけるその家族形態や宗教についての研究はあくまで「擬似歴史的推測」に過ぎないとして、そのような研究を退けた（ラドクリフ＝ブラウン 一九七五）。同じようにマリノフスキは、ニューギニア島東方の島々の間で行なわれる「クラ」と呼ばれる儀礼的交易についての民族誌を通して、人類学の課題を、フィールドワークの時点における社会・文化の全体性を描き出すこととして規定した（マリノフスキ 二〇一〇）。図式的にいえば、ラドクリフ＝ブラウンやマリノフスキが提唱したのは、十九世紀の通時的で進化論的な人類学に対し、すぐれて共時的で非歴史的な人類学であった。

　このように見るとき、マリノフスキが『西太平洋の遠洋航海者』（原著一九二二）で描き出したのが、島から島へと交換材が儀礼的に贈与され続ける、「クラ」と呼ばれる円環であったことは象徴的である。そこにおいてクラはあたかも、始まりもなければ終わりもなく、永遠に、あるいは無時間的に輪を描いて行なわれ続ける、すぐれて非歴史的な事象として描き出されている（「クラの慣習はいかにして始まったか」といったことはマリノフスキの関心事ではなかった）。長期フィールドワークに基づく民族誌という研究スタイルにおいてのみならず、このように研究対象を本質的に無時間的で非歴史的なものとして描き出した点でも、マリノフスキのクラ民族誌はその後の人類学のあり方を規定するものとなった。

このように二十世紀の人類学は、その出発点において、進化論的な想定に立脚していたそれまでの人類学を拒絶することから出発した。一九八〇年代に至るまで、人類学がその大部分において、先に述べた非歴史主義に特徴づけられるようになったこと、また、調査対象地域の歴史という主題が二十世紀の多くの人類学から奇妙にも脱落してしまうことになったことには、このような背景がある[1]。

しかし、二十世紀初頭以来の人類学を特徴づけていたそのような非歴史主義は、一九八〇年代頃から、多くの人類学者によって根底的に疑問に付されるようになる。そのなかで、人類学には「歴史」という主題が、かつての進化論とはまったく異なるかたちで再導入されることになる。その結果として生まれてきたのが、次に述べる「歴史人類学」という新たなアプローチである。

歴史人類学

一九八〇年代以降、それまでの人類学を特徴づけていた非歴史主義が批判されるようになってきたことには、いくつもの背景がある。なかでも重要なのは、同じ時期に人文・社会科学の広い範囲で盛り上がってきた**ポストコロニアリズム**と呼ばれる動きである。ポストコロニアリズムとは、大まかに言って、欧米諸国や日本によるそれ以

(1) 詳しく述べることはできないが、マリノフスキらからは基本的に独立して、二十世紀半ば、レヴィ＝ストロースの「構造主義」が独自の非歴史主義を提示していたことも重要である。レヴィ＝ストロースは、人類学と歴史学の並行性・相補性を時に指摘していたが（レヴィ＝ストロース 一九七二）、その反面で、「熱い社会／冷たい社会」という区別に見られるように、彼の関心は一貫して、「歴史」とは異なる思考のあり方としての「構造」を明らかにすることに向けられていた（レヴィ＝ストロース 一九七六）。

外の地域の**植民地支配**という歴史的現実に、多かれ少なかれ無意識的に立脚していた従来の学問や文化のあり方を批判し、見直そうとする動きのことである。そのような動きが顕著になるにつれ、植民地支配という背景としばしば不可分に営まれてきた二十世紀の人類学も激しい批判の対象となった。そしてそのなかでしばしば問題にされたのが、人類学における前述の非歴史主義という特徴だったのである。すなわち、二十世紀初頭以来の人類学は、非西洋世界の他者を、植民地支配その他の歴史的な文脈あるいは変化から切り離し、脱歴史化され抽象化されたかたちで描き出してきたのではないか。マリノフスキ以来、人類学者たちは、非西洋世界の親族組織、儀礼、贈与・交換システムなどを、あたかも歴史を超越し、つねに同一であるかのように記述してきたが、そのように非歴史的な描き方それ自体がある種の暴力であったのではないか。そのような批判が人類学に寄せられるようになったのである。

このような批判を受け、主に一九八〇年代以降の人類学者たちは、植民地支配の歴史をはじめとする調査地の歴史を視野に入れた新たな人類学的研究を試みることになる。そのような新しい研究は、一般に「歴史人類学」と呼ばれる。

この時期以降の歴史人類学的研究は枚挙にいとまがないが[2]、ここでは、筆者と同じオセアニア地域を研究対象とし、一九八〇－九〇年代における歴史人類学の主導者の一人であったニコラス・トーマスの議論を紹介したい。一九九一年の著書『もつれ合ったモノたち』（Thomas 1991）のなかで、トーマスは、従来の人類学をしばしば

（2）　日本の研究者による歴史人類学的研究の代表的な成果として、ここでは春日（二〇〇一）と田辺（二〇一〇）の二つを挙げておく。

特徴づけてきた「われわれ／彼ら」という固定的な区分を批判している。異文化を研究する学問として自らを規定する人類学は、研究者にとっての自文化（われわれ）と研究対象としての異文化（彼ら）の差異を、乗り越えがたい絶対的なものとして想定する傾向があった。しかし実際には、「われわれ」と「彼ら」は、植民地支配その他の歴史のなかでつねに交わり合い、「もつれ合って」きたのであり、各地の文化やそれらの間の差異は、そのような「歴史的もつれ合い」の結果として生まれてきたものに他ならない。そうである以上、歴史人類学の課題は、そのような「歴史的もつれ合い」とその結果としての文化的生成を、たとえば植民地政府や宣教師による記録をもとにして明らかにすることにある。

そのような文化の歴史的生成の一例としてトーマスが挙げているのが、フィジーで交換財として用いられる「タンブア」というクジラの歯である（ibid.：110-118）。フィジーにおいてクジラの歯は、今日に至るまで、首長の就任儀礼などさまざまな場面で贈り物にされる貴重品であり、多くの人類学者は、クジラの歯の儀礼的使用を「フィジーの伝統的慣習」として記述してきた。これに対しトーマスは、フィジーを支配していたイギリス植民地政府の初期の史料などを調べることで、クジラの歯の流通と使用が、むしろ植民地時代に入って拡大したものであることを明らかにしてみせる。彼によれば、植民地時代以前のフィジーにおいて、クジラの歯はときたま浜辺に打ち上げられるクジラから採るよりほかないものであり、その供給はごく限られていた。これに対し、十九世紀初頭以降、フィジーの白檀やナマコを求めてやってきた交易者たちや、十九世紀末以降のイギリス植民地政府は、捕鯨船によってもたらされるクジラの歯を、交易品として大量にフィジーに供給した。そしてこれによって、フィジーでのクジラの歯の儀礼的使用が急速に一般化したというのである。

トーマスのこのような研究は、それまで不変の「伝統的慣習」と思われていたものが、実は植民地主義的な「歴史的もつれ合い」の産物であるという驚くべき事実を明らかにするものである。歴史人類学のこのような視点は、人類学の研究対象としての文化・社会を、根本的に動的で可変的なものとしてとらえ直すものであり、その点で人類学を革新するものであった。歴史人類学の登場以降、人類学者はもはや、植民地支配その他の歴史を無視して文化や社会について語ることができなくなったと言える。

「海の民」の歴史人類学

なお、本章冒頭で紹介した筆者の調査地であるソロモン諸島のマライタ島についても、歴史人類学の視点は興味深い知見をもたらしてくれる。すでに述べたように、マライタ島北東岸に広がるサンゴ礁のなかには、現地に住む「海の民」によって築かれた人工の島が九〇以上点在している。はじめてこの地域を訪れた人ならば、サンゴ礁に点在する島々を見て、「「海の民」は、きっと何百年も昔からこのように独特な慣習を続けてきたのだろう」と思い込んでしまうかもしれない。しかし、筆者の調査が明らかにしたのはこれとはまったく異なる事情であった。

たとえば、一九二七年にマライタ島北東部に滞在した宣教師の著作には、「海の民」が住む人工島がそれらの固有名とともに列挙されているのだが、そこに記されているのは三五の島々に過ぎない。この記録を信じるならば、現在存在する九〇以上の島のうち、三分の二近くが、この宣教師が滞在した一九二七年以降に建設されたものであるということになる。それぞれの島がいつ頃、誰によって建設されたかについての現在の人々の証言は、このような推定を基本的に支持している。さらにそのような証言からは、現存する島の大部分が、マライタ島で西洋世界との継続的接触が始まった十九世紀末以降に建設されたという推定が導かれる。すなわち、かつての人類学者であれば「マライタ島北東部の特異な伝統的慣習」として記述したであろう「海の民」の人工島居住は、実は、マライタ島が西洋世界との接触——トーマスの言葉でいえば「歴史的もつれ合い」——の下に置かれるようになって以降に一般化した、比較的新しい慣習なのである。[3] このように歴史人類学の視点は、人類学の研究対象をまったく新しい視角から見ることを可能にするものであり、その影響は現在まで続いている。

歴史人類学とその後

それでは、以上のような経緯で登場した歴史人類学は、現在どのような状態にある

(3) それでは、「海の民」の人工島居住が拡大した背景には、いったいどのような事情があったのか。残念ながら、フィジーとは対照的に植民地時代の記録が乏しいマライタ島の過去については、大雑把な推測を行なうことしかできない。おそらくそこには、欧米から来た交易人が供給した銃器によるマライタ島の社会的混乱と居住集団の分裂、同様に欧米人によって供給された鉄器による人工島建設の容易化、さらには海岸部の限られた土地でも栽培できるサツマイモの導入による居住集団の流動化、といった事情が関わっている。これについて、詳しくは里見(二〇一七:第二章)を参照されたい。

のか。一方で、二十世紀初頭以来の人類学を特徴づけていた非歴史主義を批判した歴史人類学の視点は、現代の人類学において決して無視しえないものとなっている。どのような地域を研究対象とするのであれ、その地域における植民地支配その他の歴史とその下での社会的・文化的変化を考慮することは、今日の人類学者にとって常識になっている。

しかし他方で、歴史人類学のアプローチがそのように確立されるにつれ、それが当初もっていた革新性、あるいは目新しさが薄れつつあることも否定できない。右で紹介したトーマスのそれのような研究のインパクトは、歴史的資料の研究によってそれまでの人類学者の想定を覆してみせる点にあった。しかし、そのようなインパクトは、類似の議論が反復され、一般化されるにつれて弱まらざるをえない。その結果として、歴史人類学的研究はともすれば、史料を用いて「昔のことを調べただけ」の平板な研究と受け取られてしまいかねない。今日の人類学者には、「歴史」をなぜ、どのように問題にするのかということが、あらためて問われているのである。

最後に、一九八〇年代から今日に至る人類学の理論的展開のなかで、歴史人類学のアプローチはどのように位置づけられるのか。以下の「「自然／文化」をめぐる人類学」や「「人間」を超える人類学」の項で述べるように、一九九〇年代以降の人類学においては、人間同士の相互行為からなるとされる「社会」や「文化」の領域を超えて、「自然」と「社会・文化」の交錯領域について考察しようとする動きが大きな流れをなしてきた。そのような動きを見るとき、「われわれ／彼ら」の「歴史的もつれ合い」をもっぱら強調する歴史人類学は時に、人間がつくる「歴史」の領域のなかにあくまでとどまろうとする保守的な理論にも見えてしまう。

そうだとすれば、現在の人類学における課題は、歴史人類学の成果を踏まえつつ、そこに残っているかもしれない人間中心主義を乗り越えて、「歴史＝自然」とでも表現すべき新たな領域に向かうことではないか。本章の冒頭で、「歴史」と「自然」が交錯する無人の人工島のイメージを示しておいたのは、実はそのような方向性を示唆するためであった。次項以下では、そのような方向性をも念頭に、より現代的な人類学理論に向かって歩みを進めていこう。

カーゴ・カルト

〈新しいもの〉をとらえる

「カーゴ・カルト」とは

筆者が調査を続けてきたソロモン諸島も含め、メラネシア（南西太平洋）地域に関する歴史人類学は、「カーゴ・カルト」と呼ばれる特徴的な社会運動にたびたび遭遇してきた。カーゴ・カルトは、十九世紀末以降、植民地状況下のメラネシア各地から報告されてきた、宗教的な性格をもつ社会運動の総称である。それらは一般に、社会生活の全面的な転覆・変容への千年王国論的な待望と、西洋世界の物質的富を自分たちのものとすることへの非合理的・神秘的な期待を特徴とするとされる。「カーゴ」とは、運動の参加者たちが待望する物質的な富、すなわち船や飛行機の「積み荷」を意味している。春日直樹の卓抜なまとめによれば、カーゴ・カルトとは以下のような運動・信念に他ならない。

カルトはこの〔カーゴという〕形容語に表現されるように、白人と接し白人の富に圧倒されたメラネシアの人々が、実はこの富が本当は自分たちのものであって、いつかは自分たちのもとにカーゴのかたちで運ばれてくるはずだ、という確信によって始まっている。カーゴの届く日はこの世の裁きの日でもあり、カルトの参加者には至福が、また外部の人間には破滅が待ち受けている。溢れるばかりの富（缶詰やキャラコ）を両手に抱えるその日、彼らは威張りくさった白人たちが海に放り出され、泣き叫びながら溺れ死ぬのを見るだろう。それもそのはず。今のこの世界、つまり目に映るままの世界は本物ではなく、白人によって都合のよいように書き換えられたまったくのインチキにすぎない。〈われわれ〉はその嘘にだまされてきたが、とうとう真実を知った。この世界の本当の姿、隠されてきた秘密を、今ついに知ったのである。（春日 一九九六：一二八－一二九）

このようにカーゴ・カルトは、植民地支配という異文化間の接触状況において、メラネシアの人々が、西洋由来の物資やキリスト教といった文化的要素をいかに創造的に解釈し受容したかを示す事例として、多くの人類学者によって注目されてきた。ただし春日も指摘する通り、カーゴ・カルトへのアプローチは、個別の論者あるいは時期によってごく多様である。一例としてピーター・ワースリーは、古典的なカーゴ・カルト論のなかで、それらの運動の外見上の非合理性を、植民地化を通じた世界経済への包摂の体験を、メラネシアの人々が手持ちの文化的枠組みで理解しようとしたことの結果として論じた（ワースレイ 一九八一）。またフレデリック・エリントン

(Errington 1974) らは、カーゴ・カルトを特徴づける社会生活の急激な変容に対する期待を、西洋における連続的な時間意識に対比される、メラネシア人の切断的な時間意識によって説明している。

なお、カーゴ・カルトに関するそれらの古典的な議論に対しては、主に一九九〇年代以降、いくつもの点について批判が寄せられてきた。具体的には、物質的富への待望や千年王国論的な時間意識を「メラネシア文化」の表現とみなす本質主義や、非合理主義的な運動から近代的ナショナリズムへの「発展」を想定する単線的歴史観などに対する批判がそれである。さらに一部の論者は、メラネシア各地の多様な運動をあたかも共通の特性を有しているかのように一括する「カーゴ・カルト」という範疇それ自体が、西洋人による恣意的な構築物に過ぎないとさえ主張してきた（例えばLindstrom 1993）。このような議論は、「カーゴ・カルト」という範疇それ自体を歴史人類学的に相対化するものと言える。しかしここでは、カーゴ・カルトのさまざまな事例を、西洋世界との接触以降のメラネシアと向き合った多くの人類学者たちをとらえてきた歴史的現象として再評価し、それらを論じることの現代的な含意について考えてみたい。

マライタ島のマーシナ・ルール運動

メラネシアのカーゴ・カルトについて具体的なイメージをもってもらうため、筆者の調査地であるマライタ島から、ワースリーの古典的なカーゴ・カルト論でも取り上げられた**マーシナ・ルール**という運動の例を挙げたい。ソロモン諸島は十九世紀末以降、イギリスの植民地統治下にあったが、一九四〇年代、太平洋戦争がこの地域にも及び、日本軍とアメリカ軍の間で激しい戦闘が展開されることになる。これを受け、ソロモン諸島にいた植民地行政官や宣教師の大半はオーストラリアその他に退去し、同地域では一時的に植民地統治の空白状態が生じることになる。その影響は、直接の戦闘がほとんど行なわれなかったマライタ島にも及んだ。一九四三年以降マライタ島では、アメリカ軍が組織したソロモン諸島労働部隊への参加者を中心に、イギリスの植民地統治への反対を表明する集会が各地で開かれるようになる。一九四四年から翌年にかけ、それらの動きは互いに合流し、やがて、参加者たちによって「マーシナ・ルール」と称される反植民地主義的な社会運動として姿を現わすことになる。[1]

マーシナ・ルールは、一九四四年から五〇年頃までマライタ島の全域で展開され、最盛期には、当時の人口の九五パーセントに当たる約四万人もの人々が運動に参加したとされる。参加者たちは、植民地政府の行政組織にも似た階層的なリーダーシップの下で組織化され、当時行政府が置かれていた町アウキで数千人規模の集会を繰り返しつつ、プランテーション労働や人頭税を拒否し、政府に対し法的・政治的な自治や社会経済的な待遇改善を要求した。これと並行して、それまで内陸部に居住していた多くの人々が、海岸部に移住して「タウン」と呼ばれる新集落を建設し、「ファーム」

(1)「マーシナ」は、マライタ島南部の言葉で「キョウダイ同士」の関係を意味し、運動の名称は、参加者たちがキョウダイのような連帯関係に基づいて自分たちを統治することを意味していたとされる。

と呼ばれた集団農園を耕作するなど、それまでの小規模で分散的な居住・生業形態の変革が試みられた。なお、筆者の調査地においては、人々が先に述べた人工の島々から本島海岸部の「タウン」に移り住んだため、島々は一時的に無人になったとされる。

植民地政府は当初、マーシナ・ルールを、マライタ島民による自発的な社会開発の動きとして好意的に受け止めていたが、運動が政府への対立姿勢を強めると弾圧に転じ、参加者の一斉逮捕や「タウン」の破壊を繰り返した。この結果、一九五〇年頃にはマライタ島全体での運動は事実上終息するが、その後も、マーシナ・ルールを多様なかたちで継承する活動が各地で展開されたことが知られている（コラム「想起されるマーシナ・ルール」参照）。

マーシナ・ルールについては、その同時代から、これをカーゴ・カルトの一事例とする解釈が行なわれていた。そのような解釈はとくに、政府による弾圧が強まった運動の末期に、太平洋戦争の終結によりいったんソロモン諸島から去ったアメリカ人が、マライタ島民を植民地支配から解放するために再来する、という千年王国論的期待が広まったことを受けたものとされる。また、ワースリーはこの運動を、古典的・宗教的なカーゴ・カルトからより世俗的で合理的な政治運動への移行を示す事例として位置づけている（ワースレイ 一九八一）。

カーゴ・カルトをどうとらえるか

さて、前項で見た歴史人類学を含む人類学の現状において、以上のようなカーゴ・カルトの諸事例とそれらをめぐる議論は、どのような理論的意義をもつであろうか。ここではこのことを、自らの研究対象を本質的に変化するものとしてとらえることはいかにして可能かという、先の歴史人類学にも通じる理論的・方法論的問題に引き付けて考えてみたい。

筆者の見るところ、ワースリーやエリントンらによるかつてのカーゴ・カルト論には、メラネシアの社会・宗教運動に対する顕著に二面的な評価が含まれていた。すなわち、一面において論者たちは、一群の運動のなかに、メラネシアの人々における〈新しいもの〉、より具体的には、現にそうであるのとはまったく異なる〈新しいわれわれ〉に変化しようとする志向を読み取っていた。たとえば、カーゴ・カルトと呼ばれる運動の過程では、右のマーシナ・ルールにおいてのように、参加者たちが新たな大規模集落や集会場を建設し、そこに長期的・短期的に移住するという動きがしばしば見られたことが知られている。そのような動きにおいて、メラネシアの人々は、小規模で分散的な伝統的居住形態を離れ、新たな時代の到来に備えたかつてない集合的生活を実現しようとしていたとされる。カーゴ・カルトのこのような側面を見ることを通じて、論者たちはメラネシアの社会生活に、「未開社会」についてのステレオタイプが想定するような伝統的生活様式の再生産にとどまらない、動的で可変的な側面を見いだしていたと言える。

しかし他面において、カーゴ・カルトにおける変化あるいは〈新しいもの〉の契機に関して、従来の議論は今日から見てある限界を抱えていた。すなわちほとんどの場合、メラネシアの社会運動に見られる変化や革新性が、現地社会にとってあくまで外的な由来をもつものと解釈されてきたという限界がそれである。一例として、先述のワースリーをはじめとする多くの論者は、カーゴ・カルトを特徴づける法外な物質的富への待望を、初期植民地時代、西洋由来の物資にはじめて接して驚嘆したメラネシア人たちが、既存の文化的な枠組みの内部で——具体的には例えば、富を生み出す祖先の霊的な力といった観念を援用することで——なんとかそれを理解しようとしたことの表われとして説明してきた。このような説明において、歴史的な変化や革新をもたらす行為主体性は西洋人の植民者の側にのみあるものと想定されている。メラネシア人はこれに対し、伝統的な認識枠組みによってそれに受動的かつ非合理的に対応することしかできない人々として位置づけられているのである。同じように、大規模集落など新たな社会的集合性の形成は、多くの場合、キリスト教の宣教師や植民地政府によって外部からもたらされた社会組織の産物あるいは模倣として説明されてきた。メラネシアの人々は、そのような外来の刺激によってのみ、親族集団を中心とする伝統的で狭隘な社会関係から抜け出すことができるとされてきたのである。

このように、多くのカーゴ・カルト論は、メラネシアにおけるさまざまな社会運動に含まれた、〈新しいわれわれ〉に向かう勢いを認識しつつ、他方でそうした変化や〈新しさ〉を、西洋人によってもたらされた外来の契機へと還元してしまっていた。この点においてそれらの議論は、人類学にその最初期以来つきまとってきた「伝統的同一性のなかに閉じこめられた未開社会」という非歴史主義的なステレオタイプを再生産してしまっていたと言える。

ストラザーンのカーゴ・カルト論

それではわれわれは、従来のカーゴ・カルト論のこのような限界をいかにして乗り越え、メラネシアの文化・社会生活における本質的な変化や革新の契機をいかにして理論化することができるだろうか。このように考えるとき手がかりになるのが、1章や2章でも登場したイギリスの人類学者、マリリン・ストラザーンの議論である。「歴史のモノたち」と題された論文（ストラザーン 二〇一六）のなかで、ストラザーンは、メラネシアの社会生活に対する独自の考察に基づき、右で紹介したような古典的なカーゴ・カルト論の乗り越えを試みている。彼女によれば、メラネシアにおいて、集合的行為、すなわち人々が自分たちを一つにまとまった集団として実現する行為の可能性は、決して所与でなくつねに創出・達成されるべきものとしてある。このため、そうした集合性の実現は、当事者にとってもしばしば驚きや意外性をともなうものとして体験される。たとえば、ストラザーン自身の調査地であるニューギニア高地の男性たちは、他集団と贈り物をやり取りする儀式の際、斉一的な身体装飾や踊りを通じて、自分たちを一つにまとまった集団として創出・提示しようとする。そうした集合性は、各人が多様で個別的な社会関係に従事している日常生活において所与ではなく、またうまく実現されないかもしれないという失敗の可能性をつねにともなうがゆえに、それが実現した時には、当の男性たちにおいても、「われわれがこのように一つになることができるとは！」という驚きとともに体験されることになる。またストラザーンによれば、メラネシアにおいて、集合性をめぐるそうした驚きの体験は決して儀礼の場面に限定されない。たとえば、儀礼の焦点となる交換財や彫像といったモノ、あるいは儀礼が行なわれる場所やその景観さえも、かつて実現した集合性を具象化し、人々の記憶にとどめる事物として、それらに接する人々を驚かせ続けるのである。

このような議論は、それまでのカーゴ・カルト論における社会的集合性についての想定を、根底的に批判するものとなっている。先にも述べたように、ワースリーらのカーゴ・カルト論は、メラネシアにおける集合性の変革、たとえば伝統的な親族関係の枠組みを超えた居住集団の形成を、キリスト教宣教や植民地統治といった外的な影響によってはじめて可能になるものと——あたかも「メラネシア人は、新たな集合性を自ら生み出すことができない」とでも言うように——想定していた。これに対しストラザーンは、伝統的状況においてであれ植民地的状況においてであれ、メラネシアの人々の儀礼的実践や事物との関わり自体が、既存の集合性を繰り返し刷新し、人々自身をも驚かせるような新たな集合性を反復的に創出する機制となっていることを指摘する。そうした視点によって彼女は、従来のカーゴ・カルト論における「伝統的な集合性／外来の新たな集合性」という二分法を乗り越えようとするのである。[2]

以上、本項では、メラネシアに関する歴史人類学の重要な主題の一つであり続けてきたカーゴ・カルトと、それを現代的なかたちで再論する可能性について論じてきた。右で見たようなストラザーンの議論を手がかりとして、われわれは、「伝統的な同一性のなかに閉じ込められたメラネシア人」という非歴史主義的なステレオタイプを離れ、メラネシアの――そしておそらくは他地域の――社会生活に内在する〈新しいもの〉、すなわち本質的な変化や自己革新の契機について考えることができるだろう。ここではそのような可能性を、歴史人類学を現代的なかたちで刷新するための一つの仕方として提示しておきたい。

(2) 里見（二〇一七：第七章）では、ストラザーンの議論を応用してマライタ島のマーシナ・ルール運動とその記憶について再論している。

コラム　想起されるマーシナ・ルール

マライタ島でフィールドワークを始めて間もない、二〇〇八年十月のある日のことだった。筆者は、ホームステイ先の主人であるジャウ氏に誘われ、「海の民」が住む人工島の一つであるフォウイアシ島で行なわれたある男性の追悼ミサに参列した。ミサの前、教会の司祭が到着するまでしばらく間があるようだったので、島の上を一人で歩き回っていたのだが、この時筆者は、フォウイアシ島の奇妙な一角に気がついた。すなわち、この島の東端の部分は突堤のように海に向かって細長く突き出しており、これによって、海面がプールのような長方形に囲われているのである（下図）。島の広場の隅にたたずんでこの一角を眺めていると、傍にいたジャウ氏が不意に、その突堤のような部分を指さして言った。「この島の人たちは、このあたりで最初に漁業組合を始めたんだ。これがその漁業組合の埠頭だよ」。

ジャウ氏のこの言葉は、「大切なことだからよく見て、覚えておけよ」と言わんばかりの大仰で誇らしげな調子を帯びていたが、筆者にはこれは唐突に感じられた。フォウイアシ島の人々が始めた漁業組合とは、いつ頃の、どのようなものであったのか、そしてなぜそれがことさら誇らしげに語られ

図　フォウイアシ島の一角

るべきことなのか、この時にはまったく見当がつかず、またその場でジャウ氏に尋ねることもできなかった。

フォウイアシ島の漁業組合については、その後もいろいろな人から、その都度断片的な話を聞くことになった。すなわちそれは、かつて同島居住者らによって組織された漁業協同組合を指していること、その中心となったのは、フォウイアシ島の出身であるイロイという男性であること、組合の活動は主に一九六〇年代に展開されたこと、また、当時はソロモン諸島の首都ホニアラからマライタ島まで船舶がやって来て、人々が捕った魚を運んでいったこと、そして、フォウイアシ島東端の突堤とそれによって囲まれたプールのような部分は、それらの船舶が停泊できるように、また捕った魚を生きたまま保存しておけるように、組合参加者たちによって建設されたものであること、といった話である。特徴的なことに、これらの語りの多くは、右のフォウイアシ島でのジャウ氏の言葉と同様、筆者からとくに質問したわけでもないのに、人々によって自発的な語りのかたちでなされた。しかしそれでもなお、フォウイアシ島の漁業組合の記憶がなぜ、人々にとって、ジャウ氏の言葉の誇らしげな調子や、他の多くの問わず語りに表われていたような重要性をもっているのか、筆者には長らく理解しがたく思われた。

このような疑問は、漁業組合の記憶が、現在の調査地において、太平洋戦争直後のマーシナ・ルール運動（前項参照）をめぐる記憶と密接に結び付いていることに気づいた時、はじめて解消へと向かった。断片的な聞き取りを積み重ねるなかで明らかになったのは、筆者の調査地において、一九四〇年代のマーシナ・ルールと一九六〇年代の漁業協同組合は、同じリーダーに率いられ、また同じ世代の人々が中心的な担い手となるなど、あくまで一続きの運動として認識され記憶されているという事実である。また両者には、新たな社会経済組織（「タウン」や「ファーム」と漁業協同組合）を生み出すことを通して、自分たちの生活を総体的に新たなものにするという志向が明確に共有されている。筆者がやがて気づいたように、フォウイアシ島の漁業組合の記憶は、マーシナ・ルールとのそのような連続性のために、調査地の人々において重要なものであり続けているのである。

なおマーシナ・ルールについては、筆者も調査の初期から、漁業組合とはまったく無関係に聞き取りを試みていた。しかし、この運動が展開された一九四〇年代からはすでに六〇～七〇年の時間が経過しており、現在の調査地には、マーシナ・ルールを自ら経験した高齢者はほとんどいない。この運動について中高年層に尋ねても、多くの場合、断片的で不明瞭な返答が得られるのみであった。このため、時間の経過と世代交代により、今日のマライタ島ではマーシナ・ルールの記憶はほぼ失われている、というのが筆者の当初の印象であった。

しかし実際には、マライタ島の「海の民」においてマーシナ・ルールは忘れられてなどいない——フォウイアシ島の漁業組合をめぐる語りに繰り返し接するなかで、筆者が気づいたのはこのことであった。たとえば調査地の人々は、村外れの一帯を通り過ぎる時、その一帯が、マーシナ・ルールの拠点集落「タウン」が築かれた場所だということを、たびたび問わず語りに筆者に語った（この一帯は現在でも「タウン」という地名で呼ばれている）。また人々は、マーシナ・ルールの際、リーダーの一人であったイロイが私塾のような学校を開いていた場所を筆者に再三指し示した。このように、注意深く見るならば、マーシナ・ルールと漁業組合という過去を人々に想起させる痕跡は、現在人々がそのなかに暮らす日常的景観のなかに数多く点在しているのである。

このように、マライタ島の「海の民」においてマーシナ・ルールは、既存の文献に基づいて筆者が予期していたのとは異なるかたちで想起され、語られている。さらに、フォウイアシ島に残る埠頭といった具体的なものや場所に結び付いたマーシナ・ルールとそれに続く運動の記憶は、それらに媒介された日常的な想起を通じて、アシの人々が生きる現在のなかでたえずその意味を新たにしている。マライタ島で筆者が遭遇した「歴史」と「景観」（次項参照）、さらに「カーゴ・カルト」という主題の結び付きは、まさしくそのようなものであった。

景観

「歴史」と「自然」の間で

景観人類学の登場

本章冒頭でも述べたように、この章の課題は、一九八〇年代に人類学を刷新した歴史人類学から出発して、人類学理論が今日向かいつつある方向性の一つを素描することにある。本項以下ではとくに、これまで「文化」、「社会」や「歴史」として概念化されてきた人間活動の領域を特権化することから離れ、通常「自然」と呼ばれるような、動植物など人間以外の多様な存在との相互関係の領域についても考えることのできる人類学――後に挙げる言葉を用いるなら、**「人間」を超える人類学**――をいかに打ち立てるかという問題を考えたい。その際、本章冒頭で提示した、ソロモン諸島マライタ島のサンゴ礁に点在する無人の人工島は、人間の営みの領域としての「歴史」と、サンゴ礁や植物といった「自然」の領域の境界上に位置する両義的なイメージとして、以下での探究の手がかりとなってくれる。

さて、本項で紹介したいのは一九九〇年代以降、人類学者の間で盛んに取り上げられるようになってきた「**景観**（landscape）」というテーマである。[1] 景観についての人

（1） 景観を主題とする人類学は、日本でも最近になって紹介されつつある。例えば河合編（二〇一六）を参照。

類学的研究とは、人々が、生業などの日常的活動のなかで、所与の環境をどのように作り変え、どのような景観を創出しているか、そしてまた、その景観との関わりからどのような意味を生み出しているかを民族誌的に明らかにしようとするものである。本項では、景観に注目する人類学が、「歴史」と「自然」の境界線について考えるという現代的な理論的要請にどのように応えうるかについて見ていきたい。

人類学の分野において景観は、主として一九九〇年代以降、イギリスの研究者たちを中心に盛んに論じられるようになってきた（例えばBender (ed.) 1993；Hirsch and O'Hanlon (eds.) 1995）。人類学における景観への関心のこのような高まりには、いくつかの背景が指摘できる。第一に、人類学の隣接分野である人文地理学においては、すでに一九八〇年代から景観という主題が頻繁に取り上げられるようになっていた。ただしそこにおいて支配的であったのは、景観を、文化的な意味が織り込まれた、解読されるべき「テクスト」としてとらえるという見方であった。そのようなテクスト論的景観論は、景観を新たな研究対象として取り上げた点では意味があったが、今日から見ると、個別の景観がもつ意味を一方的に解読されるべき所与の対象であるかのように想定している点で問題を抱えていた。これに対し、一九九〇年代以降の人類学者たちは、景観それ自体の多義性や、人々が日常的実践を通じてそれを変容させていくという動態性を強調することで、新たな景観論を提唱していくことになる。

第二に、同じく一九九〇年代以降の人類学における「モノ」あるいは「マテリアリティ」、すなわち、人間の社会的・文化的生活を媒介し支えつつ、他方で決して人間の行為主体性のみには還元しえない物質性の契機へのより広い関心が指摘できる（例えばGell 1998；Henare et al. (eds) 2007；床呂・河合 二〇一一）。この時期の人類学理論においては、いわゆる「表象の危機」（序章、4章参照）などの影響の下、個別の研究対象を、「文化的体系」や「社会構造」といった抽象的な枠組みへと還元する伝統的な説明様式への懐疑が広く共有されるようになった（そこでの懐疑の対象には、個別の景観を、そこに織り込まれた文化的意味という観点から解読しようとする一九八〇年代までのテクスト論的景観論も含まれる）。そのような懐疑に基づき、多くの論者たちは、個別具体的なモノや場所と人々との関わりを微細に観察・記述することで、「文化」や「社会」といった大きな説明枠組みによらない民族誌記述を生み出すことを目指してきた。「モノの人類学」や「マテリアリティの民族誌」と呼ばれる動きの背景にあるのはそのような関心であり、人々がそのなかに暮らす物質的環境とその変容過程に着目する景観人類学も、そうした問題意識を共有していると言える。

オセアニアにおける景観人類学

筆者の調査地であるソロモン諸島を含むオセアニアは、人類学的な景観論において、先駆的な諸事例を提供してきた地域である。たとえばオーストラリア先住民社会の研究では、多くの地域・集団において、日常的に経験される地理的景観が、「ドリームタイム」と呼ばれる神話的過去における祖先の活動の痕跡とみなされていることが、早くから指摘されてきた（例えばMunn 1970；Morphy 1995）。それらの先住民社会の人々は、儀礼、絵画や聖なるモノを通じて、そのような神話的過去を繰り返し現出させ体験することができるほか、日常的な移動や居住のなかでも、景観のなかに祖先の痕跡をたえず読み取り、それらを自らの社会的アイデンティティの根拠としているとされる。また、オセアニアや東南アジア島嶼部の多くの地域には、一連の具体的な場所・地名に言及しつつ集団や神話的祖先の移動を物語る神話・伝承が広く見られることが知られている。そのような語りは、集団の神話的・歴史的由来や社会的秩序の起源を、現在でも同定可能な場所に結び付けて説明するものであり、そうすることで、人々のアイデンティティを具体的景観によって根拠づけるものと言える。

これらの議論が示しているのは、オセアニアの諸社会において、人々のアイデンティティを支える神話・歴史や社会関係が、単に抽象的な知識や観念としてあるだけでなく、多くの場合、日常的な景観と結び付けられ、それによって具現化されているという事実である。そうである以上、この地域の文化・社会を研究しようとする人類学者は、神話的・歴史的過去や親族関係などの社会関係が、居住地の景観を通じて人々に経験され認識される過程を無視することができない。このような見方においては、個別地域における文化・社会と居住環境、言い換えれば「歴史」と「自然」をあくまで一体として見る視点が提起されていると言える。

ただし注意すべきことに、これまでのオセアニア人類学における景観論では、この地域の景観がしばしば、それ自体としては抽象的な歴史や社会関係を、人々に対し忠実に具体化し表現してみせる、言うなれば「透明な」媒体とみなされてきた。すなわち、現地の人々は、日常的景観という具体物の背後に、自分たちにとって重要な社会・文化的事実をスムーズに読み取ることができるとされ、また人類学者の仕事は、景観をめぐるそのような表象－解釈関係を観察し記述することであると想定されてきたのである。ここでは、先に述べたような一九八〇年代のテクスト論的な景観論が事実上反復されている。景観を解釈されるべきテクストとみなす議論は、一九九〇年代以降の数多くの批判にもかかわらず、思いの外に根強いのである。

一例を最近の民族誌から引いてみよう。アストリド・アンダーソンは、ニューギニア島の北東沖に位置するウォゲオ島についての民族誌のなかで、同島で行なわれる初潮儀礼に言及している（Anderson 2011：7）。彼女によればウォゲオ島には、初潮を迎えた少女が、近親者にともなわれ、島内の異なる集落に住む親族たちを訪ねて回るという慣習がある。アンダーソンの分析によれば、この慣習において少女たちがたどる「道」すなわち経路は、彼女たちの人格を構成する社会関係、たとえば親族・姻族関係を直接に具現化するものであり、少女たちの移動は、そのような関係のネットワークを地理的景観のなかで再現するものに他ならない。このような分析において、オセアニアの人々は、景観との関わりを通じて、自身に関わる歴史や社会関係に直接的に――すなわち、景観それ自体がもつマテリアリティを捨象して――アクセスし、それらを知ることができると想定されている。またそこでは、人々の景観とのそうした関わりを研究することを通じて、人類学者も同じように、そこに表象されている当該地域の文化・社会を知ることができると考えられているのである。

それではわれわれは、景観をあくまで表象－解釈の図式で分析しようとするこのような議論から、いかにして自由になることができるだろうか。そうした分析に代わり、景観それ自体の物質性やそれが人々に与える影響を、どのように民族誌的に記述できるだろうか。さらに言えば、景観についての人類学を、前章や本章が論じるような人類学理論のより現代的な展開に沿ったものに更新するためには、どうしたらよいだろうか。以下ではそのような新たな方向性を、同じくオセアニアからの事例に即して探ってみたい。

忘れっぽい景観

パプア・ニューギニア北部、セピック川中流域における人々と自然環境の関係について論じたサイモン・ハリソンの論文（Harrison 2004）は、景観に注目することで「歴史」と「自然」を架橋する興味深い民族誌である。この論文のなかでハリソンは、西洋の景観とセピック地方の景観の根本的な相違を指摘している。彼によれば、西洋で通常想定される景観が、過去の歴史の痕跡を現在にとどめ、そのような痕跡の解読を促す「**物覚えのよい景観**」であるのに対し、セピック地方の景観は、人間活動の痕跡を急速に消失させる「**忘れっぽい景観**」である。そしてこのような対比は、人々が自らの居住環境に関わる仕方の根本的な差異を表わしていると彼は言う。

セピック地方の景観が「忘れっぽい」とはどういうことか。ハリソンによると、セピック川中流域では、河川の毎年の氾濫のために地形や景観が不断に変容し、たとえばかつての集落が土地ごと消失してしまうこともあれば、新たな土地が短期間のうちに形成されることもある。このような変化のなかで、居住や耕作といった人々の活動の痕跡は、自然環境のなかからつねに急速に消失していく。ただしハリソンによれば、そのような痕跡の消失は一面で、そこに住む人々が環境と関わる独特な仕方の効果でもある。すなわち、過去の諸世代あるいは死者の痕跡が過剰にとどめられることを嫌うセピック地方の人々は、自然環境に手を加える際、そうした変形の痕跡が、結果的に環境のなかに溶け込み、人為的な産物とは認識不可能になるような仕方でそうしようとする。たとえば川の付近に、カヌーによる移動のための新たな水路が欲しい場合、人々は、多大な労力を払って大きな水路を掘削する代わりに、「このあたりに水路ができたらよい」と思われる地点に、ごく小さく部分的な水路を掘っておく。そのような水路は、毎年の増水の時期になると、川の氾濫によって急激に押し広げられ、結果的に、人々がもともと望んでいたような新たな水路として形成される。しかもそのような水路は、事後的には、あくまで自然に生じた流れの変化と見分けることができず、その形成を導いた人為の痕跡は環境の中へと消失させられている。

同じようにハリソンによれば、かつてのセピック川中流域の人々は、森の中に新たな道が必要な場合、それを切り拓いてすぐに使用するようなことはしなかった。新たに拓かれた道は、敵対する集団に待ち伏せと襲撃の機会を与えてしまうからである。この危険を避けるため、人々は逆説的にも、いったん切り拓いた道を長期間放置し、再び草木がそこに生い茂り、もはや使われている道ではないかのように見えるようになって、はじめてその道を使用した。右の水路が、半ばは人為的に、しかし河川の氾濫という自然の現象にあくまで沿った仕方で掘削され、そのため自然に形成された水路と区別不可能であったように、ここでは、人々が切り拓いた道が、放棄され、もはや道ではなくなりつつある道と、意図的に区別不可能にされているのである。

セピック川中流域の人々と自然環境の関わりにおいて現われる、これらの水路や道といった事象は、景観における「歴史」と「自然」の関係について考えるための興味深い手がかりを提供している。すなわちハリソンは、他の集団との関係のなかで、周囲の自然環境を改変しつつ生活するという人々の社会的で歴史的な営みが、そのような営みの領域の外部に自らを脱落させていく側面に注目し、セピック川流域の地形や植生といった「自然」の現象を、まさしくそのような外部に見いだしているのである。

　多くの景観論において、ある地域の自然環境は、そこに人々の社会的・歴史的な活

166

動の痕跡が書き込まれる真っ白なキャンバスであるかのように想定されてきた。その場合、人類学者は、所与の自然環境にいかなる社会的・歴史的生活が書き込まれているかをこそ解読すべきということになる。これに対し、右の論文でハリソンが想定しているのはより複雑な関係である。すなわち、セピック地方に見られる景観とは、人々が自らの社会的・歴史的痕跡を意図的に消失させる結果現われる、単に自然的とも社会的・歴史的とも言えない両義的な景観に他ならない（この点において、セピック地方の景観はマライタ島の無人の人工島とも似ている）。しかも、そのような景観の形成においては、河川の氾濫や草木の繁茂といった自然の働きが決定的な役割を果たしており、自然環境は、人間の社会的・歴史的活動の痕跡が一方的に書き込まれるべき受動的なキャンバスでは決してない。このような事例において、景観に関するテクスト論あるいは表象‐解釈のモデルは決して成り立たないのである。

このようなハリソンの議論は、景観における「歴史」と「自然」の多義的な関係を考える手がかりになるものであり、景観人類学を表象‐解釈モデルから解き放ってより現代的な方向に導く上で有用であると思われる。そこで示されているのは、個別の地域における景観を、人間の社会的・歴史的営みと自然の作用力の複合的な産物として、言い換えるなら、まさしく「歴史」と「自然」の境界線においてとらえるような見方である。次項以下では、以上で示唆された「歴史」あるいは「文化」や「社会」と「自然」の境界について考える人類学について、より立ち入って検討してみたい。

「自然／文化」をめぐる人類学

南アメリカにおける展開

問い直される「自然／文化」

本章ではこれまで、ソロモン諸島マライタ島に見られる無人の人工島や、ハリソンが記述するセピック地方の「忘れっぽい景観」を、人間の営みの領域としての「歴史」から、それを超えた「自然」の領域への移行を具現しているかのようなイメージとして提示してきた。本章の文脈のなかに位置づけるとき、このような移行は一面で、歴史人類学が登場した一九八〇年代から、「存在論的転回」（2章参照）が注目を集める現在に至る人類学の理論的関心の変化をなぞるものとも言える。そのような変化を踏まえ、本項では、主に一九九〇年代以降の人類学理論における「自然」の主題化、あるいは「自然／文化」や「自然／社会」といった伝統的な二分法の問い直しについて見てみたい。

一九九〇年代以降の人類学理論における大きな流れとして、それまでの人類学が、多くの場合暗黙のうちに依拠してきた「自然／文化」や「自然／社会」という二分法に対する根本的な批判の動きがある（2章参照）。すなわち人類学者はこれまで、親族関係や贈与・交換、宗教や呪術といった主題からなる「文化」や「社会」の領域を自分たちの研究対象として規定する一方で、自然環境や人間の身体的特性、あるいは科学的に確立された事実など「自然」の領域に属するとされる事柄を、多くの場合考察の範囲外に置いてきた。そこにおいては、「自然」が単一の法則性に基づく普遍的で客観的な領域とされてきたのに対し、「文化」や「社会」は、地域や集団によって異なるあり方を示す相対的で複数的なものとされてきた。主として一九九〇年代以降、明示的に問題にされるようになってきたのは、人類学における研究対象のこのような境界づけである。

「単一の自然／複数の文化」という伝統的二分法がそのように見直される上では、近代における「自然／社会」の不断の分割と混淆について論じたラトゥールの議論（ラトゥール 二〇〇八、本書2章参照）や、その影響下でのいわゆる**科学技術人類学**の勃興が決定的な刺激となった。一九九〇年代以降、少なからぬ人類学者たちが、ラトゥールらの議論を受け止め、「自然／社会」あるいは「自然／文化」という伝統的な二分法を乗り越える人類学を模索することになる。ここでは、そうしたなかでもとくに影響力の大きいフィリップ・デスコラとエドゥアルド・ヴィヴェイロス・デ・カストロという二人の人類学者を紹介したい。

デスコラ『自然と文化を超えて』

レヴィ＝ストロースの晩年の教え子であるフランスの人類学者デスコラは、一九七〇年代以降、南米エクアドルのアシュアールの人々の下でフィールドワークを行ない、そのなかで、西洋近代における「自然／文化」という二分法とはまったく異なる人間とその他の存在の関係性を見いだした。主著『自然と文化を超えて』のなかで、彼は次のようなエピソードを紹介している（Descola 2005：19-21）[1]。フィールドワーク中、デスコラが滞在していた家の女性が毒ヘビに噛まれるという出来事があった。彼が持っていた血清を注射したため事なきを得たのだが、この出来事を受け女性の夫は、ヘビに噛まれたのは、その日、自分がウーリーモンキーに銃を乱射したためであり、獲物の主からの復讐なのだ、と後悔の念を口にした。しかし、デスコラはこの言葉を聞いて混乱した。ウーリーモンキーと毒ヘビは別の生物であり、両者は無関係ではないか？　そもそも、狩猟・農耕民であるアシュアールが動物を殺すのは当然ではないか？　このようなデスコラの疑問に対し、男性はそうではないと答えた。すなわち、アシュアールの人々にとって、多くの動物や一部の植物は魂をもつ存在であり、自分たちと同じ「人」である。またそれぞれの種は、外婚の規則をもつなど、人間と類似の規則に従った社会生活を営んでいる。さらに、動植物は自らと同種や異種の存在とさまざまなかたちでのコミュニケーションを行なっており、たとえばサルと毒ヘビの間にも、人間には通常感知しえないコミュニケーションが行なわれている。ま

（1）この著書の先駆形態に当たる論文として、デスコラ（二〇一七）がある。

た、狩人が獲物を捕るために用いる呪文も、そのような異種間のコミュニケーションの一例である。

このように、アシュアールの理解によれば、一定の規則に従い、またそのなかでコミュニケーションが行なわれる「社会的」な生活を営んでいるのは人間だけではなく、また、人間のみからなる通常の意味での「社会」は、さまざまな動植物からなる大きな「社会」の一部に過ぎない。このことはまた、人間とその他の動植物の関係が、西洋近代において想定されるような「社会」と「自然」の間の関係ではなく、むしろ異質な「人」同士の「社会的」な関係であることを意味する。そうである以上、異なる種の間の社会的関係には、それぞれにふさわしい振舞いの規則があり、サルの群れに対し必要もなく銃を乱射するなど、それに違反すると制裁が科されることになる。右で述べたウーリーモンキーと毒ヘビのエピソードは、アシュアールによってそのように解釈されているのである。

デスコラは、このように、「社会」が人間の領域を超えてさまざまな動植物を含むかたちで概念化されているアシュアールの事例を手がかりに、一九九〇年代以降、「自然／社会」という関係性を、従来の人類学とはまったく異なるかたちで概念化し直す作業に取り組むことになる。そのような作業はまた、彼と同世代に属するラトゥールの議論からも大きな刺激を受けていた。主著『自然と文化を超えて』では、世界各地に見られる人間とそれ以外の存在の区別と関係づけの様式、すなわちデスコ

フィリップ・デスコラ
(https://www.college-de-france.fr/images/subject/philippe-descola-cover.jpg)

ラの言う「実践の図式」あるいは「存在論」が、「アニミズム／自然主義／トーテミズム／アナロジズム」という四つの類型に区別される。このような図式化によって、デスコラは、人間が構成する「社会」から自律した客体としての「自然」という西洋近代的な見方——彼の言う「自然主義」——を、ありうる世界観の一つに過ぎないものとして位置づけてみせるのである。

『自然と文化を超えて』において、デスコラは、人間と動植物などそれ以外の存在の関係づけの様式を、「内面性」と「身体性」という二つの軸における共通性と差異という観点から類型化している。すなわち、人間と非人間の間に①共通の内面性と異質な身体性が想定される場合が「アニミズム」、②異質な内面性と共通の身体性が想定される場合が「自然主義」、③共通の内面性と共通の身体性が想定される場合が「トーテミズム」、④異質な内面性と異質な身体性が想定される場合が「アナロジズム」、というわけである（下図）。たとえば、人間とその他の動物が、異なる身体的外見をもちつつ共通の魂あるいは人格性をもっているとする（先に見たアシュアールを含む）南米先住民の世界観は、「アニミズム」の一例である。これに対し、人間の身体もその他の存在と同じように自然法則に従うが、他方で人間のみが精神や知性をもっているとする西洋近代の思考は「自然主義」に分類される。また、世界のあらゆる存在を個別的で特異的であるとしつつ、それらの存在を類比（アナロジー）や照応関係によって相互に結び付けるような世界観——古代中国や中世ヨーロッパにおける

共通の内面性 異質な身体性	アニミズム	トーテミズム	共通の内面性 共通の身体性
異質な内面性 共通の身体性	自然主義	アナロジズム	異質な内面性 異質な身体性

図　４つの「存在論」（Descola 2005 : 176 に基づき作成）

――は「アナロジズム」と呼ばれる。

デスコラはこの著書において、自らは自然主義に依拠しつつ他地域のアニミズムを考察するといった人類学の伝統的なアプローチを離れ、世界各地に見られる異なる「存在論」を対等に考察することができる人類学を提示することを試みている。実際のところ、デスコラのこのような試みがどこまで成功しているか、とくに「内面性／身体性」という二分法に基づく類型化がどこまで適切かについては賛否両論がある。とはいえ、南米先住民その他についての民族誌をラトゥールの議論と結び付け、「自然／文化」あるいは「自然／社会」の二分法から自由な人類学を打ち立てようとするその意志は、現代の人類学理論において無視しえない意義をもっている。

ヴィヴェイロス・デ・カストロの「パースペクティヴィズム」論

デスコラと同様、南米先住民についての民族誌から出発して、現代の人類学理論に大きな影響を与えてきた理論家に、ヴィヴェイロス・デ・カストロがいる。彼は、論文「宇宙論的直示とアメリカ大陸先住民のパースペクティヴィズム」(Viveiros de Castro 1998)(2)において、アメリカ大陸先住民に広く見られる世界観を「**パースペクティヴィズム**」として概念化し、その後の人類学理論に多大な影響を及ぼした。

ヴィヴェイロス・デ・カストロの出発点は、アメリカ大陸先住民に関する多くの民族誌が記録しているところの、人間以外の多くの存在、具体的には動植物や精霊など

(2) この論文に加筆した二〇〇五年の英語論文が、ヴィヴェイロス・デ・カストロ(二〇一六)として邦訳されている。

も「人」であるという現地の人々の観念である。彼によれば、この観念は、より正確に表現するならば、それら人間以外の存在も自らを人として見ている、さらに言えば、自らを人として見るような「視点（パースペクティヴ）」をもっている、というものに他ならない。さらに、アメリカ大陸先住民によれば、それら人間以外の多くの存在は、自らも人間と同様に「文化的」な生活を営んでいるとみなしている。たとえば、ジャガーは自らを人間として見ており、自らの食べ物である獲物の血を、人間の飲み物であるマニオク酒と見、また自らの毛皮を人間と同様な衣服や装飾品とみなしている。他方、ジャガーの眼からは、捕食の対象である人間は、人間ではなくペッカリー（イノシシに似た野生動物）などの獲物に見える。同じように、ペッカリーも自らを人間とみなしており、それが好む居場所である泥沼を立派な儀礼小屋として見ている。またハゲタカなどの猛禽類は、腐った肉にわくうじ虫を焼いた魚として見ているという。

このように、アメリカ大陸先住民の認識によれば、いずれの動物や精霊も、自らを「文化的」な生活様式をもつ「人間」とみなしているのであり、この人々にとっての世界は、人間の視点、ジャガーの視点、ペッカリーの視点、精霊の視点、など無数の異なる視点からなる多元的な世界であるということになる。このような世界観を、ヴィヴェイロス・デ・カストロは「パースペクティヴィズム」と呼ぶ。

このように、さまざまな存在が自らを「人間」とみなしているような世界におい

エドゥアルド・ヴィヴェイロス・デ・カストロ
(http://www.ufmg.br/online/arquivos/Viveiros.jpg)

て、「人間」は、生物種としてのヒトを指す名詞というよりは、むしろ代名詞のようなものである。指摘するまでもなく、「私」や「われわれ」といった代名詞は、文脈によってその指示対象が変わる。アメリカ大陸先住民の世界においては、ある場合にはジャガーが自らを「私」と呼んでいる、すなわち人間とみなしており、別の場合にはハゲタカが自らを「私」と呼んでいる、すなわち人間とみなしている。このようにヴィヴェイロス・デ・カストロによれば、南米先住民の世界とは、動植物や精霊などさまざまな存在が「私／われわれは人間だ」と称しているような代名詞的な世界なのである。

さらに彼によれば、このようなパースペクティヴィズムの世界観は、「自然」と「文化」の関係性についての従来の人類学的想定に真っ向から挑戦するものである。一見したところ、南米先住民のパースペクティヴィズムは、異なる存在が、同じ世界（＝自然あるいは現実）をさまざまな仕方で見ている（＝文化的な見方）という、先に指摘した「単一の自然」と「複数の文化」という二分法に合致するように見える。しかし、注意深く検討するならば、事態はむしろ逆であることがわかる。すなわち、パースペクティヴィズムとは、あらゆる存在が自分を人間とみなし、人間的な生活を営んでいると見るように、世界に対する見方が共通であり（＝単一の文化）、その他方で、それぞれの存在が見ている対象が異なる（＝複数の自然あるいは現実）という思考なのである。そこでは、いずれの動物も、自らの社会生活を、狩猟や漁撈、料理、婚姻規則や儀礼など「人間的」で「文化的」な範疇を用いて見ている、すなわち同じ「文化」を共有しているとされる。他方で、それらの範疇によって見られる対象・現実は、人間にとってのマニオク酒とジャガーにとってのマニオク酒が別のものであり（後者は人間にとっての血である）、人間にとっての儀礼小屋とペッカリーにとっての儀礼小屋が別のものである（後者は人間にとっての泥沼である）、というように異質である。このように考えることで、ヴィヴェイロス・デ・カストロはアメリカ大陸先住民に、「単一の自然」と「複数の文化」、すなわち彼の言う「多文化主義」の逆転である、「単一の文化」と「複数の自然」という世界観、あるいは彼の言う**「多自然主義」**を見いだしてみせるのである。

このようにヴィヴェイロス・デ・カストロは、アメリカ大陸先住民に関する民族誌から「パースペクティヴィズム」と「多自然主義」という概念を導き出すことで、従来の人類学の想定を根底から覆すような理論を提起してみせた。伝統的な人類学を暗に支えていた「単一の自然／複数の文化」という想定に代えて**「単一の文化／複数の自然」**という見方を提起したその挑戦的な議論は、二〇〇〇年代以降、いわゆる「存在論的転回」の議論に大きな影響を与え、「自然」や「人間以外の存在」をめぐる人類学的議論を大いに活発化させることになった。次項では、デスコラやヴィヴェイロス・デ・カストロの影響下で展開されてきたそのような議論を、より具体的に見ることとしよう。

「人間」を超える人類学

可能性の探究

コーン『森は考える』

「歴史」と「自然」の間で——本章では、これら二つの概念を手がかりに、主として一九八〇年代以降における人類学の理論的展開を概観してきた。そのような展開を経てきた現代の人類学は、前項で見たように、もはや対象を「文化」や「社会」と呼ばれる領域に限定しない。そこではむしろ、「自然/文化」や「自然/社会」といった境界線それ自体がいかに形成され、また書き換えられるかを、多様な事例に即して検証することが課題とされているのである。以下では、前項に続き、現代の人類学におけるそのような動きをより具体的に見ていきたい。その際、「文化」や「社会」といった伝統的な境界付けを超え出ようとするそのような動きを、「「人間」を超える人類学(anthropology beyond the human)」という言葉によって言い表わすこととしたい。

この言葉は、二〇一三年に出版され注目を集めたエドゥアルド・コーンによる民族誌『森は考える——人間的なるものを超えた人類学』(コーン 二〇一六)の副題から採ったものである。[1]一見して明らかなように、この表現は明確な逆説を含んでいる。というのも、「人類学（anthropology）」とはそもそも、その名の通り、人間（anthropos）についての学問（logos）であるはずなのだから。そのような逆説的表現によってコーンが意図するのは、「人間とは……な存在である」という前提――たとえば、「言語をもち、規則に従った社会的生活を営む存在である」など――を置き、その前提の枠内でのみ「人間」を考察しようとするような、これまでの人類学がしばしば陥ってしまっていた論点先取あるいは循環から脱却することである（コーン 二〇一七：一六―一七）。彼はむしろ、動物や植物、あるいは精霊といった、人間ならざるさまざまな存在との関わりのなかで、「人間」という存在がいかにして立ち現われ、あるいはまた文脈に応じて変容するかということを探究しようとする。このように、「「人間」を超える人類学」とは、「人間とは何か」についての伝統的な想定を超え出ようとする今日の人類学を指すものに他ならない。

『森は考える』においてコーンは、アマゾン川上流に住むルナの人々の下でのフィールドワークに基づき、一方で、前項で見たヴィヴェイロス・デ・カストロやデスコラの議論から多大な影響を受けつつ、他方でチャールズ・サンダース・パースの記号論や、いわゆる生命記号論を援用することで、独特な「人間」を超える人類学を実践している。そこで鍵となるのは、あらゆる生命を記号過程として、すなわち何かが誰かにとって何かを表わすという過程としてとらえるという発想である。そのような発想

（1）「人間的なるものを超えた人類学」という邦訳に対し、本項では、簡潔さのために「「人間」を超える人類学」という表現を採用する。

によって彼は、言語などの象徴的記号をもった人間だけが世界を表象する、という伝統的な人間中心主義を退ける。『森は考える』においては、人間だけでなく、生命をもつあらゆる存在が、世界を独自の仕方で表象する「自己」としてとらえられる（ヴィヴェイロス・デ・カストロの言う「パースペクティヴィズム」との類似性に注意されたい）。それらの存在が織りなすアマゾンの熱帯雨林の世界を、「諸自己の生態学」として概念化し、記述することこそが、同書におけるコーンの民族誌的課題である。

たとえば、アマゾンの森の中で、近くのヤシの木が倒れる音を聞いて、樹上にいるウーリーモンキーがさっと逃げ出したとする（コーン 二〇一六：九五）。この場合、倒木の音はウーリーモンキーという自己によって、危険が身近に迫っていることを意味する記号として受け取られている。ウーリーモンキーは、そのように記号を解釈することによって生きているのであり、そこにおいて生命、自己と記号過程は一体となっている。アマゾンの世界をこのようなさまざまな自己からなる「諸自己の生態学」として描き出す民族誌は、特権的な存在としての「人間」と、それがつくるとされる「文化」や「社会」の領域をもはや超え出るものであり、それこそが、コーンが「「人間」を超える人類学」と呼ぶものに他ならない。

マルチスピーシーズ民族誌

以上のように、伝統的な「人間」概念の拘束を乗り越えようとする人類学は、決してコーンひとりのものではなく、今日の人類学においてさまざまなかたちをとって試みられている。そうしたなかでも、二〇一〇年頃から一つの大きな流れとして姿を現わしてきたのが、「**マルチスピーシーズ民族誌**」と呼ばれる研究分野である。マルチスピーシーズ民族誌とは、人間という生物種だけを特権的な主体／対象とするのではなく、人間を含む「複数の生物種の（マルチスピーシーズ）」関係性を民族誌的に記述・分析しようとする新しいアプローチを指している。[2]

現代のマルチスピーシーズ民族誌は、理論的には、フェミニズム理論家ダナ・ハラウェイの議論（ハラウェイ 二〇一三a：二〇一三b）から大きな影響を受けているが、ここでは、この分野における民族誌の主導的な書き手であるアナ・ローウェンホープト・ツィンの仕事を紹介したい。ある論文のなかでツィンは、「人間の本性＝自然（ヒューマン・ネイチャー）とは、種間の関係性である」（Tsing 2012：144）と述べている。すなわち、人間とはいかなる存在であるかについては、「人間」という特権的な対象だけを取り出して考察することはできず、人間を超えるさまざまな生物種の間の関係性のなかでしか理解できないと言うのである。ここには、「人間」を超える人類学の一形態としてのマルチスピーシーズ民族誌の関心が端的に表現されている。

ツィンは、現代における地球規模の環境破壊のなかで、人間とその他の生物種が共

（2）　この分野におけるマニフェスト的な論文として、カークセイとヘルムライヒ（二〇一七）を参照されたい。

存する可能性あるいは希望をどのように見いだすかを探究するなかで、**マツタケ**という意表を突いた研究対象を選定してみせる（Tsing 2015；ツィン 二〇一七）。マツタケは、日本に住む多くの人にとってなじみのある、マツ林に生える野生のキノコだが、現代世界におけるマルチスピーシーズ的な関係性について探究する上で、なぜツィンはこのキノコに注目するのか。ここには主に二つの理由がある。第一は、マツタケがすぐれてマルチスピーシーズ的な関係性を具現する植物であるという事情である。ツィンがその民族誌で描き出してみせるように、マツタケは、キノコを形成する菌の他、菌の宿主であるマツ、さらにはマツ林に生息するさまざまな動植物、マツタケの生育に適した環境をしばしば創出し、その後キノコを収穫する人間など、さまざまな生物種の相互作用のなかで生育している。だからこそ、マツタケというキノコに注目することでこれら多様な種の関係性について記述することができる、というのがツィンの目論見である。

第二に重要なことに、マツタケは多くの場合、高度に攪乱された、決して肥沃ではない土壌に育つ。ツィンはここに一種の象徴的な意味を見いだしている。すなわち、「荒廃した地は、今やわれわれの菜園である」（ツィン 二〇一七：一二八）という彼女の言葉に表現されるように、今日の人間は、安定した「豊かな」自然環境ではなく、むしろグローバルな環境破壊によって生み出された荒廃した環境のなかに生きている（あるいは、生きなければならない）。その意味で、しばしば荒廃した森林環境のなかに育つマツタケは、現代世界における生命あるいはマルチスピーシーズ的な関係性の姿を象徴する意義をもつのである。

そのような認識に基づき、ツィンは、日本、中国や北米など、世界各地における人々とマツタケの関わり合いを民族誌的に描き出し、そうすることで、環境危機のただなかの荒廃した景観のなかで人間とそれ以外の存在がともに生き延びるための方法を探っている。たとえば、北米の森林地帯において彼女は、東南アジアからの移民などグローバルな政治経済のなかで周縁化された人々が、かつて木材の伐採林でありながら、今日では半ば放棄されたマツ林のなかで、マツタケを（しばしば違法に）採集し、それを仲買人に販売することで生活をつないでいるのを発見する。そのような民族誌的エピソードをつなぎ合わせることで、ツィンは、グローバルな環境破壊のなかで、人間とその他の生物種がともに生きながらえるマルチスピーシーズ的な風景を描き出そうとするのである。

コスモポリティクス

本章における最後の事例として、同じくヴィヴェイロス・デ・カストロやラトゥールからの刺激の下、これまで考えられてきた「人間」の特権性・中心性を超えた仕方で「政治」について考え直そうとする試みを紹介したい。ここで取り上げるのは、アンデス地域の先住民における政治について考察した、ペルー出身の人類学者マリソル・デ・ラ・カデナによる一連の著作である（de la Cadena 2015；デ・ラ・カデナ二〇一七）。それらにおいてデ・ラ・カデナは、哲学者イザベル・ステンゲルスの「**コスモポリティクス**」の概念、すなわち、特権的な存在としての人間のみが構成するとされる伝統的な「政治」の領域を離れ、大地、動植物や精霊など、人間ならざるさまざまな存在をも含み込んだ諸世界からなる広義の「政治」の概念を援用することで、アンデス先住民が関わり合ってきた政治的闘争の実態を民族誌的に描き出してみせる。そこではまさしく、「政治」の概念が「人間」を超えたものへと拡張されているのを見ることができる。

　デ・ラ・カデナの議論の背景には、二十一世紀初頭の中南米諸国において、先住民が伝統的に尊重してきた人間以外のさまざまな存在が政治の場面に姿を現わしているという事情がある。たとえば、二〇〇八年に制定されたエクアドルの憲法では、「母なる大地」として先住民の信仰の対象であり続けてきたパチャママが、以下のように言及されている。「自然あるいはパチャママにおいて、命は生み出され自ら再生産する。パチャママの存在は、統合体として尊重される権利を有し、そのライフサイクル、構造、機能、そして進化プロセスの維持と再生産への権利を有する」（デ・ラ・カデナ二〇一七：四七に引用。デ・ラ・カデナによる強調は省略した）。ここでは、「母なる大地」への配慮が法的な義務として定められているのである。同じようにボリビアでは、それまでの新自由主義的な体制を撤退させることにつながった一連の政治運動において、参加者による「パチャママへの捧げ物」が公の場で行なわれた。ここでは、人間同士の討議や利害抗争の場としての従来の「政治」の領域から排除されていた、人間ならざる自然的かつ宗教的な存在が、他ならぬ「政治」の領域へと姿を現わしているのである。

これまでの「政治」の領域から排除されてきたこれらの存在を、デ・ラ・カデナは、現地語の「ティラクーナ（*tirakuna*）」の訳語として「地のもの（earth-beings）」と呼ぶ。それらの存在の政治的領域への出現は何を意味しており、そこにおいて「政治」はどのように変容しつつあるのか。このような彼女の問いは、先述のラトゥールによる近代的な「自然／社会」の問い直し（ラトゥール 二〇〇八。本書2章参照）とも響き合う。すなわちラトゥールは、近代において、人間の活動のみからなる「社会」あるいは「政治」の領域と、人間活動から独立した法則性をもつとされる「自然」の領域が理念上分離されてきたことを指摘していた。デ・ラ・カデナによれば、現在の中南米において起きつつあるのは、このような近代的「政治」体制それ自体の問い直しであり、人間中心の「政治」が乗り越えられようとする動きに他ならない。

自らがペルーで行なったフィールドワークに基づくデ・ラ・カデナの民族誌は、そのように新たな「政治」の多様な生成を具体的に描き出して見せる。たとえば二〇〇六年には、彼女の調査地において、聖なる山であり強力な「地のもの」であるアウサンガテを含む山脈での鉱山開発計画が持ち上がり、これに対して現地の住民たちが抗議行動を行なった。ここで、先住民たちはなぜ抗議をしていたのか。一見したところ、この行動は、新自由主義的な開発計画によって自分たちの土地が収容されることに対する抗議、といった政治的・社会科学的な用語によって記述できるように見える。しかし、デ・ラ・カデナの現地の友人である男性ナサリオは、運動の意図を次のように語った。アウサンガテは、自らが統括する山脈における鉱山を許さないだろう。アウサンガテは怒って人を殺すかもしれない。その殺害を防ぐために鉱山は開発されるべきではない、と（デ・ラ・カデナ 二〇〇七：五〇－五一）。ナサリオたちの「政治」には、人間のみからなる領域としての「政治」を超えた「地のもの」が、たしかに関わっていた――それどころか、それら「地のもの」との関わり合いこそが、彼らにとっての「政治」あるいは「コスモポリティクス」であった――のである。

このような例が示すように、中南米先住民における「政治」において、人間の領域と自然の領域、人間と人間以外の存在――動植物や大地――の近代的な分割は決して成り立たない。この人々にとっての世界は、そのような分割をつねに乗り越えてきたのであり、そこでは、西洋近代の人間中心主義的な「政治」とはまったく異質な「政治」がつねに実践されてきた。そして、現代の中南米で生じているのは、西洋近代的な「政治」と「人間」を超える先住民の「政治」という相互に異質な実践が衝突し合っているような事態であり、これまで政治の領域から閉め出されていた「地のもの」たちが異議申立てを行なっているという事態である。このような事態は、もはや階級、エスニシティ、人種といった近代的な分析概念によっては理解できない。デ・ラ・カデナはこのように、従来の人間中心の「政治」を超える政治のあり方を「コスモポリティクス」として描き出してみせるのである。

本章の最後に、冒頭で紹介したソロモン諸島マライタ島の人工の島々の例に立ち戻ろう。歴史人類学との関連ですでに指摘したように、主として西洋世界との接触後に形成されたこの海上居住の様式は、決して「不変の伝統文化」というステレオタイプには回収されえないものであった。その点で、この事例について考えることは、カーゴ・カルトが提起する〈新しいもの〉をいかにとらえるかという問題とも不可分である。さらに、マライタ島の事例は、本項で見たような「人間」を超える人類学という方向性にも関わる。ツィンが描き出すマツタケの事例と同様、「海の民」の人工島居住は、この人々とサンゴ礁という自然環境の独特の「もつれ合い」の上に成り立ってきた、すぐれてマルチスピーシーズ的な事象である。さらに、海面上昇やサンゴの死滅などグローバルな環境変動が指摘される今日、人工島に住み続けようとする「海の民」の試みは、本質的に「コスモポリティクス」すなわち「人間」を超える「政治」の契機をともなうものとなっている。「歴史」と「自然」の間に位置するマライタ島の島々とともに、われわれは、人類学の現代的諸課題を以上のように見通すことができる――それが本章の提案するところに他ならない。

Ⅱ部

実践——生成する世界へ

4章 公共性

木村周平

陸前高田の「うごく七夕」（2011年8月，著者撮影）

現代人類学の展開を扱う本書において、I部がより理論的な部分に焦点を当てて論じているのに対し、II部では実践的な部分に焦点を当て、社会的な問題に対して人類学からどのような関与ができうるのかを論じる。本章は「**公共性**」という大きなテーマを設定する。これは第二項で取り上げる、二十一世紀に入って現われてきた「**公共人類学**」という流れを意識してのものであるが、本章では、それ以前から存在していた、「公共人類学」につながるような動きにも着目する。その意味で、本章は、人類学の歴史を（ある限定された側面から）語り直し、そこに現われている可能性や難問を紹介し、今後の人類学の姿を描き出そうとする試みである。

まず第一項が取り上げるのは『**文化を書く**』が引き起こした新たな展開である。『文化を書く』はテクストとしてのエスノグラフィのあり方、その生産に関わる権力性の隠蔽を批判したものであり、その批判のなかから、記述スタイル／研究対象／社会との関わり方に関する試行錯誤や変化が現われてきた。この項ではそうした、従来の人類学的な研究（自文化と異なるところで長期のフィールドワークをし、その成果をエスノグラフィにまとめる）を超えていくようなスタイルを取り上げる。

第二項では、前述の「公共人類学」として呼ばれるようになった動きについて、人類学の歴史に位置づけて紹介し（ここでもやはり『文化を書く』が一つの転機となっている）、社会と関わる研究／実践について紹介する。さらに、そうした研究／実践が人類学の「民族誌を書く」という研究スタイルにどのような影響を与えているかと

図　クリフォードとマーカス『文化を書く』（紀伊國屋書店、一九九六）

いうことにも言及する。

第三項は災害に関わる人類学を扱う。**災害**は日本では公共人類学の事例として取り上げられやすいテーマだが、実際には人類学の中心的な課題と関わる問題である。ここでは**レジリエンス**と**脆弱性**という概念についても紹介し、被害軽減という実用性を求められがちな災害研究が人類学のスタイルをどう変化させうるかについても論じる。

第四項は、同じく、社会的な問題についてのひとつの枠組みとしての**リスク**について、近隣分野の成果も踏まえつつ、人類学の意義や論点について整理する。ここでは人類学が未来をどう扱うのかという問いが人類学のあり方において重要な問題をはらんでいることも論じる。

第五項は「**エスノグラフィ**」を論じる。人類学において民族誌は、個々の人類学者がいかに他性と対峙したかの結果として生み出されてきたが、他方で、同じエスノグラフィのあり方は、人類学外においてきわめて多様化しつつある。本項ではとくにビジネスと災害の分野での、エスノグラフィの「活用」の事例を整理したうえで、人類学における新たな取り組みについて紹介する。

「表象の危機」その後

『文化を書く』からの展開

序章でも述べられたように、**『文化を書く』**（クリフォードとマーカス 一九九六）は、旧植民地社会が独立後に抱えることになった「負の遺産」への意識の高まり、政治・経済および文化のグローバル化の進展、さらには現代思想を援用した批判理論の発展などを背景に、**エスノグラフィ（民族誌）を書く**という学問的営為、およびそこで生み出される「事実」が、決して客観的なものではないと主張した。そして、他者を表象／代理する（represent）ことが依拠しつつ隠蔽している政治経済的な暴力性、および書かれたものとしてのエスノグラフィがもつ非－客観的な側面（修辞的効果など）を暴き出し、人類学者たちにショックを与えた。[1]

この著作は、アメリカ人類学において大きな影響力をもっていたクリフォード・ギアツと、その解釈人類学に対する反発という側面もあった。彼は「文化をテクストとして読む」ことを主張し、当事者の解釈を解釈するのが人類学だと論じた（ギアーツ 一九八七）が、『文化を書く』はむしろ、エスノグラフィというテクストに着目し、それがいかに生み出され、また効果として何を生み出すのかを問題としたのである。[2]

（1） 実際には、先行する著作（Fabian 1983 など）やクリフォードによるエスノグラフィというテクストの批判的読解などの一連の動きによってもたらされたものの象徴として、『文化を書く』の名が与えられているというほうが正しい。

（2） 実際にはギアツは『文化を書く』以前からエスノグラフィのフィクション性（構築性）を指摘している。

この問題提起を受けて、人類学者たちは自分の行ないを振り返り、真摯に悩んだ。「文化を語る権利は誰にあるのか」という問いかけの前に身動きが取れなくなったり、相互の行ないを非難しあったりするような不毛な争いも生じた。そのため現在ではこの『文化を書く』が人類学に与えた影響には概して否定的な評価が下されている。しかしここでは、同書の問いかけに応答し、過去のさまざまな知的探求を水脈としながら、「文化をめぐる表象／代理」のはらむ問題性を回避するべくなされたさまざまな試みを取り上げたい。

その一つは「**多声性**」や「**協働**」を強調する方向性である。ヴィンセント・クラパンザーノ（一九九一）はモロッコでのフィールドワークをもとに、あるひとりの現地人と自身の一連の対話を、それを分析しようとしながらさまざまな葛藤に苛まされる人類学者の内面も吐露して描いた。この著作にも見られるような、現地の人々をインフォーマント（情報源）と位置づけ、その「声」を奪って「表象／代理」するのではなく、対話者（interlocutor）として彼らの主体性を保持し、相互の協働によって知を生産する、という考え方は、人類学のなかでこの頃からしだいに浸透しつつある。他方、ライラ・アブー＝ルゴド（Abu-Lughod 1991）は女性でありハーフであるというポジションから、人類学がその記述によって「他者の文化」を、均質的で統合され、永続的なものとして客体化してきたことを批判し、「個別的なもの」を重視し文化に「抗して」書くことを主張した。これは、自文化批判の学でもあったにもかかわらず内部に「正統的」なスタイルを確立してしまった人類学という学問に対し、周辺的とされていたところから批判するものである。

また、アブー＝ルゴドが批判したようなものとしての「文化」を超えるアプローチとして、日常的な実践や身体への着目が挙げられる。こうした動きの中核になったのはピエール・ブルデューの理論である（ブルデュ 一九八八）。彼は生活空間のなかで日々繰り返される日常的な活動を通じて身体に刻み込まれる（そして当人には半ば当然のもの＝自然なものとして受け止められ、部分的にしか意識されることのない）性向に目を向けた。そうした性向は、あまり意識されないままに〝同じような〟人々を近づけたり、〝異なる〟人々を遠ざけたりしながら、人々自身とその生活空間とを循環的に再生産する。こうした議論は、一部、認知科学的な議論とも結びつきながら、「〇〇文化」とされる社会的集団における内的な差異や学習・継承、アイデンティティなどについてよりダイナミックに捉えることを可能にした(3)。

さらに別の方向性として、地理的な境界を越える人々の活動や現象を追いかけるものがある。例えば、『文化を書く』や『文化批判としての人類学』（マーカスとフィッシャー 一九八九）の主要メンバーのジョージ・マーカスとマイケル・フィッシャーが所属していたライス大学の大学院で文化人類学教育を受けたキム・フォータンは、インドのボパールでアメリカ出自の多国籍企業が起こした化学工場の爆発事故後の状況を描いた（Fortun 2001）。一九八四年に起きたこの事故は、死者数千人、被害者は数

（3） なお、2章で取り上げられたアクターネットワーク理論（ANT）は、部分的にはブルデュー社会学への批判のうえに形成されている。ブルデューは、現場の利害関係に囚われた当事者より、より客観的な立場をとれる研究者の方が正しい世界が見えると主張したが、ANTは当事者に見える世界を捉えようとする。

十万人という世界的に見ても最悪規模の被害を生んだ人為災害だが、国境を越える損害賠償訴訟は困難をきわめ、会社は示談によって低額の補償金だけで決着してしまおうとしていた。自身もこの被災者の支援（アドボカシー）の運動に関わったフォータンは、問題を揺らし続け、決着がついてしまわない（keep unsettled）よう、忘却させないよう、被災者をめぐるネットワークを広げ続けることを、空間（インドとアメリカ）やさまざまな記述のジャンルを横断しつつ、模索している。

彼女の取り組みの背景には、後にマーカスらが述懐するように、『文化を書く』後のアメリカで、冷戦体制の崩壊などのグローバルな政治経済状況の変化の影響も受けて、ＮＧＯ経験者など、グローバルな環境問題や社会正義などに関心を寄せる学生が人類学の大学院に多く来るようになったことがある。そうした関心をもとに、グローバルな人やモノの移動に着目する研究（アパデュライ 二〇〇四）、苦悩（suffering）に焦点を当て、構造的なもののなかでの個のあり方を問い直す「主体性（subjectivity）」についての研究、あるいは科学技術論（ＳＴＳ）の影響を受けた、「非人間（nonhuman）」に人間と同じエージェンシーを認め、自文化中心主義よりさらに深いところにある人間中心主義を乗り越えようとする研究（3章参照）のような、新たな研究上の視角やアプローチも生まれている。

ところで、「表象／代理」の問題と、協働への意識は、「エスノグラフィの記述」を超えていくような動きにもつながっている。以下、ごく簡単に三つの方向性を紹介する。

一つめは「**映像**」である（終章も参照）。映像では「撮る／撮られる」という関係の非対称性は「書く」ことと変わらないように思えるかもしれない。しかし実際には、ロバート・フラハティの『極北のナヌーク』（一九二二）が現地の人々との共同制作と言ってよい形で生み出されたように（村尾 二〇一四）、その関係性は固定的ではない。また映像は、現実に基づきつつも、それを部分的に切り取るだけのものではなく、新たな時空間を生み出す、創造的な営為でもあり、文字とは異なる可能性をもっている。(4)

二つめは「**展示**」である。歴史的に見ても人類学と博物館の関係は深く、民族誌的資料と呼ばれた、世界中から集められたモノをどのように分類し、展示するのかということは、人類学の研究とも深く関わるものであった。吉田（一九九九）はこの展示のあり方の変遷を整理し、テンプル型からフォーラム型へ、そしてネットワーク型へという流れがあると言う。つまり現在の展示は、来場者が自ら知を創造し、アイデンティティを拡張するべき場として捉えられるようになり、展示物やその管理も、「多様なステークホルダーによる協働性にもとづく共同管理へ」（高倉 二〇一五：八）と変化しつつある。そのなかで、調査者と対象者の間の合意に基づく協働によって、現地にあるモノ、現地で撮影した写真などを、現地の空間状況や時間の流れも感じ取れるよう、さまざまな手法を利用して展示する、ということが行なわれるようになって

（4）　それゆえ映像は、「客観的」な表象を超えて（広い意味での）政治的な動きに関与する可能性をもっている。よく知られているのは、自ら撮影・発信することを通じて外部者を巻き込んで政府への抵抗運動を展開したブラジル・アマゾンの先住民カヤポの事例である（Turner 1991）。

（5）　その背景には、この時代

いるのである（Niwa and Yanai 2017）。

三つめは「**パフォーマンス**」である。儀礼研究で著名であったヴィクター・ターナーは一九七〇年代から、エスノグラフィ（特に、彼が「社会劇」と呼んだ、現地の諸価値の葛藤から生じる危機とその収束過程）を脚本にして演じることを試みていた（ターナー 一九八一）[5]。こうした、単に書かれたエスノグラフィを黙読するだけでなく、声を発し身体を通して演じることで、より深い理解を目指すという試みは、（通俗的な意味での）パフォーマンスではなく、「人類学者は何をどう伝えるのか」「受け手はそこから何をどう受け取るのか」という深い問題と結びついている。近年では、映像とテクスト、視覚と聴覚の双方に同等に重きを置いたエスノグラフィのあり方としての「オペラ」も制作されている（Tsai et al. 2016）[6]。

以上の動きが示すのは、『文化を書く』は人類学にとって厄介な難癖だっただけではない、ということである。それは、人類学者はどのような問題にどう取り組み、それをどう形にし、伝えるのか、ということに関する深いレベルでの問いを喚起し、調査と成果、内容と形式、対象と主体、などのきわめて根本的な区分の見直しを促してもいたのである。

の、パフォーミング・アートとそれが持つ批判力への社会的な関心の高まりがあった。

（6） これは台湾のある農地における、人や動物、さらに霊などの関わり合いを、文字通り多様なアクターの語りとしての文字（ないし声）と映像の部分的な重なり合いによって表現することで、従来のエスノグラフィの「表象／代理」のあり方を揺さぶる、きわめて意欲的な試みである。なお、筆者は二〇一〇年に、「オペラ」の執筆者の一人アナ・ツィンの学部授業を見学する機会があったが、彼女はそこで受講者に民族誌を演じさせるというターナーの試みを実践していた。「オペラ」はおそらくこうした経験から生み出された、民族誌の可能性を広げるための積極的な「実験」である。同校ではダナ・ハラウェイも教鞭をとっており、マルチスピーシズ・エスノグラフィの拠点の一つとなっている。この「オペラ」もその影響下にある。

公共性

関与・介入・貢献

文化／社会人類学がいかなる営為なのかについては、つねに多様な見解が存在するし、時代とともに変化もする。だが、筆者の考えでは、その基礎にはつねに（一）「人類‐学」、つまり人類（人間）とは何かを問うこと、（二）フィールドワークを通して、特定の（基本的には研究者自身が所属するものとは異なる）社会集団や文化的現象のあり方を描き出すこと、さらに（三）そうした研究を通じて得られた知見を社会的に活用すること、という三つがあった。本項の焦点はこの（三）である。この方向性においては、大きくいえば、自社会の諸活動に役立とうとする「実用・活用」的モードと、自社会をよりよいものに変えていこうとする「批判・介入」的モードの二つの極の間で、多様な取り組みが行なわれてきた。

人類学の創成期（十九世紀末から二十世紀前半）において、アメリカ文化人類学とイギリス社会人類学はそれぞれ異なる関心対象・フィールドをもち、人類学者／対象社会／自社会という三角形のあり方も異なっていた。アメリカ人類学において「父」と呼ばれるフランツ・ボアズは国内のネイティヴ・アメリカンの社会で調査したが、彼はその調査を通じて「**文化相対主義**」、つまり文化に優劣はなく、いずれも同じように尊重されるべきだという考え方を練り上げた。彼やその弟子らは、この考え方に基づいて、アメリカ国内の人種差別や生物学的決定論に対して批判を展開した。(1)

それに対し、イギリス人類学の関心は西洋から遠く離れた社会に向けられていた。そこで指導的立場にあったブロニスワフ・マリノフスキは一九三〇年代以降、人類学的知の社会的応用、特にアフリカ植民地経営にかかわる実用的な学問のあり方について論じていたが、それは後の世代にはほとんど引き継がれなかった(清水 一九九九)。

第二次世界大戦後、急速に規模拡大したアメリカ人類学では、ボアズの弟子のマーガレット・ミードらが知識人として国内の諸問題や国際社会に対しさまざまな発言をするようになったが、そこでは他社会(とりわけ非西洋社会)を知る者だということがその発言に説得力を与えたことは疑い得ない。(2)とはいえ、知識人として活躍した人類学者はごく一部であり、多くは研究資金源による影響もうけながら、(3)自分がフィールドとする個別の社会における調査を行ない、学問内部での研究蓄積を積み重ねていく方向に向かった。

一九八〇年代の『文化を書く』に関わる批判の対象には、こうした人類学の、「非政治的」な姿勢も含まれていた。(4)つまり、「文化」や「伝統」を固定的に捉え、現在の冷戦状況や途上国開発、それが伴う文化や経済の変化に目を向けていない、ということである。マーカスとフィッシャー(一九八九)はそれまでの、〝隔絶した〟異社

(1) ボアズの思想は移民局で行なった移民の身体測定などの調査によっても支えられている。また山下(二〇一四:四)はボアズの弟子であるルース・ベネディクトの『菊と刀』を、軍や政府のために敵国である日本についての知をまとめたものとして「応用人類学的研究」としている。

(2) 時代はもう少し後になるが、日本において広く社会的な影響力を持った人類学者たち(梅棹忠夫、中根千枝、山口昌男ら)もやはり、非西洋社会に関する知識・経験をもとに発言していた。

(3) ギアツのジャワでの調査を可能にしたインドネシア研究のプロジェクトや、その後の東南アジアなどを対象とする地域研究の興隆などが例に挙げられる。

(4) 『文化を書く』の執筆者たちがベトナム反戦運動などに関わった世代であったことが、その内容に影響しているというコメン

会についての客観性を装う研究を批判しつつ、自社会も巻き込んでいる政治的経済的な大きな力を見据え、それを批判的に捉え直すような人類学を今後のあるべき姿として位置づけた。このことは、同時期に起きたSTS（科学技術社会論）という学際的分野の隆盛とも重なり、異社会での研究に比べてあまり光が当たっていなかった自国での研究（とりわけ近代的な産業や技術、官僚や科学者等の専門家を対象とするような）の増加を引き起こした。

こうしたグローバリゼーションへの意識や、自国の関わりへの反省的視点、人類学的な知の社会的活用への関心は、一九九〇年代頃、冷戦の終結など世界情勢の大きな変化を経て、開発援助機関やNGOなどを経た大学院進学者や、逆に就職でそうした方向に進む博士取得者が増加するなど、人類学教育を取り巻く状況も変化するなかで、さらに高まっていった。

そして、こうした流れは人類学と社会のより積極的な関わりを促す。二〇〇〇年代に入ると、ロブ・ボロフスキーとナオミ・シュナイダーが編者となった、「公共人類学」シリーズもカリフォルニア大学出版会から刊行され始めた。そこでは、九・一一後の不安の高まりのなか、難民やジェノサイド、内戦、人権、グローバルヘルスなどを扱った著作が出版されていく。近接の諸学問（民俗学、考古学、宗教学、社会学など）と同様、人類学でも「公共」がキーワードの一つになったのである(5)。

「公共人類学」と言うとき、理論と実践、学問内部と社会を架橋する、ということ

トは、上の世代からしばしば発される。またベトナム戦争でのアメリカ軍の活動に対して人類学者の知識が援用されたことは、アメリカ人類学内部ではきわめて大きな問題となった。知見の軍事利用の問題は、九・一一後のアフガニスタンへの侵攻時にも起きている。

(5) アメリカでは一九四一年に応用人類学会（Society for Applied Anthropology）が成立している。その後の応用人類学は開発実践や地域社会でのマイノリティ教育の改善などに関わるものが中心であった。こうした蓄積とこの公共人類学がどう違うのかについてはさまざまな議論がある（山下 二〇一四）。

が想定されている。別の言い方をすれば、学問的な蓄積への貢献だけでなく、社会への貢献となるような人類学をすることが目指されている（山下 二〇一四）。しかし、学問と社会をどのようにつなぐのか、何をもって社会への貢献とするか、つまり何をもって公共人類学とするのかという定義は、そもそもの「公共（public）」という概念自体が長い議論の蓄積がある概念だということもあって、きわめて難しい。そしてそこには、本項の冒頭で述べた、実用・活用と批判・介入の間の揺れという問題があると筆者は考える。

一方の極として、ボアズ以来の、社会的な発言・アクションを行なう人類学者像がある。代表的な例としては、ハイチやルワンダでの医療実践をもとに構造的暴力の問題を論じたポール・ファーマー（二〇一二）、南アフリカにおけるＨＩＶの問題や、出身国フランスの郊外団地（移民が多く住む）での警察権力による暴力についてフィールドワークを行ない、そこから人道支援やモラルについて積極的に発言するディディエ・ファッサン（Fassin 2013）、国際的に展開される臓器売買を調査し、実際にそれに関わった医師らの告発につながったナンシー・シェパー＝ヒューズ（Scheper-Hughes 2004）らの研究／実践が挙げられる。そこに、マダガスカルでフィールドワークを行なった人類学者で、アナーキストとして直接的政治行動にも参加する（二〇一一年のウォール街占拠運動がよく知られる）デイヴィッド・グレーバー（二〇一六）を加えてもよいだろう（小田 二〇一八）。彼は浩瀚な人類学的な知見に基づき、それらの運動を理論的に支える著作を刊行している。彼らは研究活動を行ないつつ、それと切り離されないかたちで問題ある事態に介入したり、広く世論へ働きかけたりして、社会的な枠組みを変えていこうとしている。(6)

こうした、「活動する知識人」と反対の極には、社会的なアクターへの人類学的な知の提供がある。日本において想定されている公共人類学も主にこちらである。それは例えば、地域社会において重要な課題になっている「多文化共生」に対し、もっと文化の専門家である人類学者の知見を広げよう、ということである（例えば岡田 二〇〇七）。しかしそこで求められるのは往々にして、人類学者が一般に価値を置くような非決定性や文脈依存性、記述の「厚さ」などと全く逆の、いわば即効的な道具としての知識である。そこで人類学者は、経験豊富で、すでに対象とする社会的アクターとパイプを持っている社会学者や教育学者、あるいはコンサルタント会社らと競合しながら、その知見を届けることが求められる。

公共人類学はこの両極の間で揺れ動いているが、いずれも決して容易な道ではない。こうした状況は、当然、人類学の知見やメッセージをどのように、どのようなかたちで発信するのかについて意識的な試行錯誤を生み出す。実際、「スローワーク」の成果としてのエスノグラフィだけではなく、より素早い、リーダビリティの高い（映像や写真なども利用した）ブログやSNSへの投稿も目立つようになっているし、(7)さらに研究誌のオープン・アクセス化も急速に進んでいる。(8)次項でも述べるように、

(6) 小田（二〇一八）は「アクティヴィスト人類学」という枠組みで、そうした研究者の系譜をたどっている。

(7) 著名なものではThe Savage Minds（https://savageminds.org/、二〇一七年にAnthrodendumに改称）などがある。

(8) はじめからオープン・アクセスのウェブ・ジャーナルとして出発したＨＡＵ（https://www.haujournal.org/）や、オープン・アクセス化だけでなく、伝統的な論文以外の新しいスタイルを果敢に導入している*Cultural Anthropology*誌（https://culanth.org/）などが挙げられる。

ここ一〇年ほどで、人類学の反応速度はきわめて上がっている。アラブの春（二〇一一年）、シャルリ・エブド襲撃事件（二〇一五年）、トランプ大統領の当選とBrexit（二〇一六年）、さらには各地を襲ったテロなどに際しては、数日のうちに人類学者が書いた文章がインターネットで公開され、ＳＮＳでのシェアを通じて拡散された。

こうした文章はその事件の「コンテクスト」をよく知る研究者によって、一般のマスメディアとは異なる視点から問題を論じたものだが、もちろん、対象とする事件そのものについて綿密なフィールドワークを行なった成果ではない。今まさに起きている社会問題に対して発言・介入するためには、できるかぎり時間をかけずにリアルタイムで応答する必要があるのだ。しかし、そこで何をもって「人類学的」、ないし「エスノグラフィック」と言えるのかは、立ち止まって考えるべきだろう。

人類学は、ジャーナリズムや近接学問と競合しつつ、どう社会的な要請に応え、どう独自の意義を発揮しうるのか。そしてそれは、これまでの時間をかけた現場での調査にもとづく厚い記述、深い理解という人類学の意義とどのような関係をもつことになるのか。これらはきわめて難しい問いである。しかし、世界的に人文・社会科学系の学問の危機が明らかな現在、人類学者は、どのような人類学をどのように行ない、それを通じていかなる社会に貢献しようとするのかという問いにそれぞれ向き合い、応えていく必要がある。

災害

脆弱性とレジリエンス

人類学的な災害研究は、近年、「公共性」という文脈で、人類学内部で注目を集めている。しかし災害は、人類学にとって決して新しいテーマではなく、実はその中核に深く関わる問題である。災害が襲うとき、「人とはいかなる存在か」という、人類学がその答えのみならず問いの前提まで含めて問い続けてきた根本的な問いが、とても具体的で切実な形で現われる。例えば、災害によってもともと住んでいた場所を立ち退くことが求められたとき。あるいは、目に見えない放射性物質の不確実な影響を懸念しながら食べ物を選ぶとき。本項ではこの人類学的な災害研究について紹介する。(1)

災害の人類学の具体的な成果には、まずは「厚い」エスノグラフィが挙げられる。代表的なものには、もともとのフィールドが一九七〇年のペルー地震で被災したために復興支援に関わり、復興におけるさまざまな問題や地域の社会変化を描き出したアンソニー・オリヴァー＝スミスの著作（Oliver-Smith 1986）や、一九九一年のフィリピン・ピナトゥボ山噴火によって被災したアエタの人びとを支援し、彼らが自覚的な先住民へと変化を遂げていく様子を描き出した清水の著作（二〇〇三、二〇一五）、

(1) このテーマについては研究動向を概観する文章がいくつかすでに公表されている（例えば木村二〇一三：第一章）。また、本項も拙稿（木村二〇一四、二〇一六）をもとにまとめたものである。

アラスカで一九八九年に起きたエクソン・ヴァルディーズ号の原油流失事故が現地社会に与えた被害を告発したグレゴリー・バトンの著作（Button 2011）、二〇〇五年のハリケーン・カトリーナ後の復興に関わる公的な仕組みがいかに被災者を苦しめるに至ったかを記述したヴィンセーヌ・アダムスの著作（Adams 2013）などがある。いずれも災害の発生から数年ないし一〇年以上に及ぶ長期の調査にもとづき、民族誌を書くことで、特定の分析枠組みに事例を当てはめるのではなく、具体的な記述を通じて、世間で流通する分かりやすい図式では見えてこない複雑な現場のあり方や問題の構成を浮かび上がらせるものである(2)。

人類学から災害を捉えるうえでの論点としてまず挙げられるのは、「脆弱性／レジリエンス」である。**脆弱性**（vulnerability）とは、当該の社会やそこで暮らす人々の災害による被害の受けやすさのことである。災害は予測の困難な、「起きてみないとわからない」現象である一方で、「災害弱者」という言葉もあるように、社会のなかでの被害の受けやすさ＝脆弱性の違いはある程度まで予測がつく。なぜなら、災害脆弱性は、日常の社会環境のなかで、そこにおける政治的経済的な仕組みを通じて、構築されているからである。そうだとすれば、災害への対応を行なうのに災害が起きるのを待つ必要はなく、日常のなかで弱い立場に置かれやすい人々を支援すること、あるいは、当事者がもっている対応力（これを**レジリエンス**〔resilience〕と呼ぶ(3)）を強化することで結果的に災害の被害を軽減することができる。こう考えれば、従来の

（2）　モノグラフは他にも多数ある。またオリヴァー＝スミスらによる論集（Hoffman and Oliver-Smith 1999, 2002）やベルグハーンの最近の「コンテクストのなかのカタストロフィ（Catastrophes in Context）」シリーズもある。加えて、災害研究に人類学の手法を応用した災害エスノグラフィも参照。

（3）　辞書的には弾性、回復力などと訳される、心理学・精神医学やシステム論などで用いられてきた概念である。災害対応力などと訳されることもある。東日本大震災後の政治的文脈ではインフラの再建を通してレジリエンスを高めることを「強靭化」と訳す（国土強靭化など）向きもあるが、筆者はミスリーディングな訳だと考える。

長期的なフィールドワークによる「日常の社会環境における政治的経済的な仕組み」の理解は、そのまま災害研究に通じ、脆弱性の削減やレジリエンスの強化への道が開かれうる。

ここでは、関連する点をもう二つ指摘しておきたい。一つは、これらの論点への取り組みが、「被災とは何か」「復興とは何か」の再考につながることである。脆弱性を考慮するなら、目に見える被害状況に対処するだけでは、また災害が起きれば元の木阿弥になってしまうことは明らかである。災害によって可視化されるのは、それまでの当該社会がはらんでいた（が十分に顕在化していなかった）問題なのであり、「復興」を考えるにはそうしたところまで視野に入れる必要があるということである。

もう一つは、脆弱性／レジリエンスについての議論が「文化」という問題に通じるということである。ある自然環境のなかで持続的に生活していると、繰り返し同じようなハザード[4]に襲われるので、意識的にせよ無意識的にせよ、それへの対応が地域的に共有・継承することがある。この「**災害文化**」と呼ばれるものは、主に社会学や地理学などで用いられてきた概念であり、防災行政でもここ二〇年ほどの間に浸透してきたが、人類学ではほとんど論じられてきていない。筆者は「文化」について語ってきた人類学は、もっとこの言葉に向かい合う必要があると考える。たしかに、行政的に言われる「文化」には、人類学のこれまでの議論と相いれない部分がある。[5]「災害文化」を論じるにあたっては、「文化」が他の諸要素との関連のなかで初めて意味を

（4）　災害研究においては、災害（disaster）は極端な自然現象（hazard）に対し社会の側の対応が及ばないときに発生する、とされる。

（5）　具体的には、文化を目的論的に扱うこと（防災に「役立つ」文化）、人為的操作が可能なものとして扱うこと（災害文化を「醸成する」）などである。

もつ（それだけ単独で存在しうるモノのようなものではない）という従来の姿勢と、あえて「文化」という言葉を使って議論をするという「戦略的本質主義」との間で、バランスを取ることが必要になるだろう。

さてそのうえで災害の人類学的研究は今後どのように進んでいくだろうか。まず予測できるのは、現在進行中の大規模な**気候変動**や、それに対する社会的な関心の高まり[6]の影響を受けて、ますます人類学からの研究も増加するだろうということである。だが一般に、災害研究に対しては、直接的間接的に、被害の軽減という目的に結びつくことが期待される。それゆえ、研究の増加に伴い、そうした期待にどう応じる（あるいは応じない）のかという問いがより切実なものになるだろうと考える。

繰り返しになるが、エスノグラフィの質的な記述スタイルは、災害に巻き込まれた人々の多様で複雑な状況を、過度の一般化や、既存のイメージへの還元を避けながら描き出すことを可能にする。その一方で、エスノグラフィを書き、公表するには時間がかかり、そうした書き物はまず被災者の生活を直接的に助けることにはならない。これまでエスノグラフィのこの「遅さ」は、人類学者にとって避けがたい事実であり、弱点であると同時に価値でもあると考えられてきたが、近年、社会的な問題に応答するべく、人類学のスピードは上がっている。例えばアメリカ人類学会の学会誌では二〇〇五年のハリケーン・カトリーナについて、すぐ翌年に特集を組んでいる。東日本大震災でも、災害発生のちょうど二年後に、論文集（ギル、シテーガ、スレイター

（6） 欧米においては二〇一〇年代半ば頃から「アンソロポセン」（Anthropocene、人新世）への関心が分野横断的に高まっている（かえって日本での関心の低さが際立つほどである）。これは人間の活動が氷河期などと同じ規模で地球環境や生命活動に不可逆的な影響を及ぼすようになった時代を指す地質学的な時代区分である。

二〇一三）とモノグラフ（竹沢 二〇一三）が刊行されている。これは上述のような「遅さ」による時間的なギャップを埋めようとする試みである。

これに関連して興味深いのが、人類学者やそれに近い分野の研究者が関わり、震災から一年を経ずに出版された二冊の書籍、つまり『三・一一慟哭の記録』（金菱 二〇一二）と『聞き書き震災体験』（とうしんろく 二〇一二）である。村上春樹が地下鉄サリン事件被災者への聞取りから編んだ『アンダーグラウンド』（村上 一九九七）を思い出させるこれらの著作はいずれも、多くの人々の経験を、個別性を生かすためにあまり手を加えず収録し、書かれたものや語られたものの具体的な内容に踏み込んだ分析は付け加えられていない。ともにきわめて重要な記録であることは間違いがないし、人々の個別の語りに関心をもつという学問的志向性がこれらの書籍のアイデアのもとになっていることも分かる。しかし、（皮肉なことに）これらの著作に理屈っぽい分析がない分、一般の人々には普通の人類学の著作よりアクセスしやすいことは、人類学的な災害研究は何を目指すのかについての問いを突き付けていないだろうか。

このように人類学的な災害研究は、「厚い記述」（ギアーツ 一九八七）を第一の価値としない方に進んでいるように見える。[7] おそらく公開までのスピードが上がることで、エスノグラフィはジャーナリストによるルポルタージュと同様のニュース性を帯びるようになる。より多くの人の手に取られる、また動きつつある状況により直接的に関与できる可能性が出てくる一方で、調査の時間は必然的に短くなり、長期である

（7） 関連して興味深いのが、高倉浩樹・小谷竜介らによる宮城県下の無形民俗文化財についての調査（高倉・滝澤 二〇一四）である。県からの委託調査を組織するにあたり、高倉と小谷は、意識的に、短期的・集団的・サルベージ型という、従来のフィールドワークからはみ出す形で計画を立て、実行したという。

からこそ見えるもの（例えば、いわゆる社会的文脈）をショートカットせざるをえなくなるだろうし、体系的・包括的な理解よりも断片的な事例からいかに議論を展開するかに力点が置かれるようになるだろう。その際にあえてエスノグラフィを差異化するためには、ルポルタージュのようなリーダビリティと同時に、ルポルタージュを超越える問題提起を行なうことが必要になるはずである。

もちろんエスノグラフィの書き方は一つに絞られる必要はない。しかし災害という問題に取り組み、災害に関わる多様な層の人々に届かせるためには、人類学者は研究の集大成としてのエスノグラフィを出すだけでなく、複数のタイミングで、複数の書き方から選択して書くことが必要になるといえよう。

以上のように、災害という人類学と深くかかわるテーマは、さまざまな仕方で、エスノグラフィを従前のあり方とは異なる方向に展開させていきつつある。ここでのエスノグラフィというもののあり方や意義をめぐる議論は、より多様で創造的な研究が生み出されていく契機となりうると、筆者は考える。

リスク

未来の予測可能性をめぐって

不確実さ、見通しの立たなさが強調される現代社会において、「**リスク**」は実践上および研究上の重要なテーマになっている。この議論の火付け役となった社会学者ウルリッヒ・ベック（一九九八）は産業化と科学技術の進展のなかで問題の質が変化し、それまでとは異なった状況が現われているとし、社会のあり方を、（一）前近代社会（伝統）、（二）単純な近代（産業社会）、（三）第二の（再帰的な）近代に分け、（三）を「**リスク社会**」と呼んだ。これは環境汚染や原発事故など、産業社会の発展の結果と過失[1]が顕在化して、社会側がそのことを問題化し、取り組まざるをえない時代のことである。

　このような時代診断に対して、人類学はどのようなスタンスをとるのか。

　一般的にいって、多くの学問は対象に対する一般化可能な知識（パターンやメカニズム）を蓄積し、対象に対する予測可能性を高めることを暗黙の目的としている。これは「文化」や「社会構造」などの概念を用いた人類学も同様であった。しかし人類学においては、対象となる人々を取り巻き、彼らを規定しようという力への関心や懸

（1）山口（二〇〇二：一五五）によると、それは三重の「ない」から説明できる。それは、（一）空間的、時間的、社会的にその影響範囲を限定することができない、（二）責任の所在をつきとめることができない、（三）被害を補償することができない、である。小松（二〇〇三）の言葉を借りれば、これらは「十分な「頻度」を持つものではなく一回限りの、あるいは非常に発生確率の低いものであり、いつ、誰に対して、どのような規模での結果・損害をもたらすかということを、まえもって計算することは困難であるため、それに対して保険をかけることはきわめて難しい」。その意味で、これは通常のリスク（計算可能なもの）を超えたリスクなのである。

念が高まるにつれ、次第に、状況依存性や予測不可能性（権力側、ないし人類学者にとっての）、当事者のしたたかさや主流派に対する抵抗や流用を強調するようになる。そこでは人類学者は、人々を予測可能なものとして描くことを半ば自ら禁じ、人々の創造性を「驚き」をもって後追い的に記述する、という姿勢をとった。このような、対象に対して「一歩後ろ」に自らを位置づける姿勢（参照 春日 二〇〇七）からは、当事者の、不確実さに対する対応の技術や知識(2)、およびその創造性は肯定的に扱われる反面、将来に対する数値的・統計的な予測を含んだものとしてのリスクという枠組みは、否定的に捉えられることが多かった。それゆえ、すでに起きてしまった災害や事故、戦争の被災者・被害者、あるいは病いを抱えた患者や彼らを取り巻く人々の研究が増加する一方で、「リスク」という枠組みで問題を捉え、研究しようとする動きは、まだこれからである。

さて、ベックの議論に戻ると、彼の言う**再帰的近代**としての現代社会は、備えるべき対象（事故や災害、感染症、食品や環境に含まれる有害物質など）と、備え方としての「リスク・マネジメント」や「リスク・ガバナンス」の仕組みが相互に関わりつつ増殖している時代だと言える。とりわけ、一九八〇年代のサッチャー政権（イギリス）、レーガン政権（アメリカ）以降進行し、現代の政治経済を枠づけているいわゆる新自由主義体制に着目し、ミシェル・フーコーの「**統治性**」（governmentality）論(3)を下敷きに、こうした増殖が進んでいると考える論者も多い。以下ではこの現代的な

（2） たとえばアフリカの牧畜社会について、飢饉に備えて、それぞれ異なる特徴をもつ（殖えやすい、水不足に強い、利用法が多いなど）複数の家畜を組み合わせて飼育することで対応していることを実証するような研究、あるいは環境の変動性と経験・知識の関わりを示したような研究がある。

（3） 「**統計**」という、科学的・客観的・規範的な装いをもつ実践は、フーコーが論じるように、国家の統治における「人口」という問題系と結びつき、それを分析し、まさに統治・管理するためのテクノロジーとして発展してきた。フーコーは、こうしたテクノロジーの時代的変遷を追い、主権権力・統治権力に続いて現われた現代的な権力システムとして「安全装置」を位置づけた。そして、それまでの統治性が個々の人民に対し働きかけようとしていたのに対し、この新たな統治性はむしろ集合としての「人口」に焦点を当て、それが置かれる空間としての

リスクに関わるポイントをごく簡単に述べておこう。

一つめの軸は政治・経済である。確率統計的な数値として客観化されたリスクは、「人口」を管理するための社会制度ときわめて親和性が高い。たとえば犯罪や感染症などは、社会という全体のなかで、よりハイ・リスクな集団を見つけ出し、彼らに集中的に介入することで、社会全体に政策を適用するよりも効率的に対応をとることができる。たとえば新ケ江（二〇一三）は日本のＨＩＶ予防においてゲイ・コミュニティが可視化されていくプロセスを描いている。新自由主義の進展により、社会や政府に代わって市場による解決が求められるようになっており、そこではあらゆる問題が個人に対するリスクとして捉えなおされ、結果に対しては自己責任の原則が適用されている。そうしたなかで、逆説的に見えるが、リスクにもとづく制度の発展と生への介入（フーコー流にいえば「生政治」）はますます進行しつつあり、リスクという技術がそうした政策に対して根拠を与えている。

二つめの軸は、科学技術である。ベックが論じたように、科学技術の発展・複雑化に伴う副産物としてリスクが増加していることが指摘されているが、そうした問題の発見や対処には専門的な知識や技術を必要とする。こうして科学技術が生じた問題に対処するために科学技術を導入する、という循環的な状況が生じる。これに関連して、福島（二〇一〇：二〇四）は「特定の分野で開発されたリスク分析ツールそのものが広く流通し、見えにくいリスクを掘り出していくという展開を見ると、リスク社

「環境」に対し、統計学を中心とした諸技術を通じて働きかけ、調整することで「人口」を管理するものであることを指摘した。この議論は、現在に至るまで機能しているこの権力システムのあり方を、統治性――「諸制度・手続き・分析・考察・計算・戦術、これらからなる全体」（フーコー 二〇〇六c：二三二）――の構成歴史から分析することで、後続の研究者に大きな影響を与えた。

会とは実は「リスク分析ツールが氾濫する社会」であり、リスク分析という考え方や装置が大衆化していく社会であるともいえる」と指摘する。(4)

三つめの軸は、時間である。アンソニー・ギデンズ（二〇〇五）やフランソワ・エヴァルドらがそれぞれの仕方で指摘するように、「リスクを計算するのは時間を支配し、未来を飼いならすこと」（Ewald 1991：207）である。言い換えれば、リスクについての認識や判断は、過去／現在／未来の間に再帰的な関係性を生み出す。ニクラス・ルーマン（二〇一四）はこの問題を追究し、リスクを回避することやリスク・コミュニケーションが伴う問題を考察している。こうした事態に対し、人類学には何ができるだろうか。

一つには、現場の観察にもとづく記述的研究という特質を生かし、福島の言う意味でのリスク社会化が進行しつつあるプロセスを描き出し、そこで生じている問題を明らかにするような研究がありうるだろう。企業や組織の経営における内部監査や説明責任などの概念や制度、手続き（Power 2007；Strathern 2000）、あるいは治安に対する、法律という古くからの予防テクノロジーと、監視カメラやGPSのような視覚的なテクノロジーなど、リスクを管理する技術や制度は、確かに日々増殖しつつある。これらには、ギデンズの指摘するような、個々の主体の意思決定を代行してしまうような仕組みと、むしろ地図やシミュレーションのように可視化することで個々の主体の意思決定や主体間のコンセンサスを促すような仕組みが存在するが、いずれも手続

（4）　多くの論者は、リスクという仕組みの歴史を語るうえで確率の計算、つまり統計（学）や蓋然性をめぐる数学の発展が果たした役割がきわめて重要であると論じている。例えばピーター・バーンスタイン（二〇〇一）は、リスクというツールが、賭け事を事例とした蓋然性をめぐる数学と結びついて理論的に彫琢されたこと、さらにポアソンによる大数の法則やケトレによる正規曲線の発見などの統計学の発展と結びつくことで確立していったことを描き出している。イアン・ハッキングはこうした理論的な進展が、「数字の洪水」、つまり病気や自殺などの諸現象が「数え上げられ、図表になり、公刊され」（ハッキング 一九九九：六）ることで、データとしての統計資料が蓄積されたことによって可能になったと論じている。

きや装置を組み合わせてパッケージ化（ブラックボックス化）している。そうした仕組みは、どのように配置され、人々の生を枠づけているのか。

これに関連して、日本では、特に近年の情報技術の爆発的な発展に焦点を当て、ジル・ドゥルーズやジョルジョ・アガンベンの議論を踏まえた環境管理型統治論が提示されてきたが（東・大澤 二〇〇三）、これらの研究はテクノロジーを通じて、生権力的な集合への管理と、直接的な個体の捕捉とが接合され、より徹底した管理が、間接的で人びとの気づかない形で行なわれつつあると論じるものである。

それに対し、フーコーに影響を受けたポール・ラビノウらのアメリカの人類学者たちは、現代的な統治の仕組みとして「予防（preparedness）」を挙げている。たとえばアンドリュー・レイコフはアメリカにおいて、感染症対策などを通じて二十世紀後半に現われた集合的なセキュリティのあり方をヴァイタル・システム型と名づけ、それ以前の主権国家型、人口型と区別しながら、その具体的なあり方について論じている（Lakoff 2008）。

環境管理型統治論と予防論はいずれも、リスクを統治という問題と関係づけて論じるものだが、個人の扱いに関しては、多少の方向性の違いが見える。つまり前者が社会内部に分散する無数のリスクを問題視し、それを除去するような装置一般について論じており、個人をリスク要因と位置づけるのに対し、後者ではむしろ、テロやパンデミック（感染症の大流行）など、社会の外部（比喩的な意味で）から襲ってくる具体的で巨大な問題を想定し、そうした問題を空間的に可視化、あるいはシミュレーションし、総力を挙げて防御するというあり方に焦点を当てている。そしてそこでは個人はむしろ積極的な対応者たるべく動員されるものとして描かれる。

人類学からの二つめのリスクへのアプローチとして、エスノグラフィという方法によって、リスクに関する既存の枠組みでは捉えきれないような、しかし当事者が巻き込まれている問題を浮かび上がらせるということが挙げられる。この具体例として、次項で「アスマ・ファイル」を取り上げる。

最後に、リスクということに関連して述べておきたいのは、より積極的に将来予測、ないし未来のデザインに関わる人類学のあり方について考えることの必要性である。これははじめに述べた予測不可能性の称揚という姿勢と真っ向から対立するが、人類学的な知の公共的活用と言うときに社会の側から求められるのは、記録係としての役割だけではない。人類学の方法や、これまでの研究から得られた知見にもとづく、人々の生を（起きうる問題を回避しつつ）よりよいものにするための働きかけや仕組み、ツールである。それを行なうためには、やはり、エスノグラフィを中心とする人類学の成果物の活用法について考えていく必要がある。

エスノグラフィ

文化人類学における知の生産において、**エスノグラフィ（民族誌）**はきわめて重要な存在である。しかしそのあり方は時代とともに変化しており、さらに近年、近隣の学問やビジネスの領域でも使われるようになるなかで、そのあり方はかなり多様化しつつある。

エスノグラフィという語が作られ、使われるようになったのは、記録が残っているものとしては一八三〇年前後まで遡れるようである。次第に人類学が確立するなかで、この語は特定の社会集団に関する記述、さらにはそれを扱う人類学内部の下位区分（こちらを意味する場合、エスノグラフィを「民族誌学」と訳すこともある）を指すようになった。そして二十世紀前半には、参与観察型の**フィールドワーク**に基づく対象社会集団の全体的（ホリスティック）な報告書、というあり方が一応の標準的になる。(1) とはいえ、人類学においてエスノグラフィは、個々の研究者がいかにフィールドで出会った他性と向いあったかという探究の結果でもあり、その関心や試行錯誤を反映してさまざまな記述や体裁がとられてきた。

（1）　そこでは、親族構造、生業、政治組織、儀礼、宗教、神話など、どの社会集団についても、同じような枠組みで構成された、比較的シンプルな文体での客観的な記述が生み出された。

一九八〇年代のいわゆる「**表象の危機**」は、そうした記述が帯びるレトリックや文体を暴露することで、個々の人類学者に、人類学という営為の根幹に関わる問いを意識させた――単独・長期のフィールドワークという、収集されるデータがかなり調査者ごとの差を生みやすい方法をとる人類学は、どこまで客観性を維持できるのか。あるいは人類学が目指すのは、客観的なデータ収集・分析に基づいて理論を発展させることなのか、それとも独特で、複雑で、たえず変化しつつあるフィールドのリアリティを、必要に応じて多様なレトリックも駆使しつつ記述していくことなのか。このような問いに直面し、自覚的に記述を選んだ人類学者は、エスノグラフィ執筆に際し、より積極的に、文体や構成などへの工夫を凝らしていった。

その後、人類学のフィールドワークの対象（現場）が変化・拡大していくなかで、エスノグラフィとは何か、何をもって「エスノグラフィックなもの」と考えるかも、大きく揺らいでいくことになる。とりわけアメリカでは、出版社の側の事情もあり、緻密で重厚なエスノグラフィより、リーダビリティを高めた、ほとんどルポルタージュと言ってよいようなものが好んで刊行されるなどの傾向が出てきている。

そうした変化は、エスノグラフィの市場も含めた、人類学「外」の動きとも無縁ではない。参与観察型のフィールドワークとセットとして扱われたエスノグラフィは、「質的調査にもとづく全体的記述」として、すでに二十世紀半ば頃から、小規模集団を扱う社会学や心理学、教育学などにも導入されていった。社会学ではシカゴ学派の都市研究の豊かな蓄積が生まれ（例えばホワイト 二〇〇〇）、分析手法として「グラウンデッド・セオリー」（グレイザーとストラウス 一九九六）が彫琢されるなど、固有の発展を遂げた。[2] エスノグラフィはさらに看護学や組織論などの実務的な側面もある学問にも導入されていったが、量的研究が主流をなす学問に入っていくと、エスノグラフィという言葉は「フィールドワーク」や「質的研究」「質的調査法」と互換可能といえるほど緩やかな意味合いで使われるようになる。さらにそれらを経由して、実務の世界で応用されるようになる。以下、そうした例を二つ挙げる。

一つはビジネスの分野における、**マーケティング手法としてのエスノグラフィ**である。アメリカでは人類学の学位を持った人がコンサルティング業務や消費者調査などに従事する割合が多く、公的セクター含めると三割にも上るとされる（伊藤 二〇〇九：三九）[3]。そのなかから、通常よく行なわれるアンケートを用いた統計調査ではなく、現場での観察を通して消費者が商品を生活空間のなかで実際にどう使っているかを明らかにし、そこから商品開発につなげる、という調査が生まれた。そのようにして確立・発展した、「ユーザー体験」（user experience：ＵＸ）を重視し、「アンケートやインタビューでは見つけづらい、ユーザーの無意識の行動や潜在的なニーズを掘り起こす」（伊藤 二〇〇九：三六）ための調査手法を[4]、彼らは「**エスノグラフィ調査**」と呼んだ。こうした、いわば**発見的な方法としてのエスノグラフィ**には、人類学という学問からはかなり自由になり[5]、時に「調査プロセスの初期段階に人類学的手法が加

（2）ハロルド・ガーフィンケルらのエスノメソドロジーも、自社会を異化するために、異民族を研究する文化人類学の手法を自社会研究に応用するという着想から形成された。

（3）そのなかにはコピー機修理プロセスの分析などで認知研究や科学社会論などに大きな功績を残したＰＡＲＣ（Palo Alto Research Center）のルーシー・サッチマン（一九九九）もいる。

（4）ただし、統計的手法と異なり標準的な分析手法がないため、発見を上司や顧客に説得的に示しづらいという問題も抱える。人類学であれば「本当に現地にいた」ことや、生き生きした文体が説得力を高めるかもしれないが、それでは十分でない。

（5）このエスノグラフィ調査に関して、マイクロソフト社がスポンサーとなり、二〇〇五年よりＥＰＩＣ（Ethnographic Praxis in

味されたようにしか人類学者には見えないもの」（伊藤 二〇〇九：四七）や、現場に行きすらしないものも含まれるなど、(6)定義もさらに拡散している。

もう一つは、国内の防災研究者による「**災害エスノグラフィ**」（林・重川・田中 二〇〇九）である。これは阪神・淡路大震災以後に人類学のエスノグラフィをもとにして生み出された記録の手法である。具体的には、現場でどのような問題が発生し、当事者はどう対応したのかについて、行政の担当者などに半構造的インタビューを行ない、それを文字起こしし、整理したものである。この調査は当初、一般の被災世帯も対象としていたが、次第に災害対応のキーパーソン（行政や企業でそれぞれのタスクについて意思決定・統括する立場にあった人々）を対象とした、当事者の試行錯誤や逡巡の経験に基づく、対応上のノウハウを文字化し記録するものになっていった。これは研究者による観察やそれにもとづく加筆を含まない点、データそのものも原則として非公開という点で、一般的な人類学のエスノグラフィとは異なる。

ビジネスと防災はともに、複数の調査手法のなかで必要に応じて選択的に利用されるものとしての、**調査法としてのエスノグラフィ**であり、いずれも書き物を生み出すこと自体ではなく、調査結果を特定の目的のために活用することが目指されている。それは、ビジネスであれば「インサイトを得る」ことであり、防災であれば、主には防災実務への実用的な利用である。(7)後者は実際に自治体や省庁の職員研修や、地域の自主防災組織などでも用いられているが、(8)そこでは調査者による働きかけや分析を最

Industry Conference）という会議が行なわれているが、参加者のなかで人類学の教育を受けた人は多くないという（伊藤 二〇〇九）。

(6) 伊藤（二〇一五）によれば、ホームビジット（被調査者の自宅を訪問し、製品の実際の使われ方を調査する）を行なうものもあれば、ユーザー（モニター）自身に写真を撮ってきてもらい、それを元にＦＧＩ（フォーカス・グループ・インタビュー）をするだけのものもあるという。

(7) 初期には学術論文のためのデータとしても活用され、個々の「災害エスノグラフィ」を一般化・体系化すること（「災害エスノロジー」の構築）が目指されていた（林・重川 一九九七）。

(8) 具体的な方法としては、災害の現場で直面するだろう事態や、そこで絶対の正解のない意思決定に対する想像力を身につけることを目指し、「災害エスノグラ

小限にとどめつつ、災害を経験したことのない読者に実感を持たせ、対応力を高めるべく、さまざまなアクティヴィティに活用されている。

こうした調査法としての（何かの目的のために活用する）エスノグラフィのあり方は、一見すると人類学のそれとは遠く隔たった、あるいは関係の薄いもののように見えるし、そう考える人類学者も少なくない。しかし筆者は、それらは、「公共性」や社会的意義を強く意識せざるをえない時代における、人類学的なエスノグラフィ――それ自体が目的であるような成果物としての書き物――の今後を考えるときの手がかりとなると考えている。では、いかに人類学的なエスノグラフィは活用できるだろうか？

ここでは第一項（「「表象の危機」その後」）でも取り上げたフォータンの事例を紹介したい。彼女は『文化を書く』出版二五周年を記念する論集で、人々の生きる条件を記述し批判するにとどまらず、その条件の複雑さ、不確実性や（現時点において）未知のものを捉える術として、エスノグラフィを定位する（Fortun 2015）。他者に開かれたものとしてのエスノグラフィは、驚きを引き起こし、それによって読み手の創造性を喚起し、ありうるかもしれない未来を予見する、実験的なシステムなのである（Fischer 2007；森田 二〇一一 参照）。その実際の取り組みとしては、フォータン自身が関わる「**アツマ・ファイル**（The Asthma File）」が挙げられる[9]。これはその名の通り、現代における環境汚染の結果として引き起こされる喘息（asthma）という問題

フィ」を読んでポイントについてグループ・ディスカッションしたり（そこで使われるKJ法も、そもそも人類学者川喜田二郎によるフィールドワークのデータ整理法から生まれたものである）、あるいはこれをもとにして開発したゲームを使ったりする、ということが行なわれている。

（9） http://theasthmafiles.org/

への介入を出発点とする、エスノグラフィックな協働的プロジェクトである。そこでは、多数・多分野の研究者によって、多様な国家、都市において聞き取り調査を行なうのと並行して、それぞれの場所でなされた研究成果や行政のデータベースが収集・比較・分析される。それによって、喘息やそれを取り巻く環境と人間の関わりについての科学研究や規制のあり方、方向性を浮かび上がらせるとともに、その裏面として、科学や行政がリスクと見なさない、兆候にとどまっているような問題を探ることが目指される。このプロジェクトのデジタル・プラットフォームは、さまざまな分野の研究者、データが出会う場であり、未知のもの、いまの言語で捉えきれないものを知覚するためのツールである。そしてそれこそが、彼女がこれからのエスノグラフィに期待するものなのだ。

このように、エスノグラフィのあり方は時代や分野によって変容してきた。そうした多様なあり方を前に、あらためて定義を厳密にしようとするのか、それとも多様なエスノグラフィを出会わせることで、新たなあり方を創造していくのか。筆者は、社会のなかでいかに人類学の知を作動させるべく、いまこそ新たな「人類学の発明」(Wagner 2016)が求められていると考える。

5章　運動と当事者性
――どのように反差別運動に参加するのか

根本　達

シュプレヒコールをあげる元不可触民（2017 年 9 月 30 日，筆者撮影）

アイデンティティ・ポリティクス（同一性の政治学）が設定する狭義の**当事者性**（この問題の**当事者**は誰か）から外れる者は、どのように同じ運動の当事者性を獲得できるのだろうか。(1)

被差別者による**反差別運動**が目指していることは、必ずしもアイデンティティ・ポリティクスを通じて自己の尊厳を獲得することにとどまるわけではない。そこには公正で平等な社会の達成といったより大きな目標が存在している。それでは、被差別者がアイデンティティ・ポリティクスによる自己尊厳の獲得の先に進む時、どのような別の政治学が反差別運動の現場に生み出されるのだろうか。本章では、特にインドと日本における筆者の反差別運動をめぐる実践に目を向け、筆者が如何に仏教徒による不可触民解放運動の当事者性を拡張し、公正な社会の実現に参加しようと試みているのかを考えていく。

筆者は二〇〇一年から二〇一六年の間に合計二年間、インドのナーグプル市にある仏教徒（元不可触民）居住区に滞在し、仏教徒による不可触民解放運動についてフィールドワークを行なった。同市は「不可触民の父（バーバーサーヘブ）」と呼ばれるB・R・アンベードカル（一八九一－一九五六）が一九五六年に数十万人の元不可触民とともにヒンドゥー教から仏教へ集団改宗した場所である。(2) 一九六七年以降は、日本出身の仏教僧佐々井秀嶺（一九三五－）がアンベードカルの意思を引き継ぎ、現在までこの反差別運動を率いてきた。(3)

(1) 本章は、拙著『ポスト・アンベードカルの民族誌』（二〇一八）の一部を加筆修正したものである。

(2) 不可触民とされるマハールとして生まれたアンベードカルは、一九一三年から欧米に留学した後、一九二〇年代後半から不可触民解放運動を開始した。アンベードカルは、一九四七年のインド独立時には憲法起草委員長を務め、インド憲法にはカースト差別の禁止や不可触民制の廃止が定められた。

(3) 岡山県で生まれた佐々井は、一九六七年にインドのラージギルにおいて「八宗の祖師」龍樹（一五〇－二五〇頃）から「汝、南天龍宮城（龍＝ナーガ、都＝プル）へ行け」との使命を授かった。南天龍宮城がナーグプル市を意味すると考えた佐々井は、これ以降、五〇年にわたってナーグプル市にとどまった。一九九二年に開始した大菩提寺奪還運動など、アンベードカルの教えが持つ特徴の一つは、超自然的な神の力を「迷信」として否定し、ヒンドゥー教を「差別と迷信の宗教」、仏教を「平等と科学の宗教」と定義する点にある。この「差別と迷信のヒンドゥー教」から「平等と科学の仏教」への改宗を通じて、元不可触民は自己尊厳を獲得することが可能になる。ここでは、ヒンドゥー教徒という他者を否定することにより、仏教徒としての自己が肯定されており、この運動がアイデンティティ・ポリティクスの側面を持つことが理解できる。この時に設定されている「当事者」とは、「アンベードカルを支持する元不可触民の仏教徒」であると考えられる。

しかし、アンベードカルが一九二〇年代に開始した反差別運動の最終的な目標は、自己尊厳の獲得のみにあったわけではない。実際にアンベードカルが目指していたことは、「自由、平等、博愛の仏教」をインド全土に広めることでインド社会を作り直すことであったが、彼自身は一九五六年の集団改宗の一カ月半後に死去してしまう。これ以降、この反差別運動は暴力的で排他的な側面を強めていき、元不可触民のアイデンティティは「暴力、困惑、怒り」(Nagaraj 2011 : 212) という言葉で表現されるようになる。

それでは、この仏教徒による不可触民解放運動を研究対象とする筆者は、如何にアンベードカルが目指した公正で平等な社会の実現に参加できるのか。そこにあるのは、アイデンティティ・ポリティクスとは別のどのような政治学なのだろうか。

現在も佐々井は、現代インド仏教徒の宗教指導者として不可触民解放運動に取り組んでいる。

アイデンティティ・ポリティクス

不確実な世界における暴力的な対立

われわれはいま、どのような時代を生きているのだろうか。**グローバリゼーション**が進むなか、人や資本、技術、情報、観念が国境を越えて移動し、それぞれの生活現場では、家族や地域共同体がメンバーの生き方を決定する力を弱めてきた。国際組織の発展や多国間の経済連携が進むにしたがって、国家もまたこれまで果たしてきたものとは別の役割を担うようになっている（ギデンズ 一九九三：ベック 一九九八）。われわれは、「自分が誰であるか」という自己認識への承認を他者から獲得し、**アイデンティティ**（同一性）を安定させることを望んでいるが、必ずしも家族や地域共同体、国家が「自分が誰であるか」を保証してくれるわけではない。社会の流動化・不安定化が進行するにつれて、われわれは自らの手で「自分が誰であるか」を定義しなければならなくなっている（バウマン 二〇〇一：四二―四四）。

このようななか、不確実性にさらされた人々は、家族や地域共同体の代わりにNGOや犯罪組織、宗教団体など、国家と個人の間に位置する中間集団を創り出している（ハーヴェイ 一九九九：二三七―二三八）。そこでは、「自分が誰であるか」を排他的

（1） 例えば、特に一九九〇年代以降のインドでは、サング・パリワール（ヒンドゥー至上主義組織のファミリー）が進めるヒンドゥー・ナショナリズムが存在感を高めている。サング・パリワールは、ヒンドゥー教を唯一の卓越した宗教であるとし、ヒンドゥー教国家の建設を目指してきた。このサング・パリワールの一員であり、イスラーム教やキリスト教に排他的なインド人民党（ＢＪＰ）は、一九九六年、一九九八年から二〇〇四年、二〇一四年から二〇一八年現在まで、連邦議会で政権を獲得している。

（2） インディラー・ガーンディー首相は一九八四年、シク教武闘派を掃討するため、パンジャーブ州のアムリトサルにあるシク教の聖地ゴールデン・テンプルにインド軍を投入した。その四カ月後、インディラーが自らの護衛をしていたシク教徒に射殺された結果、デリーを中心に反シク暴動が発生し、千名以上のシク教徒

に決定し、所属場所を与える**アイデンティティ・ポリティクス**が存在感を増している。[1] 民族や宗教の間の違いを強調することで、狭義の当事者性を設定するアイデンティティ・ポリティクスは、グローバリゼーションとは関係のない時代錯誤的なものとは言えない。むしろこれは、流動化によって集団間の違いが見えづらくなるなかで、確実な差異を創出しようとする近代的な現象であると理解できる（Eriksen 2005：29 - 30）。

例えば、急速な経済発展が注目を集めるインドは、一九八〇年代に社会主義的計画経済から離れ始め、一九九〇年代には全領域的な経済自由化を開始した。この結果、国外に居住するインド人が増加し、国内に進出する多国籍企業が拡大するなど、グローバリゼーションが大きく進行した。このようななか、一九八四年にはマジョリティであるヒンドゥー教徒による反シク暴動[2]がデリーで起こった。一九九〇年代以降になると、ヒンドゥー教徒による反イスラーム暴動と大規模な虐殺が二度発生した。これらは、一九九二年にウッタル・プラデーシュ州で起きたアヨーディヤー事件[3]と、二〇〇二年のグジャラート州におけるゴードラー暴動[4]である。こういった排他的で暴力的な宗教間の対立は、インドにおいて**コミュナリズム問題**と呼ばれている。この問題の一側面は、不確実性によって生み出される不安を解消するため、マジョリティが罪のないマイノリティを暴力の標的にしているものと考えられるだろう。

「われわれが誰であるか」を排他的に決めるアイデンティティ・ポリティクスの動

が殺害されることになった。

（3） ヒンドゥー至上主義を掲げる民族奉仕団（RSS）を中心とするサング・パリワールは、一九八〇年代からビハール州アヨーディヤーのモスクを壊し、ラーマ誕生地寺院を建立する運動を展開した。その結果、一九九二年にヒンドゥー至上主義者が実際にモスクを破壊するに至り、さらにはヒンドゥー教徒による大規模な反イスラーム暴動に発展した。

（4） グジャラート州ゴードラーでは、ヒンドゥー至上主義組織サング・パリワールの一員であるインド人民党政権下にあった二〇〇二年、北インドのアヨーディヤーを巡礼したヒンドゥー教徒が乗った列車の車両で火災が発生し、多くの死傷者が出た。これをきっかけに大規模な反イスラーム暴動が起こり、多くのモスクが破壊され、千人以上の死者が出ることになった。

きが強まるなか、対話や調停による交渉の場を通じた新たな共生のあり方の創出を目指し、未来に向けてどのような世界を創り出すべきかについて複数の議論が行なわれてきた（ベック、ギデンズ、ラッシュ 一九九七）。こういった議論の必要性に賛同しつつ、人類学が行なうべきことの一つは、いま実際に存在する世界に目を向け、ボトムアップの視点から、そこにある自己と他者の交渉の場を描き出していくことであるだろう。

一九九〇年代以降、これらの暴動や虐殺を対象とする研究が相次いで発表されてきた。人類学者の研究としては、デリー暴動の生存者（遺族）であるシク教徒の女性や子どもの個人的経験と現地社会の規範との緊張関係を記述したヴィーナー・ダース（Das 1990）など、犠牲者や遺族の苦しみを描くことで被害者の視点を考察するものがある。

これに加え、暴動に参加した加害者の視点に焦点を合わせるかたちでも、複数の議論が行なわれてきた。例えばアヨーディヤー事件など、南アジアにおける暴動の比較研究を行なったスタンレー・タンバイア（Tambiah 1996）は、加害者が集合的暴力を通じて社会の格差を平準化することを目指すといった目的性や、集合的暴力が発生するプロセスの共通性を考察している。また、ゴードラー暴動を取り上げたパルヴィーズ・ガーセム＝ファシャンディー（Ghassem-Fachandi 2012）は、イスラーム教徒を「敵」として描くヒンドゥー至上主義組織の幻想を受け入れ、一般のヒンドゥー教徒が供犠と贖罪の論理に従って自発的にイスラーム教徒の大虐殺に加わったことを論じている。

これらの先行研究は、「暴動」と呼ばれるものが必ずしも感情に支配された非理性的なものではなく、特定の目的を持つ、組織化された**集合的暴力**であることを明らかにしてきた。そして、被害者の多くが本人とは直接関係のない理由で隣人などの手によって虐殺された点を議論してきた。

こういった暴力的対立の発生メカニズムを議論する上で着目すべき点の一つは、他者を否定する論理が現地に独自に存在する言説の裏側で働いていることである。江原由美子（一九八五）が論じるように、この他者否定の論理とは、加害者による**被害者の本質化（他者化）**であり、相手を自分たちと同じ社会や組織のメンバーとして認めないという「**排除行為**」と理解することができる。そこで排除する側は、自分たちよりも劣った価値を相手に与え、同じ社会を生きる一部の人々を否定的に表象する。同時に、被差別者より優れた本質を持った集団（「われわれ」）として排除する側が定義されることになる（江原 一九八五：八四：佐藤 二〇〇五：六五）。この他者化という排除行為を通じて、差別者と被差別者の間には、権力に差がある非対称的な関係性が創り出される。『**オリエンタリズム**』（サイード 一九九三）が明らかにしているように、排除する側が排除される側に与えた価値は、被差別者が持っている特徴などではなく、実際には差別者の内側に隠されている一部である[5]。しかし、マジョリティによ

（5） サイードによると、オリエンタリズムとは、ヨーロッパがオリエントを支配するためのヨーロッパ側の言説であり、「東洋」と「西洋」と名づけられるものの間に設定された存在論的・認識論的な区別を基礎とする。そこでは、東洋人の後進性に対するヨーロッパ人の優越が繰り返し主張されており、ヨーロッパ人は東洋人を排除することで権力と肯定的なアイデンティティを獲得できる（サイード 一九九三：二〇一－二一、三〇）。

るマイノリティの排除のように、現実の社会に存在する権力関係に沿うかたちで他者化が行なわれた場合、排除する側だけでなく、この社会における正しい認識として、排除される側にも受け入れられることになる。さらには、排除される側が具体性や個別性のないものとして「非人間化」されてしまうことで、排除する側は、虐殺などの残虐な行為を「非人間」に行なうものとして正当化できるようになってしまう(Tambian 1996 : 284)。

一九七八年の『オリエンタリズム』の出版以降、非西洋社会を主な対象としてきた人類学者は、これらの社会に変化しない本質が存在していると想定するオリエンタリスト的表象の解体に取り組んでいる。インドを対象とする研究に目を向けると、特にフランスの人類学者ルイ・デュモンが一九六六年に刊行した『ホモ・ヒエラルキクス』(二〇〇一)が、オリエンタリスト的にインド社会を表象するものとして批判的に取り上げられることが多い。この著作のなかでデュモンは、浄・不浄の対立を原理とした階層性がインド社会の本質であり、最も浄性の高いバラモンが頂点に位置する一方、最も不浄な不可触民が最下層にあると論じた。

これに対し、デュモン以降の人類学的研究は、現実としてのインド社会が相互補完的な一貫したものではないことを論じ、浄・不浄とは別のイデオロギーの存在を指摘している(Dirks 1987 ; Apffel-Marglin 1985)。また別の方向性として、デュモンのモデルが支配的イデオロギーに沿ったトップダウンの視点から被差別者の視点を隠蔽しているとと批判し、ボトムアップの視点に立つ重要性を強調するものも存在する(Deliège 1992：関根 一九九五)。

このように研究者がオリエンタリスト的表象を批判する一方、世界各地ではマジョリティがアイデンティティ・ポリティクスを用いてマイノリティを排除する動きが進んでいる。例えば、一九九〇年代以降のインドで影響力を大きく強めてきたヒンドゥー・ナショナリズム(ヒンドゥー至上主義)運動もその一つである。そこでは、インドにおいてマジョリティであるヒンドゥー教徒の一部が、マイノリティであるイスラーム教徒などを排除しながら、ヒンドゥー教国家の建設を目指している。

これに対し、それぞれの社会において排除されるマイノリティのなかにも、自分たちに権力を持つ側が与えた否定的なカテゴリーを自ら利用して、アイデンティティ・ポリティクスを展開する人々が存在する。つまり、アイデンティティ・ポリティクスは、マジョリティとマイノリティの双方から用いられることで勢いを増しており、これは特定の地域に限られない同時代的な現象と考えられる。

権力を持つ側によるアイデンティティ・ポリティクスが現状の権力関係を維持・強化するものであるのに対し、被差別者が取り組むアイデンティティ・ポリティクスは自分たちを排除する社会を変えようとする動きである。この被差別者によるアイデンティティ・ポリティクスの特徴の一つは、マジョリティから与えられた否定的なカテゴリーを自ら用い、その境界線自体は変更しないまま肯定的なものへ改変することで、自己尊厳の獲得を目指す点にある。ただし、アイデンティティへの肯定的な意味づけを生み出す上で、マイノリティは、その社会で自らを排除する支配的なイデオロギーを用いることはできない。そのためにマイノリティは、自分たちに有利に働く「歴史」を描き出す必要がある。

例えば、二十世紀前半にインドで不可触民解放運動を率いたアンベードカルは、「先住民であった仏教徒が、侵略者であるヒンドゥー教徒によって不可触民にされた」という「歴史」を記した。現在、アンベードカルを支持する元不可触民は、ヒンドゥー教から仏教への改宗が「自由、平等、博愛の仏教」という「元々の宗教に戻ること」であると主張している。元不可触民は、この改宗を通じて肯定的なアイデンティティを獲得できるが、そこでは「不可触民」というカテゴリー自体は否定されてはいないし、マジョリティであるカースト・ヒンドゥー側(6)が必ずしもこの「歴史」を認めているわけではない。

(6) バラモン・クシャトリヤ・ヴァイシャ・シュードラの四つのヴァルナのいずれかに所属するヒンドゥー教徒は、「カースト・ヒンドゥー」と呼ばれる。一方、この四つのヴァルナの外側に置かれた不可触民は、「アウト・カースト」とみなされてきた。「偉大なる魂」と呼ばれるM・K・ガーンディーは、このアウト・カーストを「ハリジャン（神の子）」と名づけた。

被差別者と人類学

差別に抗する、差別から逃れる

一九九〇年代以降、ラテンアメリカやアフリカを調査地とするものを中心に、被差別者によるアイデンティティ・ポリティクスを対象とする人類学的研究が数多く発表されてきた。これらの先行研究では、例えば「原始的な生活を営む先住民」や「環境と調和して暮らす先住民」など、マイノリティが支援を獲得するために欧米の政府やNGOのオリエンタリスト的な期待に応えるかたちで自分たちの生活を提示しようとする点が明らかにされている（Conklin 1997; Jackson 1995）。またジェイムズ・クリフォード（二〇〇三）が「マシュピーにおけるアイデンティティ」で論じたように、欧米出身の人類学者などが残した民族誌的な記録や人口調査の結果、考古学的資料を意図的に利用することで、マイノリティが自分たちに有利な「歴史」を証明し、土地などをめぐる法的な権利獲得を目指す点が議論されている。

ここで注意すべき点の一つは、被差別者が自分たちを取り巻く複雑な社会関係の影響を受けずに、自由なかたちでアイデンティティ・ポリティクスを選択できたわけではない点である。ドロシー・ホジソン（Hodgson 2002）も指摘するように、被差別者は、植民地主義や近代国家による支配、国内外のＮＧＯからの支援などが絡み合う権力関係の場で、さまざまな強制を受けながらアイデンティティ・ポリティクスを選ぶに至っている。言い換えれば、被差別者が生きている複雑な歴史的・社会的な文脈を検討し、なぜ特定の被差別者の集団がアイデンティティ・ポリティクスを選択したのかという基本的な問いに立ち戻ることが、研究者には求められている。

アイデンティティ・ポリティクスを選択することで被差別者が直面するジレンマについても、これまでライラ・アブー＝ルゴド（Abu-lughod 1991）やシェリー・オートナー（Ortner 1995）、松田素二（二〇〇九）といった人類学者が詳細に議論してきた。マジョリティとマイノリティの関係性について言えば、排除する側も排除される側も相互に排他的なカテゴリーを用いるため、実際に両者の間に存在している関わりが忘れ去られ、両者の間の分断線に沿って暴力的な対立が生まれる。これに加え、差別者にしても被差別者にしても、それぞれに変わらない本質があると考えた場合、両者が時間のなかで変化する点が無視され、相互理解に至る可能性が否定される。

マイノリティ集団内部に目を向ければ、実際には被差別者というカテゴリーのなかにも多様な人々が存在するが、アイデンティティ・ポリティクスは被差別者自身が設定した本質を守るように強制するため、そこから外れる人が「よそ者」として排除される。またマイノリティが特定の伝統を自分たちの本質と決め、この伝統を起点としてアイデンティティ・ポリティクスを展開した場合、この伝統がもたらす既存の差別が被差別者のなかで維持・強化されてしまう。

現代インドに目を向けると、反差別運動の文脈で頻繁に言及されるのは、「偉大なる魂」や「インド独立の父」と呼ばれるＭ・Ｋ・ガーンディー（一八六九－一九四八）と、インド憲法に「不可触民制の廃止」を定めたアンベードカルの思想と実践である。両者はともに、当時のインドを植民地支配していたイギリスに留学し、弁護士の資格を得た後、インドの独立運動期に類い希なる指導者となった。

生活世界の卓越した哲学者ガーンディーは、科学的推論よりも直感的確信を優先し、ポスト啓蒙主義の主題とは完全に矛盾する立場に立った（Chatterjee 1999：96‐97）。不可触民として生まれなかったガーンディーは、自己と他者を分割できない伝統的なインドのモードを選択し、差別者と被差別者の相互作用を通じてカースト・ヒンドゥーが道徳的責任に目覚める**自己浄化**を主張した。この反差別の論理では、生活世界におけるカースト・ヒンドゥーと元不可触民の関係性が尊重されながらも、被差別状況にある元不可触民が受動的な傍観者となってしまう（Nagaraj 2011：78‐79）。

他方、科学的合理性や人間の理性を信頼する真のモダニストと呼ばれたアンベードカル（Chatterjee 2004：9）は、近代的な西洋のモードを選択し、被差別者自身による**自己尊厳**の獲得を目指した（Nagaraj 2011：78‐79）。不可触民として生まれたアンベードカルは、一九三五年にヒンドゥー教からの改宗を宣言し、最終的には数十万人の元不可触民とともに仏教へ集団改宗した。特に一九三五年の棄教宣言以降、アンベードカルの著作や演説は、元不可触民とカースト・ヒンドゥーを明確に分離するイデオロギーを提示しており、一九九〇年代以降に隆盛するアイデンティティ・ポリティクスの方向性をすでに含んでいた。現在のインドでは、この元不可触民とカースト・ヒンドゥーの分離が暴力的対立を生み出す要因の一つとされている。

この二人の指導者のモデルは、両者がともに有用な側面を持ちつつも、現代インドの反差別運動では相反するものとして対立関係にあると考えられており、必ずしも両者の利点を活用するかたちで相互補完的に統合されたモデルは生み出されてはいない(Nagaraj 2011 : 57, 140, 161)[1]。

被差別者のアイデンティティ・ポリティクスは、それぞれの運動が集団としての独自のイデオロギーを創り出すものであり、ミシェル・ド・セルトーの言葉を借りると、周囲の社会関係から切り離された自らの場所を前提とする「**戦略**」としての側面を持っている。これと同時に被差別者は、この反差別運動の陰で見えづらくなってはいるものの、自分のものを持たない者が他者の場所で監視下におかれながらも何かの隙を見つけてその機会を利用する「**戦術**」(ド・セルトー 一九八七)や「弱者の武器」(Scott 1985)、「統治される者の政治学」(Chatterjee 2004)も用いている。これらは差別への抵抗と言うよりもむしろ、押しつけられたものから何とか逃れようとする試行錯誤である。

例えば、インドを調査地とする人類学的研究のなかには元不可触民のライフ・ヒス

(1) D・R・ナーガラージュ(Nagaraj)は、インドのカルナータカ州でアンベードカル支持者(アンベードカライト)が実施した「私たちの手から水を飲んでください」というプロジェクトの存在を指摘している。ナーガラージュによると、これは元不可触民の活動家がカースト・ヒンドゥーに飲料水を配布するものであり、差別者と被差別者の相互作用を通じて差別者が道徳的責任に目覚めるモデルと、被差別者が自らの手で自己尊厳を獲得するモデルを統合するものである(Nagaraj 2011 : 78 - 80)。

トリーを収集した民族誌（Freeman 1979）があることに加え、シャランクマール・リンバーレー（Limbale 2003）など、インドのダリト文学[2]として被差別者自身の手による自叙伝などが数多く発表されてきた。ここでは、元不可触民が反差別運動の必要性に目覚め、アイデンティティ・ポリティクスに参加するプロセスが記述されているだけでなく、元不可触民がそれぞれの生活現場で複数の他者と交渉しながら被差別状況を戦術的に生き抜く姿が描かれている。これらの先行研究から、アイデンティティ・ポリティクスに取り組む人々を研究対象とする際には、エリートの発言が被差別者全体を代表していると考えるのではなく、このエリートの声に隠されがちな被差別者の生活現場の視点も取り入れる必要がある点を理解できる。

これに加え、被差別者によるアイデンティティ・ポリティクスを対象とする研究者が抱える難しさも指摘されてきた。例えば、被差別者のアイデンティティ・ポリティクスに自らを同一化し過ぎた研究者は、指導者の意見を被差別者全体のものと誤認し、この意見からずれている被差別者の考えを隠蔽してしまう。これとは逆に、オリエンタリズム批判の立場から特定の社会に変わらない本質があることを否定した場合、研究者は、現状の社会関係を変えようとする被差別者のアイデンティティ・ポリティクスもまた現実を反映しない「偽物」と非難しなければならなくなってしまう。チャールズ・ヘイル（Hale 2006）も指摘するように、マイノリティが選ぶ本質主義と研究者による構築主義は、どちらが正しいのかを簡単に決定できるものではなく、

（2）「ダリト」とは「抑圧された者たち」を意味し、主に元不可触民が「不可触民」に変わって自らに使用する名称である。ダリト文学とは、被差別状況のなかで教育の機会を限定されてきたことに抗いながら、ダリト自身が残してきた自伝や詩、小説などを指す言葉である。

むしろこの緊張関係こそが社会運動や先住民性をめぐる議論において複数の理論的もしくは方法論的な展開を生み出してきた。

例えば、ジュディス・バトラーは、「女」というカテゴリーの一貫性や統一性に固執せず、カテゴリーの中身を事前に定めないことで、さまざまな立場の女が予測なく集合して各自のアイデンティティを表明できると提案する。バトラーは、これを「とりあえずの（創発的）連帯」と呼ぶ。この連帯は、相違や亀裂、分裂、断片化を民主化の過程として受け入れるため、カテゴリーは多様な意味が永続的に競合できる場所となる（バトラー 一九九九：四一－四三）。また、ナンシー・フレーザーは、富の平等な配分により差異を解消する再配分の政治と、特定の集団の差異を肯定する承認の政治を統合するために「パースペクティヴ的二元論」を提案している。フレーザーによると、参加の平等は、この二つの政治を含む広範な枠組みであり、これを規範的な原理として肯定的是正を積み重ね、基盤となる社会構造の変革に繋げることができる[3]（フレーザー 二〇一二：四二－四三、七二－七六、九四－一〇〇）。

この他にも研究者と被差別者の関係性をめぐる複数の議論が存在する。例えば、G・C・スピヴァクは、研究者が理論的な正しさを顧みずに本質主義を意図的に選ぶ戦略的本質主義について論じている（スピヴァク 一九九二）。また、ヘイルは、現地の運動組織と政治的に連帯し、活動家と議論しながら研究を進める「アクティヴィスト・リサーチ」を実践してきた（Hale 2006）。

（3） フレーザーは、パースペクティヴ的二元論の核心に「参加の平等」があると指摘している。フレーザーによると、参加の平等を実現するには、物質的資源の配分を通じて参加者の自立と発言を保証する（再配分の政治）と同時に、そこにある文化的価値規則によって参加者に等しい尊敬と機会が与えられることを保証しなければならない（承認の政治）（フレーザー 二〇一二：四三）。

生活世界の声

動態的で輻輳的なそれぞれ

アイデンティティ・ポリティクスの指導者の発言だけでなく、それによって隠蔽されている生活現場の声に耳を傾けるためには、前川（二〇〇四）も議論するように、**アイデンティティ・ポリティクス**のレベルと**生活世界の論理**のレベルを区分することが求められる。これにより、アイデンティティ・ポリティクスに取り組む被差別者集団の内部が多様であることに加え、被差別者それぞれもまた均質ではなく変化のプロセスのなかにあることを明らかにできる。

二つのレベルを分けるための分析視点の一つは、それぞれのレベルで共同体を想像する方法に違いがある点に注目することである。アイデンティティ・ポリティクスの基盤となる共同体は、近代に特徴的な**国民的な同一性**の論理を基礎とするものと言える。酒井直樹が指摘するとおり、他国を内部が均質なまとまった存在と考えることで、その他国とは分離された一枚岩的な存在として「日本」を認識できる（酒井 一九九四：八－九）。そこでは国と国の間に明確な境界線が引かれている。ベネディクト・アンダーソン（一九九七）が述べるように、それぞれは、分割できない排他的な統一体である「**想像の共同体**」の一部分として自分自分を考えるようになる。この国民的な同一性の論理を持てば、他のほとんどの「日本人」に会った経験がなくとも、自分と同じ「日本」に所属する他の「日本人」の存在を想像することができる。

一方、酒井が述べるように、われわれは、生活世界において他者と交渉するなかで**関係性による同一性**も形成している。例えば、自分が「弟」であることは、兄と弟の関係性のなかで獲得できる同一性である。同様に、親と子の関係性における親、姉と妹の関係性における妹など、関係性による同一性はいくつも例示することが可能である。また、それぞれは、自分の子の親であると同時に自分の親の子であったり、姉であると同時に妹であったりすることもできる（酒井 一九九四：九）。もし「自分の親の子」であると考えている人が自分の親からそのような扱いをされなければ、自分の認識と他者からの承認が一致せず、**アイデンティティ・クライシス**に陥ってしまうだろう。この論理を基礎として想像される人間関係のあり方は、対面関係の網の目であり、自分のものと同じものが他に存在することはない。これはまた、兄である人が自分の弟だけでなく弟の妻や弟の妻の親へ繋がることができるなど、その人を中心に伸び縮みするネットワークである。このように、関係性による同一性の論理を基礎とする共同体は、水平的に拡張し続ける対面関係の網の目であり、われわれは各自に固有の網の目において一つの結び目となる。

これらの同一性の論理に加え、アイデンティティ・ポリティクスと生活世界の論理のレベルを区分する上で、文化を構築するやり方の間にある差異にも着目することができる。

アイデンティティ・ポリティクスを率いる指導者は、自分たちに肯定的なアイデンティティを与えるイデオロギーとしての「歴史」を描き、これらを実体化する名前や旗、英雄の銅像、祝祭、儀礼などの伝統を創り出している。指導者たちは、自分たちの「歴史」が正しいものであることを民族誌的記録や考古学的資料を用いて証明し、自らのコミュニティの尊厳を高めようとする。つまり、アイデンティティ・ポリティクスでは、それぞれの文化が意識的に操作できる対象と考えられており、エリートたちは、生活世界から切り離された自分たちのイデオロギーに基づいて意図的に伝統を創り出す（前川 二〇〇四：一〇〇―一〇三）。この「**創られた伝統**」（ホブズボウム、レンジャー 一九九二）とは、発明された日時を特定できるくらいの近い過去に生み出されたものであり、この伝統が描き出す現在と過去との歴史的な繋がりのほとんどが想像されたものとされる。この伝統をエリートたちが発明する主要な目的の一つは、分割できない統一体としての共同体への所属意識を高め、メンバーの連帯を強化することにある（ホブズボウム 一九九二：九―一〇、二〇）。

これに対し、日常生活のレベルでわれわれは、生活現場から独立した運動のイデオロギーを参照するのではなく、生活現場に**慣習的に根づいてきた論理**を基礎として物事を理解している。ロイ・ワグナーが指摘するように、それぞれは日常生活において、もともと持っていた枠組みを利用して新たに登場した事物に意味を与え、より受け身のかたちで自分たちが理解できるものへと読み換えることになる。これにより、現在と過去との歴史的な繋がりが維持される。同時にそれぞれは、新たな事物を既存のものと区別できる別の文化として取り込もうとするため、生活世界に維持されてきた慣習的な意味づけの枠組みも無意識的なかたちで変化していく(前川 二〇〇四:一〇六‐一〇七;ワグナー 二〇〇〇:三二。ワグナーの理論については、本書序章と1章を参照のこと)。

例えば、**改宗**に目を向けてみたい。アイデンティティ・ポリティクスに依拠する宗教復興運動などでは、宗教間に明確な境界線が引かれている。そのために改宗は、明確に区別された宗教と宗教の間を飛び移ることを意味することになる。一方、生活世界の現場にある改宗とは、もともとの宗教のコスモロジーで改宗先の宗教を理解するものであるため、改宗後の宗教と改宗前の宗教との繋がりが維持され、文化的な記憶が継承される[(1)]。これに加え、改宗者は、二つの宗教を区別しようとするため、各自の意味づけの枠組みのなかでは二つの宗教が別のものとして位置づけられることになる。そして改宗後の宗教をより深く学べば学ぶほど、それぞれのなかで二つの宗教は明確に区別されていく。このようなプロセスを経て、日常生活で維持されてきた慣習的な意味づけの枠組みは、徐々に変化することになる。

二つの同一性の論理と文化の構築の方法を分析の視点として、アイデンティティ・

(1) 改宗における文化的記憶の継承については、ヴィヴェイロス・デ・カストロの優れた論考が存在する。ヴィヴェイロス・デ・カストロによると、十六世紀にヨーロッパからブラジルに来た宣教師の目には、改宗を求める現地のトゥピナンバ族が非常に「気まぐれなもの」として映った。この「気まぐれさ」は、トゥピナンバたちがキリスト教への改宗においても、現地の信念にある「服従の不在」(ヴィヴェイロス・デ・カストロ 二〇一五a:六〇)に忠実であったことを理由としている。

ポリティクスと生活世界の論理のレベルを区分することで、研究者は、被差別者それぞれが変化していく**動態性**を考察できるようになる。例えば、生活世界で対面関係の網の目に所属していた人が、アイデンティティ・ポリティクスの影響を受けたことで排他的な共同体に所属する活動家になるプロセスを明らかにすることが可能になる。逆にアイデンティティ・ポリティクスに積極的に取り組んでいた活動家が、生活世界における対面関係の網の目に引き込まれ、活動家をやめる場合もあるだろう。

これに加えて、研究者は二つのレベルの区分を用いることで、被差別者それぞれの内部が複雑に重なり合う**輻輳性**も考察することができる。例えば、活動家がアイデンティティ・ポリティクスのイデオロギーに沿って改宗前の宗教と改宗後の宗教を明確に区別しつつ、別の場面では改宗前の宗教の論理から改宗後の宗教の論理を理解することも考えられる。また、被差別者が排他的な共同体と対面関係の網の目の両者に同時に所属することもあるだろう。

さらに、アイデンティティ・ポリティクスが生み出す暴力的な対立の乗り越えについて検討する上で、二つのレベルを区別することは重要な示唆を与えてくれる。暴力的対立の要因の一つは、加害者が「われわれ」と「よそ者」という排他的なカテゴリーを創り出すことにある。このことから、排他的な対立を克服する方法を考えるには、特に加害者が「よそ者」というカテゴリーを創り出す際に否定したものに目を向け、排他的なカテゴリーを加害者自身が解体するプロセスを明らかにする必要がある。この加害者が否定したものの一つは、複数の人々が複雑にかかわりながら暮らしている**生活世界**の存在である。

アイデンティティ・ポリティクスの参加者は、運動のイデオロギーを体現するように自分自身を作り直していくため、そこでは到達すべき完成形を想定することができる。一方、生活の現場では、それぞれが他者との交渉を通じて変容していくため、最終的なゴールが明らかではない。特に生活世界における対面的な二者関係では、排除される者が完全には排除され得ない者として姿を現わすため（佐藤 一九九〇：八六）、排除する側は、自分たちが同一化を目指すイデオロギーに従うだけではなく、この共同体のイデオロギーに疑問を付する他者の声を聴くかどうかを求められることになる（屋嘉比 二〇〇九：四九）。この生活の現場にある**他者の声**とは、アイデンティティ・ポリティクスが「われわれ」と「よそ者」の間に明確な境界線を引くために、隠蔽しようとするものである。例えばそれは、排除する側と排除される側が共有している歴史的な繋がり、文化的な記憶、日常的な苦悩などであるだろう。

寛容の論理

平凡であるが過剰でもあり、複数化や動態性にかかわるとされる**生活世界の論理**とは、どのようなものと理解できるだろうか。このことについて、インドの政治学者や文化批評家は複数の議論を展開してきた。例えばアーシィーシュ・ナンディー（Nandy）は、政治的で社会経済的な利益を手に入れるために国家の内側や国境を越えて人々を分類する宗教を「イデオロギーとしての宗教」と呼ぶ。同時にこれと区別するかたちで、一枚岩的ではなく複数形で用いられる日常的な生活様式としての宗教を「信仰としての宗教」と名づけている（Nandy 1990：70）。アイデンティティ・ポリティクスに依拠する宗教復興運動などは、このイデオロギーとしての宗教の特徴を持つものと言えるだろう。

同じくD・R・ナーガラージュ（Nagaraj）によると、「ヒンドゥー・ナショナリズム」は一人のヒンドゥー教の神しか認めず、その神を歴史のなかに位置づけ、単一の解釈のみを許し、理想的な国家の象徴にする。他方、「フォーク・イマジネーション」は、神を歴史的な事実から切り離し、別々なものとされる宗教的な場所や像を混ぜ合わせる。つまり、そこでは一人の神を複数化することを認め、一つの意味を絶対的なものとする解釈から逃れようとする（Nagaraj 2014 : 252-253, 256）。

また南アジアを研究対象とする日本の人類学者の間でも、単一の権威や階層性とは別の生活世界の論理に目を向けた研究が行なわれてきた。例えば関根康正は、バラモン教の聖典ヴェーダの権威やバラモンの階級的な優位性を認める立場から見た世界像を「「正統ヒンドゥー教」的解釈地平」と呼ぶ。一方、神への絶対的な帰依を特徴とする現世肯定的で情緒的なバクティ信仰[1]に具体的に示されている視点を「「庶民ヒンドゥー教」的解釈地平」とする（関根 二〇〇六：一三三－一三四）。後者は、前者の周辺部分に生まれ、時に覆い隠されているものである。

同様に、内山田康によると、「階層的に差異化する存在の静態的ロジック」とは、高位の神とその分身とされる低位の神の本性を、もともと答えが決まっている階層性の原理でとらえるものである。これに対し「変態する存在の動態的ロジック」では、一人の人格の内側に含まれる差異を連続性のなかで外部に現わしたものが分身とされる。言い換えれば、階層性の原理とは異なり、この動態的ロジックにおいては、単一の人格のなかに複数の存在者が表面に現われないかたちで隠されている（内山田 二〇一一：五三、六〇－六一。人格をめぐる議論については、本書1章を参照）。

この信仰としての宗教やフォーク・イマジネーション、「庶民ヒンドゥー教」的解釈地平、変態する存在の動態的ロジックと表現される生活世界の論理のなかからこ

（1）「信愛」と訳されるバクティは、ヒンドゥー教の信仰形態の一つであり、何ものにも制限されることなく神へ自らを捧げることを特徴とする。例えば、マハーラーシュトラ地方のバクティ派の聖賢詩人チョーカーメラーは、ヒンドゥー教の神ヴィトーバーの信者（バクタ）であり、十三世紀後半から十四世紀前半を生きた人物である。チョーカーメラーは、不可触民とされるマハールであり、浄・不浄イデオロギーや不可触民制を批判する詩を数多く残した。

そ、「**寛容**」が立ち現われるのであり、われわれはこの寛容の論理を通じて共同体のイデオロギーに反する他者の声を聴くことが可能になる。

この寛容のあり方を理解するためには、ドゥルーズとガタリが論じた樹木（ツリー）状のシステムと根茎（リゾーム）状のシステムの区別を参考にすることができる。**ツリー状のシステム**とは、中心化・統一化するものであり、それぞれの関係性は、「血統」もしくは「出自」の論理で説明される。そこで各自は、「支配する者と支配される者の非対称的な関係」のなかに階層的に配置され、それぞれの経験は「過去－現在－未来の時間系列」に沿って秩序づけられることになる（中沢 二〇一〇：六八九、七三五）。他方、**リゾーム状のシステム**は、反序列的で反系譜学的なものであり、ここでは「同盟」もしくは「縁組（アフィニテ）」の論理が作動する（ドゥルーズ、ガタリ 一九九四：一五－三九）。これは、「中心のない網状のシステム」であり、「階層性や他のいかなるタイプの超越的統一化にも抗うようなシステム」とされる（ヴィヴェイロス・デ・カストロ 二〇一五b：一三九－一四二）。

生活世界から立ち上がる**寛容の論理**に共通する特徴の一つは、同じ種類のもの同士ではなく、ある種類のものが別の種類とされるものと結びつく点にある。このことから考えると、生活世界の寛容の論理は、ツリー状のシステムというよりも、同盟や縁組を特徴とするリゾーム状のシステムと言えるだろう。それでは同盟や縁組において、異種とされるもの同士は、どのような関係性にあるのだろうか。

この**異種のもの同士の繋がり方**について、ダナ・ハラウェイの議論から多くを学ぶことができる。ハラウェイによると、機械と生物という別々の種類の合成物である**サイボーグ**は、同一性の論理ではなく、「類縁性（アフィニティ）」（もしくは親和力）の論理によってひとまとまりになる方法論を示している。サイボーグは、アイデンティティ・ポリティクスとは異なり、見た目の良い不分割の統一体を目指すようなことはせず、機械と生物がそれぞれの部分としての特徴を残したまま、それぞれの選択によって相手との関係を結ぶ方法を提示している。サイボーグ政治学とは、雑音や汚染を褒め称えながら、動物と機械の密通を十分に楽しみ、あらゆる意味を一気に翻訳し尽くそうとする唯一のコードに立ち向かう闘争と定義されている（ハラウェイ 二〇〇一：三三五、四六－四八、一〇三）。

また、ハラウェイを引用するマリリン・ストラザーンによると、サイボーグをめぐる議論の要点は、機械と生物の同一性や類似性ではなく、両者の差異に目を向けることで、異なる起源を持つ両者が協働で作業する方法を学ぼうとする点にある。機械と生物が結びつくサイボーグは、一つでは少なすぎるが、二つでは多すぎる存在である。そこでは比較可能性や等質性を前提とする共存可能性ではなく、比較可能性なき共存可能性、もしくは、**等質性なき共存可能性**が提示されている（ストラザーン 二〇一五：一二八、一三一－一三四）。この等質性なき共存可能性、つまり、ツリー状のシステムでは異なる種類とされる者同士の繋がりこそが、生活世界から立ち上がる寛容

の論理における関係性のあり方と言えるだろう。(2)

被差別者を代弁することの難しさを視野に入れながら、アイデンティティ・ポリティクスが定めたカテゴリーの外側にいる人は、この反差別運動が目指す公正で平等な社会を作り上げることに、どのように参加できるのか。そもそも「自分が何者であるか」というアイデンティティは、それぞれの行為の出発点として前もって存在するものではない。例えば、バトラーの『ジェンダー・トラブル』によると、首尾一貫したジェンダーの核があると考えることは、生殖的な異性愛という義務的枠組みのなかでセクシャリティを規定するための幻想である。実際には**ジェンダー**とは、言説手段によって捏造された偽造物に過ぎず、その意味で恣意的でパフォーマティヴなものである。そのため、「男」と「女」の二元論を前提とする法の次元の内側でパロディ的な反復実践を行なうことで、それまでのジェンダー規範では予期できない組み合わせを数限りなく生産することができる。バトラーは、これを「攪乱的な反復」と呼んでいる(バトラー 一九九九:一七一、二四〇、二四五、二四八、二五八)。

同様にポール・ギルロイの『ブラック・アトランティック』は、起源や根づくことよりも、中間航路を経験した黒人の転地/居場所喪失や再定位/移住にかかわる経路に着目し、これらの経験を指し示す「黒い大西洋」の政治文化が、近代性の内側にいると同時に完全には部内者ではないという二重意識を特徴に持つとする。黒人の音楽文化が内包する借用、転地、変容、たえまない変奏の歴史に示されているように「黒

(2) サイボーグ、もしくは、等質性なき共存可能性については、断片をめぐるディペシュ・チャクラバルティ(一九九六)の議論も参考になる。チャクラバルティは、暗黙の全体を想定する断片(他の断片と結びつくことで全体を作り上げる断片)ではなく、いかなる全体も想定しない断片(他の断片と断片のまま繋がる断片)について論じている(チャクラバルティ 一九九六:一〇〇-一〇一)。

人性」というアイデンティティは、自己創造的な、「変わってゆく同じもの」である（ギルロイ二〇〇六：一一七、一三九、二〇〇、二四〇、二六一）。

このようにアイデンティティとは、繰り返される実践を通じて固定化される。それと同時に、複数の言説の内側での反復実践となるため、「自分が何者であるか」を固定化しようとするなかでも、これらの言説の影響を受け、「自分が何者であるか」はずれを含んでいく。つまり、アイデンティティ・ポリティクスの「当事者」カテゴリーの外側にいる者は、アイデンティティ・ポリティクスの指導者が語るような被差別の経験だけではなく、運動のイデオロギーに隠蔽されがちな生活世界の現場の経験にも耳を傾けることで、自らのアイデンティティをずらしていくことが可能である。

この際に、われわれは、必ずしもツリー状のシステムのみに依拠する必要はなく、リゾーム状のシステムを用いて生活現場の他者の声を聴くこともできる。言い換えれば、排他的な「当事者」カテゴリーの外部にいる者は、リゾーム状のシステムを通じて、歴史的な繋がりや文化的な記憶、日常的な苦悩など、実際にはカテゴリーの内側にいる「当事者」と共有している経験を発見することが可能である。もしこの時に異なる種類とされるもの同士が結びつく政治学が現われるなら、それはアイデンティティ・ポリティクスとは別のリゾーム状のシステムを基礎とする政治学と呼ぶことができるだろう。

生成変化の政治学

当事者性を拡張する

「誰が当事者であるか」という定義を拡張する際、アイデンティティ・ポリティクスが定めるカテゴリーから外れる人は、その内側に含まれる被差別の「当事者」と同じものになるわけでも、その「当事者」である被差別者を模倣するわけでもない。ドゥルーズとガタリを参考にすると、蘭から食料を調達する雀蜂と雀蜂を用いて生殖する蘭の**縁組**（ドゥルーズ、ガタリ 一九九四：三三八）のように、狭義のカテゴリーの外側に置かれた人は、被差別の「当事者」と二人一組の同盟を組み、それぞれが別々の動きをしながらも一緒に働くことができる。このプロセスのなかで、カテゴリーの外側にいる人も内側にいる人も、それまでの自分自身のあり方（「私は〇〇である」）を決めてきた歴史的条件から脱け出し、別のものへと**生成変化**することになる（箭内 二〇〇二：二一五−二一六）。

同様にハラウェイによると、それぞれは権力や知識や道徳に満たされた場所において、相手と一緒に食卓を囲んで食事をする仲間となるが、サイボーグにおける生物と機械の関係性が示すように、両者は相手の真似をするわけではない。それぞれにとって相手は、何かを分かち合いながら今までとは別の自分に生成変化するための工作機械である（ハラウェイ 二〇一三b：九八、一一五、二〇九、二五一、三一〇）。「自分が何者になるか」は、複数の言説の内側で、別の種類とされながらも一緒に働く他者との協働作業を通じて常に実現されるものであり、このプロセスのなかで特定の時点を切り取った際に「自分が何者であるか」は発見される。

ここで重要なことは、対立関係にある二つのモデルとしてツリー状とリゾーム状のシステムを単純に分離しておくことではない。「**リゾーム状になる**」ということは、ツリー状のシステムのなかにリゾーム状のシステムが結びつき、ツリー状のシステムとは別のものを生み出すことを意味している（ドゥルーズ、ガタリ 一九九四：二七－二八、三三）。二つのシステムの関係性については本書終章を参照）。例えば、それは、イデオロギーとしての宗教のなかに信仰としての宗教が入り込み、ヒンドゥー・ナショナリズムのなかにフォーク・イマジネーションが侵入し、前者を後者がずらすことで別のものを産出していくことと言えるだろう。

当事者性に議論を向ければ、狭義の当事者性を拡張するとは、アイデンティティ・ポリティクスが設定する「当事者」のなかに、この定義から外れる者が入り込み、それぞれが相手を作り替える工作機械として結びつき、これまでとは別のものになる生成変化のブロックを形成することを意味している。このように血統のなかに同盟が、共同体のイデオロギーに他者の声が、アイデンティティ・ポリティクスのなかに生活世界の寛容の論理が入り込み、ツリー状の政治学をずらし、これとは別の**リゾーム状の政治学**が生み出される。この動きを「**生成変化の政治学**」（ドゥルーズ、ガタリ 一九九四：二八五）と呼ぶことができるだろう。

二〇一七年六月二五日、筆者は他の三名の研究者と、東京の真言宗真成院で「佐々井秀嶺師との対話」を主催した。[1] この対話会には約九〇名の一般参加があり、三社のメディア（ＮＨＫ、中外日報社、仏教タイムス社）が取材を行なった。この対話会では、まず、ドキュメンタリー作家が映像を用いてインドでの佐々井の活動を紹介した後、佐々井と研究者との質疑応答が行なわれた（図1）。この質疑応答のなかで筆者は、病気や悩みを解決するため、仏教徒だけでなく他宗教の信者も佐々井の部屋を訪れ、佐々井から祝福（もしくは恩寵）を受け取っている点について質問をした。それは、アンベードカルの教えが超自然的な力を「迷信」として否定しているにもかかわらず、佐々井がこれを肯定している点について一般参加者の前で指摘したことになる。これに対する佐々井の回答は、六月三〇日発行の『中外日報』に次のように記されている。「佐々井氏は「寺には仏教徒だけでなくジャイナ教徒もキリスト教徒もヒンズー教徒も悩みを相談に来る。彼らの号泣は私の号泣だ。同体大悲を分からずして菩薩道はあり得ない」などと話した」（『中外日報』二〇一七）。

ここで筆者はなぜ、仏教徒に祝福を与えている点や他宗教信者の存在を肯定している点など、指導者である佐々井自身が不可触民解放運動のイデオロギーに反する実践

（1） この対話会を主催した「Ｂ・Ｒ・アンベードカル及びエンゲイジド・ブッディズム研究会」の詳細については、関根康正・根本達・志賀浄邦・鈴木晋介『社会苦に挑む南アジアの仏教』（二〇一六）を参照のこと。

図1 佐々井との対話会を進める筆者（左端）（二〇一七年六月二五日、麻田玲撮影）

を行なっていることを指摘するような質問をしたのだろうか。

調査地のナーグプル市が人口約二四一万人の広大な都市であるため、筆者のフィールドワークはいくつかの場所を移動するかたちで行なわれた。そのうちの主要な二つの場所は、活動家が運営する複数の仏教徒組織と、仏教徒が改宗前から生活する一地区（元不可触民居住区）であった。筆者はアンベードカルが残した著作や演説を読み、活動家の意見を聞き、活動家の取り組みを目にすることで、反差別運動のイデオロギーを学んだ。これにより、現地におけるアンベードカル支持者の振舞いを知った。筆者は、仏教徒集会でスピーチを行なったり、抗議デモに参加したりするなかで、元不可触民に対する差別や超自然的な神の力への信仰を批判するアンベードカルの教えを繰り返し実践に移していった（図2）。これらを通じて筆者は、「日本出身のアンベードカル支持者」として他の活動家から認められることになった。

これと同時に、筆者は元不可触民居住区で暮らす仏教徒の家で、毎日のように紅茶を飲み、夕食を取り、他の家族の悩みを聞いてきた。また、仏教の儀礼だけでなく、健康や経済的な豊かさを求める家族が、ヒンドゥー教の神や聖人から超自然的な力を受け取る儀礼にも何度も参加した（図3）。このような仏教徒は、特に活動家から「半仏教徒・半ヒンドゥー教徒」という蔑称で呼ばれる。仏教徒居住区での対面的な関係性を通じて、筆者は現地における家族の振舞いを理解した。日々の些細な喜びや苦しみを共有する家族としての実践を反復することを通じて、筆者は、「息子」や「兄」

図2　仏教の祝祭でスピーチをする筆者（左から二人目）（二〇一七年九月二九日、亀井佑二撮影）

や「弟」や「おじ」などと呼ばれ、「「半仏教徒・半ヒンドゥー教徒」家族の一人」として周りから認識されていった。

フィールドワークを通じて筆者は、共同体において正統とされるイデオロギーを仏教徒組織で学ぶだけでなく、元不可触民居住区でアイデンティティ・ポリティクスのイデオロギーに反する他者の声を聴くことができた。これにより筆者は、「日本出身のアンベードカル支持者」として超自然的な力を否定すると同時に、「「半仏教徒・半ヒンドゥー教徒」の家族の一人」として超自然的な力を受け取るという矛盾を抱えるようになった。つまり筆者は、フィールドワークを通じて、それまでの自分とは別のものへ生成変化し、「自分が誰であるか」という自己認識を変容させていった。

実際に筆者は、「日本出身のアンベードカル支持者」として、「半仏教徒・半ヒンドゥー教徒」が「迷信」を信じていることを批判しながら、「「半仏教徒・半ヒンドゥー教徒」家族の一人」として、アンベードカルを支持する活動家たちが他宗教に排他的である点に不満を抱いていた。そのため、活動家と一緒にいる時にたまたま「半仏教徒・半ヒンドゥー教徒」の家族に出会ったり、またその逆の場面になったりした際、筆者は自分がどのように振る舞えばよいのかが分からなくなり、何度か気まずい思いをすることになった。実はこのことは、筆者に限らず、現地の活動家や「半仏教徒・半ヒンドゥー教徒」にとっても同じであった。両者とも反差別運動のイデオロギーに引き寄せられながら、自分の家族や友人が暮らす生活世界の現場からも離れ

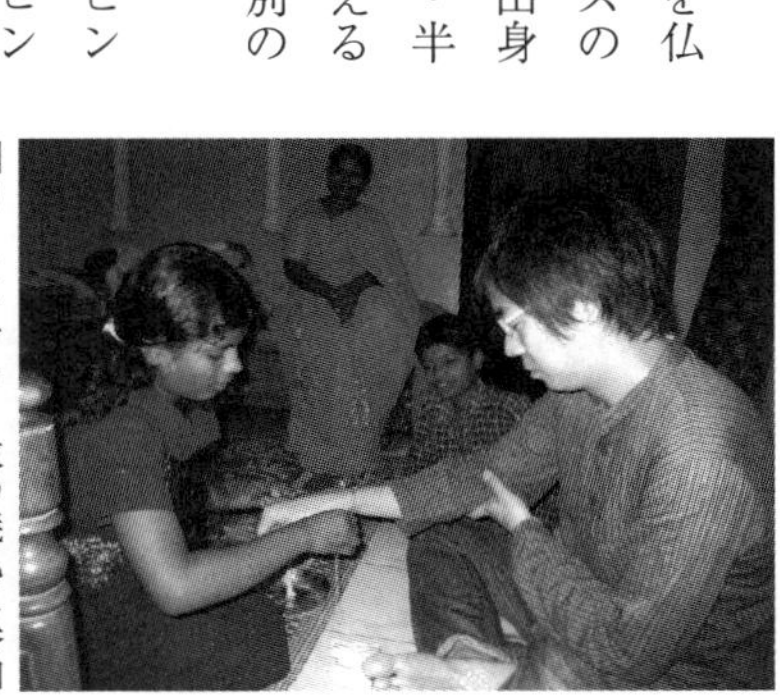

図3 ヒンドゥー教の儀礼に参加する筆者（右端）（二〇〇八年八月一六日、根本由香理撮影）

ることができていなかった。

ハラウェイ（二〇〇一）のサイボーグの議論にあるように、別の種類とされるもの同士がそれぞれの特徴を保ったまま繋がっていることは、気まずさを感じさせるだけではなく、不分割で見た目の良い統一体のままでは気がつくことができないものに目を向けさせてくれる。「日本出身のアンベードカル支持者」と「「半仏教徒・半ヒンドゥー教徒」家族の一人」という、相反する二つのアイデンティティを手にした（もしくは、与えられた）筆者は、この矛盾を自らの視点とすることで、アイデンティティ・ポリティクスに生活世界の寛容が入り込む連帯について、民族誌を記述することができるようになった。このように現地の人々と同盟を組み、自らが生成変化しながら描かれる民族誌を「**協働の民族誌**」と呼ぶことができるだろう。

筆者が自らの矛盾を視点とすることで記した民族誌の一例として、佐々井の実践をあげることができる。佐々井は、超自然的な力を否定するアンベードカルの教えを支持し、活動家を率いながら不可触民解放運動を展開してきた。同時に佐々井は、自分の部屋を訪れる人々の悩みを聞き、仏教徒だけでなく他宗教信者にも、病気などを治癒するための祝福を与える儀礼を行なっている。このような佐々井の実践を一つの理由として、佐々井が率いる反差別運動では、神の力を否定する活動家と、これを肯定する「半仏教徒・半ヒンドゥー教徒」が同じ場所に集まり、同一の目標のもとで活動できるようになっている。言い換えれば、この連帯では、佐々井と元不可触民、また、活動家（アンベードカル支持者）と「半仏教徒・半ヒンドゥー教徒」といった等質でないものの間に繋がりが創り出されている。

筆者が二〇一七年六月の対話会で佐々井に投じた質問は、アイデンティティ・ポリティクスによる自己尊厳の獲得にはとどまらない連帯のあり方を、今ここにある社会で肯定しようとする試みであった。この試みを通じて、筆者は、公正で平等な社会の実現という目標の達成に向けて、現地のアンベードカル支持者とはずれたかたちで参加し、この運動の当事者性を拡張しようとしたと言えるだろう。筆者による**生成変化の政治学**があるとすれば、この試みをそのように呼ぶことができる。

Ⅲ部
社会科学と交差する人類学

6章

持続可能性と社会の構築

――ハイブリッドな現実の社会過程の多元的な分析の必要性

三浦　敦

フランス・ジュラのチーズ組合のチーズ製造所
（三浦敦撮影。本章の表記のないものは同様）

二十世紀末は、マルクス＝レーニン主義体制が崩壊する一方、**新自由主義**的な経済政策が世界各国で採用されて経済格差が拡大し、またＩＴの普及によりコミュニケーションや知識の基盤が大きく刷新されるなど、大きな変化があった時代である（もちろん、変化のない時代などはあったためしがないが）。この時期はまた、ユーゴスラヴィア紛争やリベリア内戦のような凄惨な民族紛争や内戦が世界に衝撃を与える一方、一九九二年のリオ会議をきっかけに**環境保護意識**が高まり、市場自由化がもたらす格差拡大などの弊害に対する告発もさかんになされるなど、新たな市民社会が形成されて、人々の間の「連帯」が（かつてのマルクス主義運動における各国労働者の階級的「連帯」とは異なった形で）強調された時期でもある。

こうした世界の変化は、社会科学全体にも深く影響を与えた。国際政治学では、市民社会が国家の命運を左右する事態に直面し、軍事力など力こそが国際社会を動かしているという現実主義は見直しが迫られ、経済学では、社会主義国の崩壊に伴って新自由主義を唱える経済学がこれまで以上にヘゲモニーを握る一方、世界的に採用された新自由主義的政策はさまざまに批判され、市場万能主義に修正を迫る研究も大きく進展した。また、環境保全や情報保護にかかわるコモンズをめぐる議論も大きな展開を見せた。他方、認知科学の急速な発展は、人間の認知能力の特性について次々と新たな知見をもたらした。同じ頃、社会学では**コミュニケーション論的転回**を経て、**社会構築主義**が注目されるようになった。

文化人類学は、一九八〇年代には知的創造性において人文諸科学に大きな影響力があった。しかし、「文化を書く」派以降、自己批判を強めると(それは必要なプロセスではあったが)、こうした変化に乗り遅れ、その知的爆発力をなくしていったような感がある。そして日本では、政治人類学や経済人類学の領域では言説批判や権力批判が主流となり、現実の社会過程の理論的探求は下火となっていった。とはいえ、アメリカやヨーロッパでは、隣接諸分野の発展に呼応して、政治的・経済的過程の解明に向けた理論的探求は地道に積み上げられてきた。

現在の状況について哲学者ジャン＝フランソワ・リオタールは『ポストモダンの条件』で、マルクス主義者や近代主義者が唱えた、「解放」(社会主義による解放、夢の先端技術による解放、など)という「**大きな物語**」はすでに有効性を失ったと指摘した。しかしそれでも人間は世界を物語として理解しようとする。われわれの時代は、伝統的メディアに加えてインターネットを通じて作られるたくさんの「**小さな物語**」(色あせたジハード物語、未知の他者である野生生物の関わる物語、過去の栄光に回帰する物語など)がぶつかり、対立し、さらに新たな物語を次々と生む時代である。このハイブリッドな現実を理解するには、それに対応した多元的な分析方法を駆使する必要がある。

合理的個人

合理的には見えない個人の行動を、合理的に説明する

フランス・ジュラ、一九九一年三月——略農家のアルフレッドは、その年の畑の使用計画を大きな表に書き出した。農業経営はさまざまな要素を考慮した慎重な戦略で成り立つ。どこの畑はどのような質なのか、何歳の牛はどの期間どこに放牧すればいいのか、等々。彼は言う。「昔は兄弟で一番出来の悪い子が農家を継いだものさ。でも今は賢くないと農業はできない」。しかし村の種々の行政記録を検討すれば、十九世紀もやはり農民は慎重な意思決定を行なっていたことがわかる。農民は昔も今も社会規範に盲目的に従うのではなく、さまざまな情報を判断して目的に向けて自ら意思決定をしている。

個人の行為と合理性

「**合理的個人**」とは、「自ら独自の効用関数をもち、その効用を最大化するために最適な手段を用いて行動する個人」のことであり、「社会的主体は合理的個人である」という仮説に基づく社会理論は**合理的選択理論**（Rational Choice Theory 以下ＲＣＴ

と略）と呼ばれる。この理論は**ミクロ経済学**理論(1)の政治学や社会学への転用として始まり、やがてゲーム理論の発達に支えられて洗練された理論となっていった。この時「効用」は、理論的には、なんであれ主体の満足度を向上させるものを指すが、実際の経済分析では数値化できる所得や利益を指すことが多い。一方、文化人類学ではこの仮説は、文化や社会の意義を無視し**新自由主義経済**を絶対視するとして、多くの研究者から批判されてきたが、同時にこの仮説に基づいた優れた研究もなされてきた。それではこの仮説の意義と問題点は何だろうか。

二十世紀の社会科学では、個人の行動は社会集団やその集団が担う文化に規定されると考える**方法論的集団主義**と、社会や文化の問題は個人の行動から生み出されると考える**方法論的個人主義**の、二つのアプローチが並立した。ＲＣＴは方法論的個人主義の理論の代表である。一方現代文化人類学は、エミール・デュルケム(2)らフランス社会学派の方法論的集団主義の影響を強く受けて成立し、個人のさまざまな非合理に見える行為は、当該社会の既存の規範や価値観に適合的であり、その社会の秩序の維持に合理的に貢献していると主張してきた。

しかし一九五〇年代から、文化人類学においても方法論的個人主義に基づく研究が、特に経済人類学と政治人類学の分野で増え始めた。経済人類学では、ミクロ経済学の理論枠組みを**非市場社会**にも適用し、合理的個人を前提とする形式主義アプローチが現われ、経済史学者カール・ポランニーに従って非市場社会では経済は社会に埋

（1）ミクロ経済学は、個々の経済主体の経済行動から経済全体の動きを説明しようとする経済学で、個人の経済行動はその個人の選好（所与の価値判断）に左右されるが、その選好は他人からは影響されないという前提の上に成り立っている。

（2）デュルケム（一八五八－一九一七）は十九世紀末から二十世紀初頭に活躍した社会学者で、社会はルールの集合として理解されるべきであると主張した。このルールは、物体ではないが、人々の意識に共有されることで客観化される。こうした共有された観念を、彼は集合表象と呼んだ。彼の方法論的集団主義は、同時代のドイツの社会学者マックス・ウェーバーの方法論的個人主義と対比される。なお、彼の甥が、フランス民族学の発展を基礎づけたマルセル・モースで、二人は共同で研究をしてフランス社会学派を形成した。

め込まれているとし[3]、方法論的集団主義による分析枠組みを主張する**実体主義者**たちと、一九六〇－七〇年代に激しい論争を行なった（この**経済人類学論争**には、後にマルクス主義者も加わった）。政治人類学では一九五〇年代に、それまでの方法論的集団主義では植民地独立や都市化に伴う社会変化、紛争の分析が難しいことがわかり、社会変化は個々人のさまざまな行為や意思決定の蓄積が引き起こすと考え、個人の行為と社会過程に着目した合理的個人仮説に基づく研究が進展した。こうした研究方法は**過程論的アプローチ**と呼ばれたが、その代表が、政治を社会構造というルールのなかで個人がプレイするゲームと見なすフレデリック・ベイリーの政治研究であり(Bailey 1969)、ゲーム理論の交渉モデルを用いて、どのように社会組織や社会変化が生まれるのかを議論する、フレドリック・バルトの**トランザクション理論**[4]である(Barth 1981)。特にトランザクション理論は、一定の社会的地位を持つ個々の主体が、互いの価値の交換を通じてどのように一定の行為パターンを生み出し、さらには価値を変化させ社会変化を引き起こすかを論じる点で、興味深いものであった。

　しかし、文化人類学ではＲＣＴは大きな位置を占めることはなく、むしろ社会学者のマーク・グラノヴェターが批判したように（グラノヴェター　一九九八：二四一－二四七）、「主体」を、社会的文化的制約を受けず、すべての情報を瞬時に計算して自己利益の最大化を図る機械と捉えるという、この仮説の持つ非現実的前提が常に批判されてきた[5]。そして文化人類学では実体主義と親和的な、経済活動における地域固有の

（3）　ポランニー（一八八六－一九六四）は、経済による社会的統合様式の相違により、**市場社会**（需要と供給による市場取引が行なわれる社会で、社会関係と経済関係は分離している）と**非市場社会**（互酬性または再分配という、社会関係と結びついた経済取引で社会統合がなされる）を区別した。しかし形式主義者はこの区別を否定した。

（4）　バルトは「トランザクション」を、異なる価値を持つ二人の個人が、互いにその価値を交換するような形で行なう社会的相互行為であり、社会を構造化するものであると論じ、同じ価値を持つ二人の個人がすでに構造化された関係のなかで行なう社会的相互行為である、「インコーポレーション」と対比されるとした。

（5）　グラノヴェターは同時に、個人を役割に還元する方法論的集団主義も批判し、個々人の具体的な関係を重視するネットワーク分析を提唱する。

社会関係の重要性を強調したモラル・エコノミー論（スコット 一九九九：Hydén 1980）や、主体の利潤最大化戦略に疑問を挟んだ**チャヤノフ理論**（チャヤノフ 一九五七）が注目された。とはいえ特に経済人類学においては、**合理的個人仮説**は捨てられたわけではない。実際、たとえば経済人類学論争では、実体主義者の指摘のように個人の行動には社会や文化の制約がかかるとはいえ、同時に形式主義者の指摘のように社会規範に必ずしも従わない、主体的な意思決定も重要であることが明らかになった。しかし政治人類学では、過程論的アプローチが十分に理論的に検討される前に、研究者の関心は他に移ってしまった。

方法論的個人主義と方法論的集団主義は二者択一ではない。ひとがある目的を追求するのは、一定の社会関係でのコミュニケーションのなかで、その目的が重要なものとして浮上したからであるため、その目的を生み出した社会関係を検討する必要がある。こうして二つのアプローチを統合し、個人の行為は社会的規制を受けるが、その規制を再生産し変化もさせると捉える、ジェレミー・ボワセベンのネットワーク分析（ボワセベン 一九八六）やピエール・ブルデューのハビトゥス論（ブルデュー 一九八八）、アンソニー・ギデンズのエージェンシー論（ギデンズ 二〇一五）まで、あと一歩となる。同様に、意思決定の単位であると同時に社会的統制の単位でもある、「世帯」の生存戦略も注目されるようになった（そこでは利益最大化を前提に世帯の行動を分析するのではなく、世帯の意思決定の仕方とその帰結が検討される）。

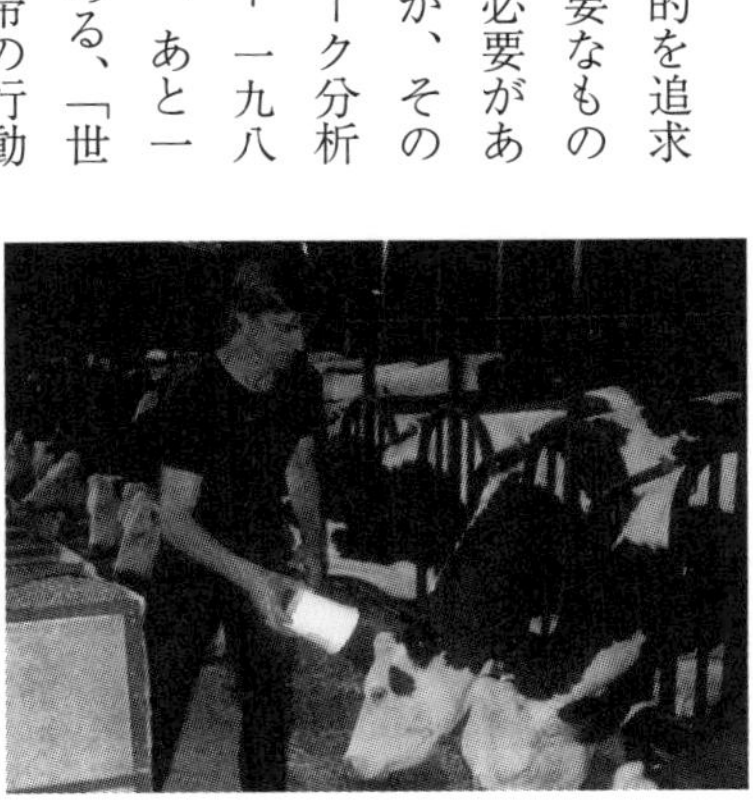

図1　フランス・ジュラの家族経営の酪農家

未開人と合理性

そもそも文化人類学者は、フィールドで観察した人々の行動を「**合理性**」概念で理解してよいのだろうか。二十世紀前半までは欧米では、非欧米人の思考や行動はしばしば非合理的とみなされてきた。これは十六世紀に、都市ブルジョワの洗練された気遣いのある社交的な振舞いが、「都市的態度（civilitas）」として賞揚されるようになった時に（この civilitas という語から、十八世紀に文明〔civilization〕という語が生まれた）、その反対物である「無知で粗野」が農民のイメージとして定着し、それが、ヨーロッパ外の人々にも投影され、古代ギリシア以来の「**野蛮人** barbaroi ＝言葉の通じない人々」のイメージに重ねられたものであった[6]。

一九三〇年代に文化人類学者エドワード・エヴァンズ＝プリチャードは、アザンデ人（現南スーダンに住む農耕民）の**妖術**の説明には明白な論理的矛盾があると、アザンデ人の思考の**非合理性**を指摘した（エヴァンズ＝プリチャード 二〇〇一：二三二）。これに対し哲学者ピーター・ウィンチは、ヨーロッパの科学者が矛盾を見いだすところまではアザンデ人は妖術の論理性を要求しない点で、アザンデ人による妖術の説明のコンテクストはヨーロッパの科学のコンテクストとは異なっており、エヴァンズ＝プリチャードはカテゴリーの誤謬を犯していると指摘し、行為の行なわれる生活様式との関わりで妖術の概念を捉えるべきだとした（Winch 1964：315-316）。哲学者ドナル

（6） フランス革命期の一七九九年に啓蒙主義思想の影響でフランスに生まれた、世界最初の人類学研究組織である人間観察者協会は、民族誌調査マニュアルを作成したが、そのマニュアルは後にフランス政府により国内の社会調査に転用された。すなわち、国外の原住民（アンディジェン）と国内の貧民（アンディジャン）が同等視されたのである。

ド・デイヴィッドソンは、ある人の信念が仮に誤ったものであっても、その人の他の行為や信念と内的整合性を持つ場合は合理的とみなされると指摘するが（Davidson 2004：169）、今日、多くの社会科学者にとってある社会現象や文化現象を理解するということは、ウィンチがアザンデ人の妖術の説明で試みたように、それらの現象が仮に非合理に見えても、そこに内的整合性を見いだすということである。合理的個人仮説も、そうした一定の内的整合性を見いだそうという試みである。

人間の合理性

人間は合理的に行動するという仮説は、実証的に支持できるのだろうか。ホモ・サピエンスは、現在知られる最古の化石は三〇万年前にさかのぼるが、その誕生の時すでに現在のわれわれと同じ知的能力を持っていたと考えられ、民族や社会階層、あるいは時代による知的能力の優劣は認められていない（「人種」概念は科学的にみて曖昧なので、ここでは考慮しない）。ところで、高度な知的訓練を受けた人（たとえばハーヴァード大学の学生）でも、必ずしも合理的な推論を行なわないことが近年明らかにされたが（**認知バイアス**という）、これは人間の行動の非合理性・非一貫性を意味しているわけではない。これまでの研究で、認知バイアスの背後には、当初の研究者の想定とは異なる、状況に依存した合理的な認知プロセスがあることが明らかになっている。他方、「最後通牒ゲーム」などの実験を通じて、**利益最大化行動**の普遍性は否定され、人は自己利益最大化よりも**公正さ**を重視することも明らかにされた(Henrich et al. 2005 : 803. ただし実験結果と現実社会の関係は検討の余地がある)。自己利益よりも公平さや互酬性をより重視する行動は、霊長類やその他の哺乳類においても数多く報告されている(ドゥ・ヴァール 二〇一〇)。人類も社会性生物の一種として、**協調性**や**公平性**を重視した社会を形成することで、生き延びてきたのである。(7)

上記の議論からもわかるように、「合理性」という語は多義的である。エヴァンズ=プリチャードが論じた合理性は呪術に関わる各言明相互の論理的整合性であったが、ウィンチが論じたのは社会的行為と言明の整合性であった。このような多様な合理性について、方法論的個人主義に立つ社会学者ウェーバーは、**実践的合理性**(一定の目的実現のために最適な手段を取るという合理性)、**理論的合理性**(現実を抽象的で論理的な概念で理解するという合理性)、**実質的合理性**(一定の価値に従う形で行為を行なうという合理性)、**形式的合理性**(一定の客観的な法やルールに従って行為を行なうという合理性)などを例示した(Kalberg 1980 : 1148)。ただしウェーバーのこの合理性のリストは分析的ではなくアドホックであり、実際、社会学者ユルゲン・ハバーマスは対話を通じて合意を目指す**コミュニケーション的合理性**を付け加えている(ハバーマス 一九八五 : 三六-三八)。実際の社会的行為では、これらの合理性が場面に応じて使い分けられ、あるいは一人の人間が同時に異なる複数の合理性の追求をしたりしている(年齢によって追求する合理性が変わるという研究もある)。合理

(7) こうしてみると、経済学は利益最大化行動を過大視しているように見える。最近のアメリカの研究では、経済学部の学生は、他学部学生に比べて消費志向・権力志向が強く、伝統を軽視し、匿名の他者への共感を欠く傾向が強いと指摘されている。また合理的個人仮説自体がジェンダー・バイアスを持つとも指摘されている。なお、所得は一定レベルを超えると生活の満足度(効用)と相関しなくなるという事実は一九七四年に指摘され、「イースタリンの逆説」と呼ばれている。

的個人仮説が前提とするような合理性はこのうちの実践的合理性を指している。[8] そしてこれらの合理性の根底には、それぞれの文化によって異なり、社会的相互行為のなかで個人のなかに形成される「**人格**」がある（「人間の概念」の項参照）。人がさまざまな情報をもとに自分の置かれた状況を判断して一定の行動を選択するとき、どの情報を重視すべきなのか、その情報をどう評価すべきなのかという点は、その社会においてその状況がどのように規定され、その状況において人がどのように振る舞うべきとされているかによって左右されるからである。

ＲＣＴの展開

今までの研究から、人類には利益最大化行動以外の行動が広く見られることや、使える情報は常に不完全であるため人は限定的な合理性しか持ち得ず、最適手段を選択できないことなどが明らかになったが、ＲＣＴもこうした知見を取り込んで発展してきた。**囚人のジレンマ**や**ナッシュ均衡**をめぐる議論により、個人レベルの効用最大化行動は必ずしも社会全体の効用最大化（「**パレート効率性**」）を導かないことは、早くから明らかになったが、その後も**取引費用理論**や**エージェンシー理論**、および**情報の非対称性**の概念の登場により[9]、一定の制約の下での主体の行動の検討がＲＣＴでも可能になったし、市場メカニズムが資源の効率的配分を実現しない「**市場の失敗**」も広く認識され、市場メカニズムに従わない企業の内部組織もＲＣＴで議論されている。

（8）このような合理的個人はしばしば「ヨーロッパ的個人」と呼ばれることがあるが、これは、ヨーロッパ人が常にこう行動するわけでもない一方、非ヨーロッパ人でも状況によっては効用最大化を目指すという事実を無視しており、二重の意味で誤った逆オリエンタリズムである。

（9）**パレート効率性**とは、あるゲームで各プレイヤーが、他の誰かの利益を犠牲にしなければ自分の利益を増やせないような状態のこと。**囚人のジレンマ**は、二人のゲームのプレイヤーがいるとき、それぞれが自分の利益の最大化を求めた選択をした結果、全体としてもっとも利益が少ない結果となってしまうジレンマのこと。**ナッシュ均衡**とは、どのゲームのプレイヤーも自分の戦略を変更する誘引を持たない状態のことで、必ずしもパレート効率的とは限らない（その例が囚人のジレンマである）。**取引費用理論**とは、経済取引を行なう際に不可避的に発生また、公平性や協調性を求める行動や、文化的規範によって制約された個人の行動、さらには**モラル・エコノミー論**や**チャヤノフ理論**、そして個人の交渉のなかでの新たな規範やルールの生成という問題も、RCTの枠組みで解明されはじめている。今日、RCTは**ゲーム理論**によって分析されるが、今のゲーム理論ではもはや、自己利益に忠実で瞬時に利害を計算できる「合理的個人」は、必ずしも前提とする必要はない。また、個人の自由な選択を強調するRCTは権力理論とは対立するように見えるが、今では個人の選択や意思決定を制約するものとして、権力も論じられている（客観的な選択可能性のないところには権力関係は生じない）。一九六〇年代の政治人類学や経済人類学がモデルとしたり批判したりしたRCTは過去のものとなり、「RCTは新自由主義経済を正当化する理論だ」という単純な批判を許さないほど、現在の議論は多岐にわたっている（「コモンズ」の項参照）。

近年重視されているのが、**予測ができない不確実性**(10)を回避するメカニズム（**レジリエンス**(11)）の重要性である（「リスク」の項参照）。人間が社会を作ってきたのは、それにより互いに助け合うことでレジリエンスを強化してきたからである。しかし助け合いには、お互いが「**信頼**」できる人（すなわち、フリーライダー〔自らコスト＝犠牲を払わないで利益だけ得ようとする人〕にならないと確信できる人）である必要がある。信頼は、日常生活の社会関係（たとえば家族関係）の基盤であるだけでなく、**信用取引**のような現代資本主義経済の基礎となる活動を成り立たせる条件でもある。そ

する費用（情報収集や交渉にかかる手間や費用）である取引費用を考慮して経済を考える理論。**エージェンシー理論**は、ある行為者（プリンシパル）が、自分の利益の実現のための労務を代理人（エージェンシー）に依頼するとしたときに生じる経済問題を論じる理論。**情報の非対称性**とは、経済取引を行なう当事者どうしが同じ情報を共有してはおらず、一方の当事者に十分な情報が与えられていない状態のこと（したがって、一方が騙されやすくなり、効率的な資源分配が実現しない）。

(10) 経済学では、確率的に予測が可能な危険を**リスク**、予測できない危険を**不確実性**と呼んで区別する。予測ができないとは、期待効用（期待効用は、予想される効用＝利益とその効用が得られる確率の積で表現される）を計算できない、すなわちその効用が得られる確率が不明である、ということである。一般に人は、不確実性の高い状況では、損失を利益よりも

れは、長く続く社会関係のなかで一定の情報が共有されて生まれるという点で、社会構造や人格性に規定された文化の産物であり、取引ごとの功利性には還元できず、需要と供給が重要となるような市場では取引できないものである（つまり、いくら金銭を払っても信頼を手に入れられるわけではない）。それゆえ、信用取引の上に築かれた現代市場経済も、信頼を成立させる文化的基盤なしには成り立たないのである(12)。

たしかに、RCTの中心的担い手である経済学者による社会や文化の理解は、文化人類学からするとしばしば素朴すぎるが、それは二つの分野の対話を否定するものではない。こうしてみると、方法論的個人主義に立ちつつも文化的価値の意義を考慮して社会変容を理論化した点で、トランザクション理論は先見的だったといえよう。

社会規範が揺れ動き社会が変化するような状況を研究する時、行為者の動きや意思決定から社会を分析する手法が有用であるが、そうした研究は一定の人間行動の合理的把握を前提とするため、RCTは社会現象の解明の一つの強力な武器となる。しかし合理的個人仮説が前提とする合理性は種々の合理性の一つにしか過ぎず、それゆえRCTは万能の理論ではないし、その認知科学的基礎づけや現実データとの関係もまだ検討の余地が大きい。とはいえ重要なことは、人間の行動の論理は現実には多元的だということであり、その多元性の一部を説明する合理的個人仮説は、近年理論的適用範囲を拡大しており、その成果を考慮しないのは、他分野との対話に耳を閉ざす不毛な態度であるということである。

過大評価する傾向があることが、実験経済学の研究から明らかになっている。現在では、従来リスクとされてきたものも、現代社会では予測できないことが問題となっている。

(11) レジリエンスとは、外的ショックに対する耐久性や回復力のこと。もともと生態学や心理学で使われた用語だが、今は社会科学でも用いられている。

(12) 信頼は、ゲーム理論では繰り返しゲームの問題として議論されているが、経済人類学では一般的互酬制と関連して議論される。

家族制生産とグローバル経済

なぜ資本主義経済において小規模家族制生産は維持され続けるのか

フランス・ジュラ、一九九一年二月――雪に閉ざされた牛舎のなかで、アルフレッドが搾乳をしながら話しかける。日本人ってのは、家族との時間を犠牲にしてまで働くんだってな。俺たちも働くけど、家族との生活を犠牲にしてまで働くことはしない。だって、家族と暮らすために働いているんだから。一度オランダに視察に行ったけど、あそこは一軒の農家が二〇〇頭以上も乳牛を飼っている。でもジュラではそんなのは無理だし、意味がない。なんでそんなに働くんだ？　俺たちは五〇頭で十分だ。

家族制生産をめぐる問題

文化人類学では、世帯の経済機能についての議論は一九六〇年代から始まった。その議論のなかでマーシャル・サーリンズは、家族に基礎を置いた生産を「**家族制生産様式**」と呼んだ。彼によれば家族制生産様式は、家族の労働力、家族が保有する生産手段、および比較的単純な技術を用い、利用可能な資源も利用可能な労働力も、あえて最大限には活用しないという過少生産で特徴づけられる使用価値生産であり、そこ

図2　セネガル・ティエスの家族で祝う犠牲祭

では利潤の最大化は目指されず、家族の生計維持という目標が達成される時点で生産活動が停止する（サーリンズ 一九八四：九三―一〇四）。これは今日の企業組織とは対照的な組織原理である。株式会社に代表される現代企業は、その取引費用低減のための権威的意思決定や共同生産（「チーム生産」と呼ばれる）のための諸契約によって特徴づけられ、市場で利潤の最大化を追求するとされるからである。

家族制生産の典型が**家族制農業**である。十九世紀以来今日まで多くの研究者は、近代イングランド農業の変化を念頭に、家族制生産は市場の発展にともない、資本家が生産手段を独占し賃金労働を用いる資本主義的な大規模生産に置き換わると考え、遅れた家族制生産を早く効率的な**資本主義的生産**へ移行させようとする政策論が、繰り返し唱えられてきた。こうした議論の背景には、近代化とともに家族は封建的な大家族から個人を重視する核家族に変化したとする、近代の思想家たちが広めた家族変化のイメージや[1]「農民は怠惰で知的能力が低い（だから効率的な生産に移行できない）」という近世以来の農民に対する偏見も背景にある。しかし現実には、大家族から核家族へという変化は歴史的には一般化できないし、農民は知的能力が低いというのも単なる偏見でしかない。そして家族制農業は世界各地で存続し、資本主義的経営には移行せず、市場経済に巧みに適応している（Durrenberger 1984, 4-7）。

なぜ、家族制生産は資本主義経営に移行せず、しかも過少生産にとどまるのだろうか。なぜ家族制生産は市場社会において生き延びることができるのだろうか。

（1）ヨーロッパ農村には大家族制地域（北ヨーロッパ、ドイツ、南フランス）と核家族制地域（地中海、イギリス、北フランス）があるが、その地理的分布は過去五〇〇年の間ほとんど変化していない。このことは、ヨーロッパ家族の多様性が経済的要因ではなく、各地方の文化的要因（財産相続と家業継承形態）で生まれたことを示している。とはいえ、実際の世帯の構成は生活サイクルとともに柔軟に変化し、そこには経済と家族の相互作用があった。

チャヤノフ理論

サーリンズは旧ソ連の経済学者アレクサンドル・チャヤノフ[2]の理論を参照し、家族制生産では労働強度（労働時間で測定される）は世帯内の人口学的要因によって決まるとし、この法則を「チャヤノフの規則」と呼んだ。より正確には、世帯の生産の意思決定が世帯内生産財による**限界効用**[3]と世帯内労働者の**限界不効用**（苦痛）が均衡する点でなされ（つまり、もっと働けば利益が得られる場合でも、仕事が大変になったら働くのをやめるし、生産性が低下しても、労働が過度にならない限り働き続ける）、その際、農民の労働時間は世帯内の労働者（実働労働者＝青年と成人）の消費者（全世帯構成員数）に対する比率（これは世帯のライフステージによって変化する）に反比例すると指摘し、小農経済が決して過渡的な生産形態ではなく、世帯内の人口構成に左右されることを示した（チャヤノフ 一九五七：三〇：サーリンズ 一九八四：一〇四－一〇九）。この議論は**限界効用理論**を用いてはいるが、同じ限界効用説に立つ新古典派経済理論とは異なり、農家世帯が同時に生産者でも消費者でもあり（非分離性という）、各農家が孤立した生計を維持しているほか、労働市場がないために労働の機会費用が計算できないことが前提となっている。そのため、通常の経済理論では労働投入を増やすと限界生産量は減るため、労働投入による限界コストと限界生産が釣り合う点で生産が行なわれるところ、チャヤノフの農民たちは、上記のような異なった意思決定を行なう。そしてまた、この前提から外れる、世帯を超えたレベルでの相

（2） チャヤノフ（一八八八－一九三七）は旧ソ連の農業経済学者で、ロシア革命直前の北ロシアの農村調査データをもとに、独自の経済理論を打ち立て、ソヴィエト政府の農業食糧省でも農地改革に取り組んだが、スターリンにより失脚し処刑された。一九六〇年代に英訳されて西側世界にも知られるようになった（ただし、日本では戦前からすでに知られていた）。

（3） 限界効用とは、ある財を消費することによってある効用が得られる時、さらに財を一単位消費した場合に得られる追加的な効用のこと。消費する財の量が増えていくとこの限界効用は少なくなっていくという、新古典派経済理論の基本法則は、限界効用逓減の法則の一つである。この限界効用は、数学的には効用（あるいは利益）を消費量で微分して得られる。なお、限界不効用は、この効用を不効用に置き換えたもの。

互扶助関係や社会的統制が存在する場合や、土地が希少で集約的農業が行なわれる場合は、チャヤノフの規則からはずれることになるし（Netting 1993 : 312-318）、また市場の条件が整えば農家は利益最大化を目指した投資行動に出る。かくしてチャヤノフ理論に基づく検討は、労働組織や政治環境、あるいは経済的、地理的要因が、どのように農民の意思決定に関与するのかを明らかにする手助けとなる。

チャヤノフ理論は経済人類学論争では、経済は社会に埋め込まれているとする実体主義者たちから、新古典派理論に対する有力な反論とみなされたが、すでに見たように実際には限界効用説に基づいており（ibid. : 298-299）、むしろ形式主義に属する。実際、チャヤノフ理論は**ハウスホールド・モデル**[4]として定式化されて、現代ミクロ経済学理論に統合された（黒崎 二〇〇一）。一九八五年より世界銀行は世帯調査（Living Standard Measurement Survey）を続けているが、その蓄積されたパネル・データを利用したハウスホールド・モデルによる研究も、盛んに行なわれている。

他方、新制度学派経済学の研究も進展し、農業は不安定な自然を相手にするがゆえに、契約を基礎にする会社組織ではコストがかかりすぎ、市場組織でも価格変動ゆえにリスクが高すぎるため、家族生産が最適な形態とされる（Valentinov 2007 : 59-61）。

小商品生産論

一方、経済学者ヘンリー・バーンスティンは、家族制生産様式の概念は世帯の内部

（4）ハウスホールド・モデルは、開発のミクロ経済学で用いられるモデルで、農家や家内企業などの小規模生産者の経済行動を、効用最大化のために生産活動と消費活動を同時に決定するものとして定式化したものである。これは、チャヤノフ理論を日本の農業経済学者たちが発展させて定式化した「農家主体均衡論」を、数理モデル化したものである。

構造や、家族を取り巻く時代や地域で変わる経済関係を考慮しておらず、非歴史的で不正確と指摘し（Bernstein 1979：422）、市場に向けた商品を生産する家族制生産を、マルクスに従って「**単純商品生産（小商品生産）**[5]」と捉えることを提唱する。

もともとマルクスは単純商品生産を、封建制生産様式から資本制生産様式への移行の際の過渡的でいずれ消え去る生産形態とみなし（家族による生産は封建的システムだが、商品生産は資本制システムとなる）、理論的検討を深めなかった。やがて、一九六〇年代のマルクス主義経済人類学者たちは、民族誌的データに従ってマルクス理論を修正し、全体の社会システム（社会編成体）は、一つの支配的な生産様式に複数の異なる生産様式が「節合」されて作られることを示した（アルチュセール 二〇〇五：五三―五四；メイヤスー 一九七七）。これにより単純商品生産は、マルクス主義的な「**生産様式**（mode of production）」概念では捉えきれないものとなり、ハリエット・フリードマンはかわりに、社会構成体と世帯の内部構造の双方によりその再生産が規定される生産単位という意味で、「**生産形態**（form of production）」という概念を提案する（Friedmann 1980：160）。こうして単純商品生産は、過渡的な生産形態ではなく、資本主義経済システムに節合して共存する生産形態（Bernstein 1979：425）として分析が可能となった。単純商品生産では生産者自身とその家族が生産手段と生産技術を持つため、所有に基づく分業は発生しない。そして世帯の成員は、利潤の最大化ではなく家族生活の維持を目的として、家族の生存維持手段と生産手段の更新費用

（5） マルクスは「単純商品生産」と「小商品生産」の二つの語を同義語として扱ったが、バーンスティンは、前者を資本主義経済において労働者が同時に生産手段の所有者でもある生産形態、後者を生産手段の所有者が無賃金の家族労働を用いて行なう商品生産の現象的形態として区別した（Bernstein, 1980：14）。他方、アンドリュー・デイヴィッドソンは生産すべてが商品生産に向けられた生産を小商品生産、余剰生産物のみを商品化する生産を単純商品生産として区別する（Davidson 1992：24）。このように、用語法は必ずしも固定していない。現代農業では、投入財（肥料や農薬）をほとんど市場から調達するので、その支払いのために生産物の商品化は不可欠となる。

の確保を、家族資産と家族労働力の活用を通じて目指す。その結果、家族制生産は生産費用を抑制でき、過少生産であっても市場経済のなかで競争力を維持できるのである（Servolin 1972 : 50-52）。**生産様式節合論**自体は一九七〇年代に理論的に行き詰るが[6]、資本主義経済は非資本主義的経済と結びつくことではじめて維持されることが、広く認識されることになった。

農民社会は外部社会との多様な関係のなかに置かれ、単純商品生産もそれを取り巻く市場ネットワークのなかに位置づけられる。そのため家族をさまざまな経済様式に結びつける交換ネットワークと世帯構造の多様性ゆえに、同じ単純商品生産でも、数ヘクタールを耕すアフリカの農民と数百ヘクタールを耕すオーストラリアの農民では、その生産形態は大きく異なる。食料生産に関わるこの国際的な交換ネットワークを、フリードマンはフード・レジームと呼ぶ（フリードマン 二〇〇六：一四－一七）。

とはいえ、ノーマン・ロングはこの単純商品生産論を、農家が一方的に世界経済の商品化に従属して個人主義化するとみなす点で、農家の側の主体的な反応を軽視していると批判する（Long 2001 : 102-106）。これに対し、人類学者ペギー・バーレットは世帯の経済活動を、「適応戦略」として把握することを提案する（Barlett 1980 : 548-549）。世帯ではジェンダーと年齢による分業が見られ、また同時に各成員は、それぞれ外部の諸環境（自然環境、政治・社会・経済環境）にも積極的に対処しようと、賃金労働やインフォーマル・セクターを含む他の経済活動にも従事し、兼業は一般的で

（6）　構造主義的マルクス主義（とその影響を受けたフランスのマルクス主義経済人類学）の生産様式節合論の問題としては、生産様式概念の理論的硬直化、克服できない経済決定主義、節合概念の機能主義的硬直化、個人のエージェンシーの軽視が指摘されている。

ある。他方ロバート・ネッティングは、土地が希少な環境で集約農業を行なう家族経営農家は、さまざまな政治体制下に見られ、使用価値生産にとどまらない点を挙げて、「生産様式」という語も、彼らを「農民」や「小商品生産者」と呼ぶことも、適切ではないとして、「小土地所有者（smallholders）」という概念を唱える（Netting 1993：2, 19-20）。彼によれば、ＯＪＴ（実地見習いによる技術習得）を基礎にした技術的能力と環境知識の伝達、家族間交渉における低い取引費用、そして賃金労働よりも高くなるインセンティヴゆえに、小土地所有者による小規模集約農業の方が企業的経営よりも競争力を持つ。

「世帯」概念のあいまいさ

しかしここでいう「世帯」は、現実には極めて多様なため厳密な定義が不可能である点に注意が必要である（世界銀行の世帯調査マニュアルも定義は難しいと指摘する）（Grosh and Glewwe 2000：135-137））。それは家族（family）[(7)]とは必ずしも一致しないだけでなく（世帯には親族関係にない同居人が含まれることがある）、ある時は同居集団（同じ屋根の下暮らす者の集団、あるいは一緒に食事をとる者の集団）、ある時は生計を共にしている者の集団とされるが、これらの定義に当てはまらない人が世帯のなかにいることも多い（たとえば出稼ぎに出た家族など）。こうして世帯は、さまざまな活動をする個人が出会う場・プロセスとして定義するしかなくなる。この

（7）「家族」も社会によって多様な形をとるため、一般的な定義は難しい。概して、経済や社会的機能が論じられる時は「世帯」が参照され、象徴や価値が論じられる時は「家族」が参照される。

ような世帯の多様性ゆえに、世帯を一つの主体と見なした従来のハウスホールド・モデル（これをユニタリー・モデルという）も、実際のデータを説明できないことが明らかになり、世帯内部の多様性を考慮した非ユニタリー・モデルが提案されている。

世帯の戦略は、家長の一元的意思決定に従った一つにまとまったものではなく、世帯のさまざまな構成員のそれぞれの嗜好と生存戦略や相互行為の集積であり、そうしたさまざまな要因によって生み出される世帯の多様性を考慮することは開発政策にとっても重要となる（Ellis 1998：2)。世帯は、生産以外にも育児や教育、介護などの機能も果たすが、そこでは、各自がそれぞれ自分の人生設計のなかで、自らが置かれた社会的地位や自らが活用できる資源や人間関係という制約のなかで、世帯の生存や自己の経済的・非経済的利益の確保や拡大などを目指すことになる。このとき、世帯は予測できない天候の変化や市場の値動き、病気や怪我の危険に常に晒されており、一定の生活を維持していくためには、不確実性回避によるレジリエンス向上が世帯戦略の重要な柱となる（「リスク」「災害」の項参照)。こうして、今日では世帯は、その生産機能と同時に、その資源プール機能やその消費の機能が盛んに議論されている。

このように、「家族制生産」は、世帯という実体によって担われた固定した生産形態とみなすことはできない。そしてこの点にこそ、なぜ家族制生産がこのグローバル化経済においても生き延びているのかを明らかにするカギがあるだろう。

多元的法状況における所有

「ものを所有する」ということは、自明なことではない

フィリピン・ボホール、二〇〇三年八月――農民には「所有」という考え方は理解できないのさ、とボホール大学のティロール教授は言う。実際、農民たちは、放棄されて二年経った畑は誰でも耕していいと言う。他方、道端や森の中の一本一本の果樹にはそれぞれ所有者がいる。これは植民地化以前からフィリピンにあった考え方だが、そこに西洋的な所有制度が覆いかぶさって土地所有の実態は変質し、二十世紀になって地主階層への土地集中を促すようになり、多くの農民が土地を失っていった。

所有の重要性

「**所有**」とは一定の財と主体の関係であるが、理論的には財への権利や義務を介して法的に表現された主体間の関係である（「主体」はこの関係で規定される）(Hann 1998：4-5)。所有は人間の資源利用を規定する経済生活や社会制度の基礎であり、モースのいう**全体的社会的事実**の一つである。ヨーロッパでは十七世紀以降、ロックの『統治論』のように**私的所有**こそ民主主義と経済発展の基礎であるという議論と、(1)

(1) **ロックの所有論**は、身体が主体の所有物であることから出発し、身体の延長である労働の産物の主体による所有を正当化する。この身体の所有という考えは、しばしばヨーロッパ的と指摘される。しかしロックの意図は、一個人の身体が種々の封建貴族に所有された十七世紀イングランドの状況への批判にあった。ただし、北米カロライナ植民地の経営に深く関わったロックは、アメリカ先住

ルソーの『人間不平等起源論』のように私的所有こそ不平等を生んだという議論が並存し、そして**集団的所有**は過去の遺物とされたり、来るべき理想的平等社会の基礎と見なされたりしてきた。今日では、文化人類学者エレノア・リーコックのカナダ先住民の民族誌（Leacock 1954）を用いて、私的所有権の経済性を強調した経済学者ハロルド・デムゼッツの**財産権理論**（Demsetz 1968）[2]が、一九八〇年以降、世界各地で土地私有化政策の推進を正当化した。しかしやがて、**土地私有化**は生産性向上とは関係はなく（Migot-Adholla et al. 1991 : 172）、逆に少数の富裕層への土地の集中を促進し、土地なし農民を生み不平等を拡大させ経済発展を阻害することがわかってきた。そして、私的所有か集団的所有かという二分法も成立しないことも明らかになった。

法とは何か

土地所有は、土地に対する個々人の一連の権利と義務からなる、時として正統性が争われる法的現象である。それでは「**法**」とは何だろうか。近代**実定法**においては、法は「主権者による一般的命令」（オースティン）や「強制権力が発動される条件を定める規範」（ケルゼン）と定義され、人々の行動を外形的に規制する点で、内面的に行動を規制する道徳とは区別され、種々の法が一つの一貫した論理的体系に統合されることが理想とされる。しかし人々の日常生活は、ヨーロッパでもその他の地域でも近代実定法とは別の諸規範にも規定されており、しかもそれらの規範は必ずしも上

民社会に社会契約以前の社会を見いだしたが、北米のカロライナ植民地憲法の起草を通じて奴隷制を擁護して植民地支配を正当化しており（デムゼッツも私的所有権が確立する以前の社会をアメリカ先住民社会に見いだした）、ここにロックのダブル・スタンダードが指摘されている。しかし、ロックの時代のカロライナ植民地の先住民は、すでに一定の社会統合を実現した「（社会契約によって出現するとされる）政治社会」を形成し、しかも、確かに私的所有制度は持たなかったとはいえ、物質的にも決して困窮してはいなかった。

（2）**デムゼッツの所有権（財産権）理論**は、現代経済学の企業組織論や契約理論の基礎となった。しかし土地制度研究ではその実証性を否定する議論が多い。実際、デムゼッツの民族誌理解は間違っていたし、さらにはリーコックの議論自体も誤りが指摘されている。

記の法概念には従わず（たとえば、道徳と法は明確には区別されず、命令者たる主権者が神であったり、明示されなかったりする）、規範が行使される機構も異なり、論理的にも不整合を抱えている。たとえば十五世紀に東南アジアのマラッカ王国で編纂された「マラッカ法典」（Liaw 1976）では、慣習法による規定とシャリーア（イスラーム法）による規定が、互いに矛盾を残したまま併記されている。これは、マラッカ法典が首尾一貫した主権者の命令ではないことを示している。実際、こうした東南アジアの慣習法の規定は紛争の場で仲裁者（王や首長）によって考慮されるべきガイドラインでしかなく、そこでは当事者間の社会関係の確認が重視され、最終的な解決は当事者の話し合いによっている上、紛争の状況や当事者の人間関係によって解釈が変化する。

たとえばフィリピンのムスリム地域では、近代的な国家法、国家が承認するイスラーム法、各エスニック・グループの慣習法、そしてグローバルな人権概念が並存している（森 二〇〇九：一三二）。こうした状況を、**多元的法体制**（legal pluralism）と呼ぶ。この状況では、相異なる概念に基づく複数の法・規範体系が併存し状況に応じて使い分けられたり権力関係に置かれたりする。**慣習法**はしばしば成文化されておらず（慣習法と呼ばれるものは、近代になって**近代法**の影響の下で近代法的形態をとるように作られたものも多い）、非公式に行使され、近代法とは異なる帰結をもたらす。たとえばフランスでも、啓蒙思想に基づきナポレオンが制定した民法において私的所

図3　フィリピン・ボホールでの田植えの準備

有権が規定されているが、実際の土地紛争においては民法に基づく解決はむしろ傲慢と非難され、その土地に昔から続く慣行や土地を取り巻く人間関係に基づく解決がなされる（Miura 2013 : 78 - 79）。しかもフランスでは、中世以来の土地慣行は（多くは近世に文書化された）、県議会の承認があれば民法に代わる法的効力を持つ。

土地所有

多元的法体制では、土地所有はどのように捉えたらよいのだろうか。近代的私的所有概念の源流である**ローマ法**の規定では、**所有権**は占有権（その土地を独占的に利用する権利）、用益権（その土地で得られたものを享受する権利）、処分権（その土地を売り払う権利）の三つからなるとされるが、一般的にはさらに抵当権や祭祀権などが含まれることもある。しかもこれらの権利はすべて一人の主体に付与されているとは限らないし、それぞれの権利も一人の主体に独占的に付与されるとは限らない。またこれらの権利を正統化する根拠も社会によって異なる。たとえばタイの三印法典(3)では、土地の精霊によって正統化される象徴的な土地所有権が国王に与えられるが、農民は土地に目印を立てることでその土地の一時的な占有権が認められ、そこを耕し続ける限り、その労働によって正統化される永続的な占有権と用益権も認められるが、処分権は認められない。この時、所有は精霊、国王、農民の間の関係の表現となる。

労働投下が占有権と用益権を正統化するという考えは、労働の成果物は労働投下し

（3） 三印法典は、アユタヤ陥落時に散逸したアユタヤ朝（一三五一－一七六七）の諸法令を、一八〇五年にバンコク朝のラーマ一世王のもとで、改竄しながら集成された法令集である。

た主体のものとなるという一種の**労働所有論**であり、世界各地で広く見られ、ロックの所有論とも近い(4)。しかし土地所有の場合、多くは処分権が伴わない点でロックとは異なる（ただし近代以降、抵当権の設定でなし崩し的に土地に処分権が設定され、土地は市場取引の対象となっていった）。各地に見られるこうした労働所有の観念はしかし、必ずしも首尾一貫した結果はもたらさず、さまざまな争いを引き起こしてきた（所有の正当化の論理が持ち出されるのは、通常は紛争状況においてである）。その場合、地域の政治指導者がその仲裁に乗り出すことになる。また所有は常に、自然環境や政治環境の変化、近代的土地制度の影響によってさまざまに変化してきた（慣習法同様、多くの「慣習的土地制度」は植民地支配のなかで作られてきた）。

所有では、個人のほかに、リネージや村落などの共同体が一つの法的人格として所有主体となることもあるし、集団内の地位や役割に応じて個々の人が一つの土地に対して異なる権利の主体となる場合もある（後者の場合、集団はアソシエーションの形をとる）（Appell 1995 : 39 - 40）。多くの場合、資源へのアクセス権はさまざまな個人や集団に付与されるが、用益権は労働投下した個人や集団のみに付与される。用益権の配分は社会関係と相関しており、たとえば西アフリカのセネガルでは、耕作する「斧の主」は生産物を、開墾をして土地を分配した「火の主」は象徴的な税を、それぞれ権利として手にし、火の主は斧の主を保護する。こうした権利付与パターンは社会の構成や資源保全に影響を与える。また、資源アクセスには家族の相続慣行も重要である。

（4） 十九世紀の無政府主義理論家プルードンは、資本主義企業で労働者が自分の労働の成果を自分のものにできないことを、「所有とは盗みである」と告発し、マルクスを感銘させた。実は現代経済学における企業組織論の一つであるチーム生産（共同生産）の理論でも、「労働の成果は労働投下者のもの」という考えを基本に、共同生産においては、労働者が正しく自分の労働の成果を自己のものとできるようにするために、第三者（上司）のモニタリングが必要であるとし、そこに企業組織の必然性を見いだしている（ただし、企業組織論では搾取の問題は議論されない）。

ロックの**所有権論**の主張には、人権の基礎としての私的所有という認識があった。しかし私的所有権の確立は今では世界各地で、農民からの**土地収奪**を引き起こしている。ここからわかるのは、重要なのは土地の私有化ではなく、人々に必要な土地へのさまざまな形のアクセスを保証するシステムの確立だということである。

複雑な資源をめぐる権利関係を整理するために、エチエンヌ・ル・ロワは**マトリックス・アプローチ**を提唱する（Le Roy 2011：140 - 170）。これは、ある地理的空間においてどの法的主体（個人または一定の集団）がどのような資源にどのような権利を持つのかを、マトリックスにして示すことで整理するものである。たとえば、彼が取り上げるセネガル農村のウォロフ社会では、家族の土地は家長が占有し、主婦が保有し、牛飼いが管理して、子や労働者に割り当てられる。この家族の土地はさらに村落による管理を受ける。また、一口に農地といっても、肥沃地か家庭菜園か、放牧地かなどによって関係する人々とその人たちへの権利の配分は異なってくる。こうして一つの土地に対して異なる権利を持つ人々が、それに応じてお互いにさまざまな社会関係に置かれる。たとえば、管理者は占有者の指示に従いつつ、一定の賦課を支払わなくてはならない。この時、一人の人がさまざまな権利を当該の土地に持つということは、個人が複数の異なる所有主体（人格、あるいは「分人」）からなるという重合性を意味している。**新自由主義的所有論**では私的所有こそが資源の効率的利用を生むとされるが、実際には一人の所有主体はその土地の多様な資源の一部しか利用しないため、むしろ複数人による重層的な所有体系のほうが資源は効率的に利用される。

こうした土地をめぐる権利関係の重合性は、現代の資本主義社会にも見られる。そこでは地主権、借地権、店子権、抵当権などが重合している。ただし、近代法制下にある現代資本主義社会では、土地所有者が残余コントロール権者（最終的にその土地に権利を持つ人）として絶対的な権利を持つが、伝統社会においてこうした残余コントロール権者はそれぞれの政治関係に応じて、その個別の交換や取引といった状況によって決まることが多く、したがって個人を構成する所有主体も、その関係の変化に応じて流動的となる。土地制度の変化とは、このような種々の権利の内容や関係する主体（個人または集団）、およびその重合関係の変化なのである。

所有のイデオロギーと政治過程

土地所有は、一方でイデオロギーや成文法の内的論理に従いつつも、他方で現実の政治過程にも左右され、財の生産・流通／分配・消費という循環過程と不可分である。そこでフランツ＆ケーベット・フォン・ベンダ＝ベクマンは、所有権をめぐる社会現象が起きる論理や制度の集合を「**レイヤー**」という概念で整理し、文化的イデオロギー的レイヤー（宗教的な象徴世界やイデオロギーのレイヤー）、法的制度的レイヤー（近代法など成文化された論理的世界とそれを支える法制度のレイヤー）、政治的社会的行為レイヤー（現実に所有権が運用される制度や政治過程のレイヤー）の三つを区別することを提唱する（Benda-Beckmann et al. 2006：15)。たとえば近代的私的所有権は、法的制度的レイヤーでは民法というそれ自体の論理的構築物によって正統化されるが、現実に運用されるときは、政治的社会的行為レイヤーにある種々の行政機関や政治関係・経済関係などの法的論理以外の論理の介入を受け、同時に政治過程や経済過程に影響を与える。文化的イデオロギー的レイヤーでは近代法は近代個人主義に従うが、慣習法は宗教や儀礼と密接な関係がある。現実の所有の分析では、これらのレイヤー間の関係がどのようになっているのか、そして歴史的過程においてどのように変化してきたのかを明らかにすることが重要となる。

このように、マトリクス・アプローチと**レイヤー・アプローチ**により、複数の法体系が共存・競合する状況での所有とその歴史的変化の議論が可能となる。こうした分析は、実際の所有制度の複雑さを整理し、その多様な社会機能や権力関係を明らかにするとともに、なぜ私的所有制度が各地で問題を引き起こすのかを、ロックやルソーとは違う視点から明らかにする。この議論はさらに**知的所有権**の問題（参照 Posey 1990）や文化遺産の問題にまで拡張できる。特に今日では、その経済的特性ゆえ科学的な研究成果に私的な知的所有権を与えるべきだという議論がある一方、文化遺産の特定の民族への帰属が論じられている。さらに、現代経済学において財産権論が企業組織論を基礎づけているように、文化人類学における所有分析も、多様な人間社会の集団組織の実態を分析することに貢献するだろう。

コモンズ

自然環境を守ること、それはわれわれの生活を守ること

青森県、一九八七年十月——陸奥湾に面したその村は、海岸の一部を除きほとんど山林に覆われている。山林はすべて国有林で、林班ごとにヒバの同齢一斉林が育成されている。しかし針葉樹の同齢一斉林は野生動物には棲みにくく、カモシカなどの動物が畑に出てきて作物を食い荒らし、大きな問題となっていた。他方、国有林内を歩くとところどころに栄養ドリンクの空き瓶や週刊誌が捨ててある。森林で働く村人が仕事の合間に飲んだり読んだりして捨てていったものだった。村人にとって材木は国有資源であるが、森林という場は彼らの管理の及ばないオープン・アクセスの場と認識されているのである。そしてこうした行為の積み重ねで環境は破壊されていく。

コモンズの悲劇

環境問題が社会問題として広く認知されるのは、第二次世界大戦後である。日本では一九五〇年代に**水俣病**が注目され、アメリカでは一九六二年に『**沈黙の春**』が出版されて大きな話題となった。こうした環境問題に一石を投じたのが、資源共有が環境

図4　フランス・ジュラの高原地域の共有林

破壊を生むとした「**コモンズの悲劇**」論である。生態学者ギャレット・ハーディンは一九六八年にイギリスの共同牧草地を例に、共有地では個人はコスト負担なしに共有資源（コモンズ）を利用するため、人々は資源が枯渇するまで共有地を利用し、環境が破壊されるとした。彼はこの資源収奪を「コモンズの悲劇」と呼び、その回避には資源の私有化か国有化かしかないと論じた（ハーディン 一九九三）[1]。「コモンズの悲劇」は、**社会的ジレンマ**[2]の典型例であり、**フリーライダー問題**[3]の一つとして知られる（Ostrom 1990 : 3 - 7）。ヨーロッパでは中世以来、共同放牧などの共有資源利用の慣習は封建的・非効率的と批判され、近世になると次々と廃止されていった。日本でも明治以降、**入会権**は次々と廃止され[4]、世界各地でも開発機関や各国政府が共有地の私有地化を推し進めている。ハーディンの議論は、この共同体的慣行の廃止に現代の視点から理論的根拠を与えたものであった。

しかしその後の事例研究の結果、「コモンズの悲劇」は限られた場合にしか起きないことが明らかになった。デイヴィッド・フィーニーらは、私的所有か共同所有かという分類は雑すぎるとし、**私的所有**、**共同体所有**、**国家所有**、**オープン・アクセス**の四種類の区別を提案し、資源の収奪が起きるのは資源の管理者がおらず誰でも資源が利用できるオープン・アクセスの場合だけであり、共同体が資源を保有・管理する共同体所有では効果的な資源管理が行なわれることを示した（フィーニーほか 一九九八）。その後、コミュニティによる資源管理について膨大な事例研究が積み重ねられ、

（1）当時の世界は、資源の私有化を主張する資本主義陣営と資源の国有化を主張する社会主義陣営に、二分されていた。なお、ハーディンはイギリスの共同牧草地の歴史を誤って理解していたことが、歴史学者エドワード・トムソンによって指摘されている（Thompson, 1991 : 107-108）。

（2）ゲーム理論においてゲーム参加者すべてが、自己の利益の最大化を求めて行動した結果、各人が最も少ない利益しか獲得できないという結果が生じるというジレンマで、ゲーム参加者が二人の場合は「**囚人のジレンマ**」と呼ばれる。

（3）フリーライダーとは、適切なコストを負担しないで資源を利用する者のこと。フリーライダー問題とは、フリーライダーは共有資源の利用にあたってコストを負担しないので、利用できるだけ利用しようとし、共有資源の濫用が起きてしまうという問題で、協同

理論化もさまざまに試みられた。たとえば秋道智彌は資源の特性や生態系の特徴に着目し、八つの類型（牧草地・焼畑・共有林・モンスーン・渡り鳥・回游・移行帯・採集・漂着の各モデル）を提示し、資源利用の時間的変化の重要性を指摘する（秋道 二〇一〇：二三―四二）。しかしこの問題に対して、より洗練されたモデルを提示して影響力もあったのが、政治学者エリノア・オストロムの諸研究である。

オストロムのコモンズ論

オストロムはコモンズを、所有権という側面ではなく**資源特性**という点から捉えて**「コモンプール資源**（common pool resources, : **CPR**）」と呼び、**合理的選択理論**に基づきその持続的資源管理の可能性を検討する（Ostrom 1990）。資源の特性から見るとCPRは公共財の一種である。**私有財**が排除性（ある人がその財を利用していると、他の人はそれを利用できないという性質）と競合性（その財の消費によりその財の便益〔例えばその財の利用可能な量〕が低下するという性質）を持つために、市場で取引できる財として定義できるのに対し、**公共財**は排除性か競合性、またはその両方を持たず、市場での取引が成立しない財であり、排除性は持つが競合性を持たないクラブ財（公共サービスなど）、排除性は持たないが競合性を持つCPR（水産資源、森林資源など）、排除性も競合性も持たない純粋公共財（空気、情報など）の三つが区別され、フリーライダーを回避した持続可能な資源利用には、それぞれ独自の管理

組織を機能不全に陥れる原因の一つとされる。

（4） 入会権は、かつて日本の村落で、村落共同体＝ムラが所有・管理する共有地（山林原野や浜辺など）や共有資源を、ムラの成員が利用する利用権のこと。全く自由に利用できたわけではなく、ムラが厳しく利用を規制していた。明治政府は前近代的な慣習とみなした。

法が必要である。たとえば純粋公共財ではしばしば国家による管理が期待される。ここで課題となるのは公平性と効率性、持続可能性である（Hess and Ostrom 2007：6）。

ＣＰＲではフリーライダー排除はどのように可能なのだろうか。オストロムは検討にあたって、ＣＰＲが分布する地域の環境でありストックである資源システムと、ＣＰＲが生み出す利用可能なフローである資源ユニットを区別し、資源システムを提供・維持・管理する提供者（provider）と資源ユニットを活用・消費する用益者（appropriator）を区別する（さらに細かい区分も可能である〔Schlager and Ostrom 1992：250-251〕）。ここで資源システムは排除性がないために、フリーライダーを避けるには提供者が共同して資源を管理する必要があるが、資源ユニットは競合性を持つ上に、用益者が個人として資源を獲得するため、資源ユニットは私有財の特徴も持つことになる。そのため、共同での資源管理に向けた協力は難しくなるほか、個人の限定合理性や未来の予見困難性からくる不確実性によっても、資源管理の持続可能性は阻害される。この不確実性を低減させてフリーライダーを防ぎ、互いの協力を容易なものにするのが、社会規範と適切な資源管理・資源配分のためのルールである。そのため、その社会規範やルールの特定、およびそのルールが保持されるメカニズムの検討が必要となる。オストロムはこの社会規範の根底に、対面的コミュニケーションの蓄積で生まれる信頼と互酬的関係の必要を指摘する（Ostrom 2003：33-34, 41-42）。こうした研究はさらに、**大気**や**海**など純粋公共財である自然環境にも拡張された。

以上のような分析枠組みの下でオストロムは世界各地の一四のCPR管理の成功／失敗事例を分析し、持続的なCPR管理のための八つの条件（明確な集団の境界、地域に合った資源の提供・用益ルール、適切な集団的意思決定、モニタリング、適切な罰則、適切な紛争解決機構、集団設立権の承認、CPRがより大きなシステムの一部の場合は入れ子状組織）を列挙した（Ostrom, 1990 : 88 - 91）。この八条件はアドホックで整理されていないし、人口変動や市場経済の影響も考慮されていない。[5] とはいえオストロムの研究の意義は、CPR管理に必要な条件を導くための洗練された一つの分析方法を明示し、実証的研究、特に民族誌的研究をさらに刺激したことにある。この点についてジェイムズ・アチェソンは、オストロムの議論のなかでも特に、地域コミュニティにおける集合行動の問題、さまざまな資源管理ルールの分類と分析、資源の特性と所有体制の関係の問題の三点が、人類学者の関心を引くと指摘する（Acheson 2011）。

オストロムの合理的選択理論は、新制度学派経済学の影響を受けつつも、協力関係やルールの変更の重要性を訴えている点で、独自のものである。しかしその個人主義的視点には批判もある（「合理的個人」の項参照）。アルン・アグラウォールはさらに権力という視点の必要性を指摘する（Agrawal 2003 : 257）。しかしより本質的には、コモンズの問題は私有財か公共財（クラブ財、CPR、純粋公共財）かといった資源特性が、その資源の物理的特性だけでなく、その資源管理の社会的枠組み（資源管理

（5）アグラウォールは、さらに他の研究も参照して、CPRの持続的管理に必要な変数（条件）は三〇から四〇もあると指摘する（Agrawal 2003 : 254）。

に関わる人々の社会関係のあり方）とも関わっているという点にある。そして、資源の共同利用は共同の経済的価値を生み出すという点で、コモンズは**公共性**(6)や社会的連帯経済における**連帯の基盤**ともなるのである。しかも、その資源（特に自然資源）は、それ独自の生物や生態系としての論理を持ち、必ずしも社会が想定する論理に従うわけではない（自然の論理の多様性を、秋道の諸研究はよく示している）。このとき「**自然**」は未知の隣人として立ち現われる（その論理の一部は「生態学」として議論されているが、生物の世界や自然の世界はまだわからないことも多く、現代社会では人間は自然を支配しコントロールしようとするが、自然はそれを逃れ、あるいは激しく拒否をする）。それゆえ、もし資本主義経済が理論的には私的所有に基礎を置くとしたら、コモンズの重要性への着目は、資本主義ともマルクス的共産主義とも異なる、別の政治経済システムの可能性に目を開かせる。

(6) 公共性はドイツの社会学者であるアレントやハバーマスが論じたが、これはドイツ語ではÖffentlichkeitであり、直訳すると「開かれていること」である。すなわち、「公共」とは「(みんなに) 開かれていること」なのである。なお、英語ではpublic sphereと訳されるが、この「public」はラテン語のpopulus、すなわち「人々（英語のpeople)」に由来する言葉である。「公共性」の項参照。

情報のコモンズ

一九九〇年代になると、コモンズをめぐる議論は「**情報**」にまで適用される。この時期は、急速なインターネットの拡大とデジタル技術の進展で、純粋公共財であった情報を効果的に私有財に変換することが可能となり（Hess and Ostrom 2007 : 9)、遺伝子コードや伝統医療で使われた薬草の独占的利用権を、その化学構造を解明した研究者や企業に付与しようとしたり、芸術作品の著作権を延長しようとしたりするなど、**知的所有権**を強化しその商業利用を促進しようという議論が現われた。この問題は特に、情報の公共性が民主主義制度や市場制度の根幹に関わる一方、ある種の情報生産には莫大なコストがかかり、そのコストを誰が負担するのかという問題が生じるため、社会的に極めて重要である。多様な情報に自由に接することにより、人は自らの政治的権利をまもることができ、そして新たな情報を創造することができる（ここに、情報への自由なアクセスを保証する、**オープン・アクセス・ソサエティ**の社会的意義がある）。これに対して情報の私有財化は、逆に情報の有効活用を妨げ知的生産性を損なう、「**アンチ・コモンズの悲劇**」（Heller 1998）を引き起こす。また、**情報の私有化**は容易に情報の秘密化（秘密は政治的権威を作り出す一方で、アイデンティティの基盤ともなる）と結びつく点にも注意する必要がある。

知的財産権をめぐる議論はさらに、**文化遺産**の問題にも関連する。ある人々の間で伝承されてきた文化的知識や文化的建造物は、その人々の所有物なのか、あるいは（その人々の間での、あるいは人類一般の）コモンズとして扱うことができるのか、できるとしたらそれはどのような意味においてなのか、そしてその伝承を担ってきた地域の人々はどのような権利を持つのかといったことが、特にその文化を担ってきた人々のアイデンティティとの関わりで問題となる。ある事物が、ある一定の人々にとっての「文化遺産」であるとされるとき、そこにその「文化遺産の担い手」となる人々が定義され、その人々と、その文化遺産が媒介する一定の歴史的過去（その過去は、歴史的事実以上に「集合的記憶」となる）との間に特別の関係が結ばれるが（田中英資 二〇一七）、同時にまた、それが公式に「文化遺産」と呼ばれることにより観光資源化し、歴史的過去には商品価値が与えられる（たとえば、「**世界遺産**」の指定においては、遺産の世界史的価値以上に、その観光資源としての価値に人々が期待していることは、周知のことである）。このように現代社会における「文化遺産」は、人々のアイデンティティ強化に貢献する一方で、その人々が考える重要性とはまた別の価値を必然的に与えてしまう。ここには複数の価値の間のせめぎ合いがみられる。

コモンズと文化人類学

ハーディンの問題提起に始まるコモンズ論は、多分野の現象を包括する議論に発展した。とはいえ、さらに種々の事例研究を通じて詳細を詰めてオストロムの分析的議論の妥当性を検証しつつ、新たな展開を図る必要がある。コモンズの問題は、単に持続可能な資源利用の問題だけに関わるわけではない。資源の共同利用は公共性や個人の経済活動の前提でもあり、人々の文化的アイデンティティの基盤でもある。コモンズをめぐる理論的議論の民族誌的データの付き合わせで、資源利用の公平性・効率性・持続可能性を実現するための組織の内部構造の問題や、コモンズ自体の財の流通ネットワークとの関係を、より厳密かつ比較可能な形で論じることが可能となる。

開発

大資本の手先か住民の味方かという、不毛な二元論を超えて

セネガル・ティエス、二〇〇九年六月——調査地のいつもの滞在先の民家に着いて家の人と談笑していると、家の外で大勢の人が走りだした。家の人に聞くと、デモ隊が警官に蹴散らされたところだという。その村の近くには大きな政府系の工場があるのだが、政府の経済自由化の方針でその経営がインド企業に譲渡されたところ、新経営陣は大胆な従業員削減策に出た。デモはその失業の危機に立った村人たちが組織したものだった。警官は家を一軒一軒まわり、首謀者数人を見つけると留置所に放り込んだ。このように、政府の経済自由化政策は政府の強権化と一体のものであった。しかし自由化政策は結局不評に終わり、ほどなく当時の大統領は再選を阻止される。

開発と社会科学

今日、世界のどこで調査を行なっても、文化人類学者は必ず「**開発**」に出会う。開発機関や開発NGOで活動する人類学者も多い上、たいていフィールド調査地ではなんらかの開発プロジェクトが実施されており、現地での開発関係者との接触も日常茶

飯事である。社会科学の歴史は開発と密接な関係がある。現代文化人類学の理論的基礎となったデュルケム社会学は、社会改革と経済生活向上という開発を目指すサン＝シモンの社会主義理論を継承・発展させたものであるし、フランス人類学を基礎づけたモースの『贈与論』にも社会改革への実践的関心があった。他方、十九世紀以降、各植民地政府は民族誌的知識も活用して植民地支配を強化し、植民地行政官も民族誌的データを熱心に収集し、そのデータは民族学的知識の発展に貢献した。

戦後の開発の歴史

「開発」が国家の中心政策になるのは、第二次世界大戦前後である。ニューディール政策やマーシャル・プランなど、政府による積極的な開発が欧米諸国で実施され、さらに**世界銀行とＩＭＦ（国際通貨基金）**が作られ自由貿易と戦災からの復興が目指された。そして冷戦を背景とした、一九四九年のアメリカ大統領トルーマンの有名な演説以降、貧困解消に向けた開発が新興国への国際援助の主要な目標となった。開発は当初、政府主導の産業振興・輸入代替[1]プロジェクトや民生向上プロジェクトなど、ケインズ主義的政策や社会主義的政策[2]の一環であった。しかしこうした開発政策は必ずしも投資に見合う成果を上げることができず、一九七〇年代には多くの新興国が財政破綻に陥り、そうして生まれた社会の混乱の収拾のため、政権は次々と独裁化した（冷戦の下、アメリカもソ連もこうした独裁体制を支援した）。他方、先進国では「援

（1）輸入代替政策とは、輸入していた製品を国内で生産しようという政策だが、リカードの比較優位説（国際貿易においては、各国は自分の得意な生産に特化したほうが効率的であるという国際貿易の理論）に反し、結局失敗に終わることが多かった。

（2）ケインズ主義的政策とは、ケインズがその『雇用・利子および貨幣の一般理論』で唱えた、政府の金融政策と政府投資による有効需要の創出という政策で、必然的に政府の役割が大きくなる。ここでいう社会主義的政策は、ソ連において第一次世界大戦中に始まり、特にスターリンにより推進された集権的な計画経済政策のことで、本来のマルクスの構想した社会主義とは異なっている。

助疲れ」となり、一九八〇年の**構造調整プログラム（SAP）**の導入となる[3]。

SAPは、世界銀行とIMFが融資の条件（コンディショナリティ）として途上国に課した、一国の経済構造全体の変革を目指す一連の新自由主義的政策プログラムである。具体的には、財政均衡のための歳出削減・公共投資の縮小と、経済活性化・所得向上のための市場の自由化に向けた、一連のマクロ政策パッケージである。途上国政府は世界銀行から融資を拒否されると信用を失い、市場からの資金調達もできなくなるため（「媒介効果」）、SAPのパッケージを丸ごと受け入れるしかなかった。

他方、第二次世界大戦後の早い時期から、大規模開発に伴う貧困層やマイノリティの人権侵害や公害、反対者の政治弾圧、住民の強制移住などが批判され、開発は大企業や独裁者の利益に貢献する一方で**貧困を再生産**したと指摘されてきた（この「かわいそうな貧しい人々」のイメージも、しばしばステレオタイプ化する）。SAPの導入も必ずしもGDPの向上はもたらさず、経済状況を悪化させることも多かった。また、仮にGDPが伸びたとしても、その果実は一部の富裕な国民が享受しただけのことが多かった。財政支出の削減は教育レベルや保健レベルを低下させ、国内の経済格差の拡大を招き、こうして生まれる社会不安が独裁強化[4]や内戦に結びつくことも多く、開発こそが貧困と抑圧を生んだとも批判された。またこれらの開発プランが、欧米の有名大学で博士号を取得したエリートによって作成され、住民や対象国の意向、あるいは開発地域の文化的社会的状況を無視して実施された点も批判された（理念

（3） SAPの導入の背景にも冷戦があった。一九七三年にチリで、ピノチェ将軍がアメリカ政府の支援の下でクーデターを起こし、アジェンデ社会主義政権を倒した（アジェンデ政権の経済政策は失敗し、当時のチリ経済は混乱していた）。この時アメリカは、シカゴ大学のマネタリスト経済学者ミルトン・フリードマンの弟子たち（「シカゴ・ボーイズ」）を新政権に送り込み、新自由主義的政策を推進した（同時に、ピノチェ政権下では多くの政権批判者が行方不明となった）。これがSAPの先駆けとされる。当初は「チリの奇跡」として新自由主義政策の成果が喧伝されたが、実際にはGDPの伸びは平凡だった一方、貧富の格差は拡大し貧困率も上昇した。

（4） もともとSAPは政府の権限の縮小を目指すものである。しかし実際には自由化政策によって不利益を被る人々や反対派を押さえつけるために、政府は強権化

上、SAPの政策パッケージはどこの国にも普遍的に適用可能なはずだった）。

　もちろん、一九六〇年代から展開したコミュニティ・デヴェロップメントのように、こうした批判を踏まえた住民視線に立った開発も試みられてきた。一九八〇年代にはSAPを批判して「**社会開発**」の考えが生まれ、SAPでは軽視されてきた人々の生活の社会的側面の改善、特に教育や保健医療の推進、環境保全、ジェンダー格差の改善や女性の役割の重視（それまでの開発では、女性は主体としても対象としてもほとんど考慮されていなかった）、文化的多様性への配慮が強調された。

　こうしたなか経済学者アマルティア・センは、「**貧困**」を単に所得の低い状態というだけではなく、社会的にも排除され孤立した「権利の剥奪状態」として捉え（セン二〇〇〇）、人々の潜在的能力（ケイパビリティ）を引き出すための社会的施策の重要性を強調した。また、それまでの開発が住民を受け身の受益者と扱ってきたことへの反省から、社会開発では住民自身が自分たちの現状を把握してニーズを発掘する、**参加型農村調査**（PRA）のような**参加型開発**手法が重視された。ただし現実には、住民間の不平等や権力関係、外部との関係、住民の能力などにより、参加型開発も必ずしも貧困を解消したわけではなく、不平等を悪化させることもあった。さまざまな人の間で利害が複雑に絡み合っている現在、世界を抑圧者と被抑圧者に二分することはできず、より精緻な権利剥奪のメカニズムの解明が求められている。

　開発の現状を見るには、毎年発行される世界銀行の『世界開発報告』と国連開発計

し、有能な官僚を期待せざるを得ず、結果として政府の権限は強化される。これを**新古典派のパラドックス**という。

図5　セネガル・ティエスで農民に技術指導をする農村NGOのスタッフ

画の『人間開発報告』が便利である。この毎年の報告を見てみると二つのことに気がつく。一つは、定期的に同じテーマが繰り返されているということで、それらの問題はなかなか解決しないということを示している。もう一つは、「流行」というべきものがあり、ソーシャル・キャピタルやマイクロファイナンスなど、一時期は大きな期待が寄せられ多くの活動家や研究者が興味を示して議論が盛り上がるが、結局、貧困解決に向けた明確な成果も結論もたいして出さずに終わっていくものである。

開発と文化人類学者

フィールドワークで日常的に住民と接する文化人類学者は、早い時期から開発批判を展開し、草の根プロジェクトに参加することもあった。一九九〇年代のポストモダン批判の流れのなかで、それまで当たり前のように使われていた「貧困」「権利」などと言った言葉や科学技術の文化的バイアスも指摘され、地域の実情の検討や、地域に伝承されてきた技術や知識の再評価が要請された。また、開発機関がどのように自ら開発の必要性を作り出してきたのかを明らかにする研究も現れた（Ferguson 1990）[5]。そして住民主体のプロジェクトの重要性が増すと、開発機関も文化人類学的視点に関心を抱きはじめた。こうして日本でも一九九〇年代半ばから**開発人類学**の研究会がいくつかつくられ、ＪＩＣＡ《ジャイカ》（国際協力機構）も開発人類学に関心を寄せた。

しかし日本では、開発関係者の開発人類学に対する期待はまもなく失望に終わっ

（5）　言説批判は、単に誰かの意見という情報（言表）の内容を批判するものではない。さまざまな言表の集合で、多様な言表を生み出すのが言説であるので、言説批判は言説がどのように物理的に生産されているのかを批判するものである。したがって、言説を生み出す諸組織、その言説が流通するメディアの物質的形式（レイアウトや図像形式）やテクノロジー、そのメディア自体の生産形式（書籍の場合は、出版業や製紙業、書物流通の形式など）などが総合的に問題となる。

た。文化人類学者による開発のポストモダン批判は、開発機関の権力性を批判し文化の重要性を訴えながらも、実際には開発機関側と住民側という近代主義（モダン）的二分法の再生産にとどまり、開発事業が貧困削減に必ずしも繋がらないメカニズムや、その克服可能性の理論的検討に至らず、開発現場や住民たちが抱える目の前の問題解決への要求に応えられなかったからである[6]。文化人類学者はいつも地域の文化的事情を考慮する必要を訴えるが、今日の開発は、多様な住民と多様な開発アクターが複雑な利害関係で結ばれた、グローバルなネットワークのなかで地域社会に展開する現象であり、地域にとどまって政府の権力性を指摘するだけでは理解も展望も難しい。開発事業は不必要なのではなく、真に住民のレジリエンスを強化し、その権利を回復するような理論的展望が必要なのである。

開発分析の枠組み

開発研究の中心にある**開発経済学**も、上記の批判を踏まえて大きく進歩した。単純な近代化論であるロストウ理論や、ＧＤＰが増えるだけで貧困も解消するというトリクルダウン理論はもはや過去のものとなり、今や取引費用理論や契約理論など、高度な数学的手法を用いつつも、文化的・社会的要因の重要性も認め（とはいえ、経済学者の文化や社会の理解はまだ問題が多い）、従来通りの統計調査に加えて人類学的なフィールドワークも実施して、精緻な議論が行なわれている（たとえば青山（二〇〇

（6） この点は、たとえば政治学者ロバート・ベイツの研究と対照すればよくわかる。ベイツはアフリカにおいてなぜ開発が貧困改善につながらないか、そのメカニズムを、合理的選択理論を用いて個人の行動から政策の決定までを包括的に明示する（Bates 1981）。人類学者はその理論的前提を批判するが（そしてその批判は的外れではないが）、それに代わるホーリスティックな視点（人類学の特徴の一つは、その「ホーリスティック」な視点だったはず）を提示できたわけではない。

六）やバナジーとデュフロ（二〇一二）。

それでは文化人類学は何ができるのだろうか。ロングは過程論政治人類学の成果の上に行為者アプローチを提唱し、開発に関わるさまざまな行為者の、さまざまな合理性（この合理性は文化的コンクストや社会的行為過程に依存する）に基づく相互交渉からの開発現象の分析を提案する（Long 2001：13-20）。同様の視点からアフリカ研究の成果も踏まえて、ジャン＝ピエール・オリヴィエ・ド・サルダン(7)は、開発を社会変化の一つと捉えその過程を分析する（Olivier de Sardan 1995：7-12）。彼は、開発関係者が持つ「人々のため」という利他主義的論理と近代主義的なステレオタイプが、開発行為を正当化し言説を方向づける一方、開発がマーケットでありアリーナであることを覆い隠すと指摘する。そして、開発というアリーナで活動する、異なる論理と異なる目標・資源を持つ諸機関・アクター（開発機関、ＮＧＯや村落、世帯、それぞれの集団の内部のジェンダーや年齢、地位、エスニック・グループなどに分かれる利害の異なる人々）の、それぞれの間の相互交渉や権力過程の分析の必要性を訴える。

このアリーナのなかでは、開発をめぐるさまざまな主張や政策は、それぞれの組織が言説生産装置となって、非対称情報の下で組織相互の関係性やテクノロジーに規定されながら、メディアを通した経済過程のなかで形成される。イギリス国際開発省で働いてきたデイヴィッド・モスは、希望としての開発、政治・行政としての開発、批判的理解としての開発を区別する必要性を指摘したのち、近年の開発人類学の失敗は

（7）　フランスのアフリカ研究は、モースの影響の下、ジョルジュ・バランディエやマルセル・グリオールによって基礎づけられた。特にバランディエは独立直後のアフリカ諸国の社会変化を研究対象とする一方、ドゴール政権のアフリカ政策とも密接に関わり、多くの弟子を育てた。一九六〇年代に花開くマルクス主義経済人類学は、主にこのバランディエの弟子たちが担っていた。オリヴィエ・ド・サルダン（一九四一－）は、その弟子たちのなかでも最後の世代に属し、先輩世代の生産様式節合論や従属理論の行き詰まりを踏まえつつ、基礎研究から医療や開発研究まで、幅広く手がけ、今日のフランスのアフリカ研究のリーダーの一人となっている。

この三者の相違を捉え損ない、開発関与と開発批判という不毛な二元論を再生産したせいであると指摘する（Mosse 2005：240-241）。ここで必要なのは、開発機関や開発経済学を批判し拒否することではなく、開発をさまざまなアクターや資源の交渉のなかから生まれてくるものと捉えることで、開発を考察する理論的枠組みを作ることである。たとえば、どんな「貧困」の定義も文化的にバイアスがかかり権力性をもっている。とはいえなんらかの貧困状態が問題である以上、その実情の把握には一定の貧困概念と指標の使用は不可避である。そしてその指標は互いに複雑に絡まる各アクターの社会的地位や戦略によって規定される。重要なことは、各指標が明らかにできることとできないことを意識しつつ（どんな指標や方法も対象となる現象の一部しか明らかにできない）、異なる貧困概念がアクター間の相互作用のなかで生み出す効果の解明を通して、貧困発生のメカニズムにアプローチし、その問題を共有し議論するための共通言語を持つことである。

貧困からの解放および公正と平等の実現という、十九世紀の社会思想家たちの夢想は、少なくともすぐには実現しそうにない。われわれの社会では日々さまざまな問題が生じ、それに応じて社会も変化している（しかもその変化には、マルクス理論や近代化理論が主張したような世界史的法則性もない）。その変化がどのように起き、それにどのように対処すべきかを検討することは、まさに社会科学の課題であり、一九五〇年代以降の文化人類学が真正面から研究してきたことでもある。

アソシエーションと社会的連帯経済

連帯はどのように可能なのか、連帯は人々を救えるのか

フィリピン・ボホール、二〇〇三年七月――ボホールの協同組合（その大半は信用組合）の多くは機能不全となっている。協同組合のリーダーたちと協同組合開発庁の職員はその理由を、組合員である農民たちが規律を守らず、協同組合の精神を理解していないからとして、教育の必要性を強調する。しかし、全国の農村協同組合の大半が機能不全になっているという統計を見ると、むしろ協同組合の組織の仕方のほうが人々の生活スタイルに適合していないのではないか、と思われてくる。実際、人々は日常生活で規律を守らないわけではない。フィリピンではこれらの組織は、「協同組合」と呼ばれてはいても、いわゆる協同組合とは別の社会的役割を持つのである。

アソシエーションの歴史

アソシエーションとは、一定の目的のために人々が自主的に参加し、お互いを尊重しながら経済的に協力し合うことで有機的に結びつき、民主的に運営される集団とされる。十八世紀ヨーロッパですでにさまざまに発達していたアソシエーションは[1]、十

（1）ヘーゲルが『法哲学原理』において、家族と国家を媒介する「欲望の体系」の担い手と考えたコルポラツィオーン（職業集団）も、アソシエーションの一種と考えられる。十八世紀のヨーロッパの絶対王権の権力基盤は、これらのアソシエーションだった。

九世紀になると産業の発展がもたらす貧困や不平等を解決する手段や民主主義の基盤として、期待されるようになった(2)。

営利企業や市場に依存せずに、アソシエーションのように人々の「**連帯**」という社会関係に基礎を置いて、公正で貧困のない民主的な経済を作ろうという運動および理論は「**社会的経済**」と呼ばれており、十九世紀ヨーロッパの四つの社会運動（アソシエーション社会主義、フレデリック・ル・プレーらの社会的キリスト教、デュルケムらの連帯主義、国家の介入を嫌う自由主義）が合流するところで生まれた（ドゥフルニ 一九九五：一一－一五）。その特徴は国によって大きく異なっているが、協同組合、相互信用、NGOがその主要な組織と考えられていた。一方、イギリスの社会主義思想家ロバート・オウエンの影響の下、イングランドのロッチデイルに一八四四年に**生活協同組合**である「公正先駆者組合」が設立され、その活動が成功すると、彼らが協同組合活動の原則として定めた「ロッチデイル原則」に刺激され、ヨーロッパ各地で協同組合運動が発展し、十九世紀末には国際協同組合連盟（ICA）の結成と協同組合原則の確立へと展開していった。『贈与論』を書いた人類学者モースも、協同組合運動の活発な活動家であった（『贈与論』のモチーフと協同組合の理念の連続性に注意）。協同組合は経済発展を図る手段として欧米各国でも植民地でも注目された。

二十世紀半ばになると協同組合運動は硬直化し、「社会的経済」という言葉は一時忘れられ、協同組合も連帯の理念から離れ、経営合理性を重視するようになった。社

（2）十九世紀のフランスの社会主義思想家プルードンは、株式会社が社会を支配する「産業帝政」の時代の次は、アソシエーションが支配する「産業共和政」が実現すると予言したが、このようなアソシエーション社会の展望は、マルクスなど当時の社会主義者に共通していた。

図6 フィリピン・ボホールの多目的協同組合のスタッフ

会的経済の理念が復活するのは一九八〇年代のことである。新自由主義に基づく経済政策が不平等を悪化させるとの批判のなかで、アソシエーションと連帯を強調した経済の構築が再び唱えられるようになったのである。そして理念を共有する地域通貨やマイクロファイナンスなども含めて、こうした経済は**社会的連帯経済**と呼ばれるようになった。今日ではアソシエーションは、現代民主主義社会における公共空間の中核を担う市民社会組織として重視される（ハバーマス 一九九四：xxxvii－xl）。

アソシエーションと文化人類学

文化人類学もまたアソシエーションへの関心は高かったが、それは十九世紀の法哲学者ヘンリー・メインの社会進化図式から生まれたものであった。メインは、近代社会を契約に基づく**アソシエーション社会**と特徴づけ、身分に基づいていて血縁社会から地縁社会へと発展した、古代ギリシア＝ローマ社会と対比させたのである（この図式はまた、デュルケムの機械的連帯［＝血縁社会と地縁社会］と有機的連帯［＝近代社会］の区別にもある程度対応する）。二十世紀になるとロバート・ロウィーは進化図式を否定し、血縁集団、地縁集団、アソシエーションが一つの社会に共存するとした（Lowie 1927）。

次々と植民地（当時の人類学の主要な研究対象）が独立し社会が大きく変化し始める一九五〇年代から、人類学では一層、都市的社会の特徴としてアソシエーションが

注目されるようになった。ボワセベンは非集団論的分析の一部として、**コアリッショ**

ンという限定的な目的のために人々が短期的に集まった集団の、社会関係の構造化に果たす重要性を指摘したが（ボワセベン 一九八六：二二一－二二五）[3]、アソシエーションもコアリッションの一つと考えられる。エイブナー・コーエンはアソシエーションを含むさまざまなインフォーマルな利益集団を「複合社会のリネージ」と呼んで重視した（コーエン 一九七六：二〇八）。そしてその後も多くの民族誌的研究が蓄積された。しかしながら文化人類学におけるアソシエーション研究は、それまでの**リネージ**理論に代わることはなかった。ここにアソシエーション研究の困難さの一端が見られる。アソシエーションには個々人の選択が介在するが、個人の選択や意思決定がどのようになされ、その選択がどのように組織を形成・構造化するのかという問題が、「個人」とは何かという、人格の問題とともに問われるのである。

社会的連帯経済の現状

今日、さまざまな社会的連帯経済の活動が世界各地で行なわれ、文化人類学者たちもそれらを調査するようになった。実際、かつてモースがそうであったように、社会的連帯経済の考えは文化人類学の視点に近いのである。

それでは、社会的連帯経済は文化人類学にどのような課題を突きつけるのだろうか。一つの研究から見てみよう。一九八〇年のＩＣＡモスクワ大会で提出された報告

（3） コアリッションとは、一定の限定的な目標のために人びとが自発的に結成する、一時的な同盟のことで、包括的な目標のために永続的に組織されるリネージなどの集団と対比される。ボワセベンはこのコアリッションに、ギャング、仲良し集団、行為セット（特定の目的のために一時的に作られる集団）、党派をあげている（ボワセベン 一九八六：二二一－二二五）。ここでのアソシエーションは、行為セットの一つと考えられる。

『西暦二〇〇〇年における協同組合』（レイドロー報告）は、協同組合運動の成功例として日本の**農業協同組合**(4)とともに、スペインの**モンドラゴン協同組合企業体**を取り上げた。スペイン北部バスク地方のモンドラゴンは、第二次世界大戦後に協同組合運動が発展し、協同組合連合が支配する都市となったからである。しかし、この都市でフィールドワークを行なった文化人類学者シャリン・カスミアがそこで見いだしたのは、形式的にはともかく、実質的には一部の幹部に意思決定権が集中し、社会的公正さよりも経営的合理性が優先される、理念とは異なる現実であった（カスミア 二〇〇〇）。この点でモンドラゴン批判は可能ではあるが、より重要な点は、ここに社会的連帯経済の困難が現われており、かつ文化人類学の課題があるという点である。(5)

社会的連帯経済は効率性と利潤追求が最優先する経済に抗して、社会関係を重視した民主的で公正な経済の実現を目指すもので、その理念の意義は多くの人が認める。しかし現実には必ずしも期待された成果を上げているとは言えず、そこには理念と実態の乖離が見られるのである。この点を、協同組合、マイクロファイナンス、フェアトレードについて見てみよう。

協同組合は、マルクスも含め十九世紀の社会主義思想家の多くが、来たる未来社会の基礎をなすものだと考えていた。そして二十世紀には協同組合運動は大きく発展した。しかし、たしかに農業協同組合や生活協同組合は大きく発展したものの、産業分野では協同組合企業はマイノリティに留まり続け、また成功とされる協同組合もしば

（4） 日本の農業協同組合の前身は、一九〇〇年の法律で設立が認められた、産業組合である。そしてこの産業組合の普及にむけて活躍したのが、まだ東京帝国大学を卒業して農商務省に就職したばかりの柳田国男だった。柳田は、日本の小規模農家（柳田の用語法は「中生産者」）の生活を向上させる道は協同組合の設立にあるが、それは人々の生活に根ざしたものでなくてはならないと考え、全国で啓蒙活動を行なった。しかし残念ながら、柳田の上司は彼の考えを採用せず、柳田は法制局に異動となる。しかし彼は協同組合への関心を持ち続け、日本における人々の協同の可能性を求めて、日本民俗学創始へと歩み出す。

（5） 日本の農業協同組合の全国連合組織である全農は、世界で最も大きな協同組合組織の一つであるが、その「協同組合」的特性は実際には曖昧である。農業経済学者の大泉一貫は、全農を構成する現在のそれぞれの農協は、利用者

しば、モンドラゴンと同様に協同組合の理念と現実の間に乖離が見られるのである。協同組合の成功要因や失敗要因についてはすでに数多くの組織論的研究がある(Bravermanet al. 1991など)。しかし文化人類学的に見れば、イギリス的なロッチデイル・モデルが、それ以外の社会にも適用できるかどうかは自明ではないし、近代以前からある西ヨーロッパのその他の自生的協同組合もそれに従っているとは限らない。

経済学では、アソシエーション的生産組織(とくに工業部門の労働者アソシエーション)は存続が難しいとされる。経済学者ヴラディスラヴ・ヴァレンティノフは協同組合の難点として、共有資源問題(出資金に見合う利益を組合員が得られない)、地平問題(組合員資格の期限の事情から、短期的投資や過少投資が好まれる)、モニター問題(意思決定を残余コントロール権者以外が行なうため非効率が発生する)、影響コスト問題(組合内に利害対立が発生すると派閥間で無駄な争いが発生する)、意思決定問題(規模が大きいと合意形成にコストがかかる)などを列挙する(ibid.:58)。それでも彼は、農業のように家族制生産が中心となるセクターでは、家族生産の規模の小ささを補う協同組合は成功していると指摘する(Valentinov 2007:62-63)。生産の責任をアソシエーションという集団が負う労働者アソシエーションと異なり、農業協同組合のような協同組合では、生産の責任は家族生産を行なう各個人や世帯が負うという相違は重要である。ロッチデイル原則からは一時的に離れ、協同組合という形態がどのような社会的条件において意味を持ち、なぜ人々は協同できるのか、そ

(農業者)による自主的運営という理念から離れ、行政の下請け化している、といった批判を、受け止めるべき批判として紹介している(大泉 二〇一四:二五-二九)。

こでの協同組合の役割は何なのかを、現実のデータをもとに検討する必要がある。

マイクロファイナンスは、貧しい人に少額を、市中の貸金業者よりも低金利（とはいえ年利数十パーセントになる）・無担保で融資するというもので、一九八〇年代にバングラデシュの**グラミン銀行**で有名になり、一時は貧困問題を一挙に解決すると期待された。しかし、世界各地で実施されたマイクロファイナンスについて、その二〇年の経験を総括した経済学者アビジット・バナジーは、起業は促したが、消費の拡大や生活の改善をもたらしたという証拠はないと指摘する（Banerjee 2013 : 508-509）。たしかに女性を対象にした場合、鷹木恵子がマグリブ諸国について示したように、それまで社会的活動に開かれていなかった女性たちに機会を与えたという点は評価できる（鷹木 二〇〇七：三五九－三六一）。しかし、さまざまな不確実性に直面しレジリエンスの低い生活を送る貧しい人々にとって、借入れにより投資をしても、返済に見合う生産を実現できない可能性は大きい（三浦 二〇一七：八八）[6]。

フェアトレードは、貧しい生産者に適正な労働対価を与え、適切な生産者＝消費者関係を築こうというもので、一九八〇年代以降注目されている。しかし、フェアトレードの市場シェアは一パーセントに留まるという事実は、そのシステム上の不備を疑わせる。ラオスのコーヒー生産農民を調査した箕曲在弘は、フェアトレードが農民の収入改善にそれほど貢献していないとした上で、活動家たちは農民の生計戦略を理解していないと指摘している（箕曲 二〇一四：四一九－四二〇）。スサナ・ナロツキー

（6）実のところマイクロファイナンスは、農村で市場が十分に機能していれば農民は自発的に所得の向上を図るという、古典的な合理的個人仮説を前提として持つため、新自由主義の思想と親和的であり（それゆえに世界銀行も積極的に支援した）、その意味では社会的連帯経済と呼ぶのは疑問がある。

は、フェアトレード契約農家も、結局認証制度によって従属的地位に置かれて労働集約的な生産を余儀なくされる一方、品質条件を満たせない場合は通常のマーケットに従わせられるとして、フェアトレードが新自由主義システムの一部として機能することを指摘する（Narotzky 2016：308）。ハバーマスの用語を使えば、そこにはシステム合理性に基づく現代的経済制度としてのフェアトレードと、生活世界の論理に基づく農民の戦略の間の齟齬、そして前者による後者の「植民地化」が見られるのである。(7)

社会的連帯経済における理念と現実

こうしてみると社会的連帯経済は色あせた夢のように見えてくるが、決してそうではない。フィンランドやスウェーデンでの協同組合の日常生活への浸透、イタリアの社会的協同組合の活躍、一九七〇年代に政府主導の協同組合が崩壊したアフリカ諸国での、一九九〇年代以降の農村アソシエーションの発達、日本生まれの産直システムの欧米での注目など、注目すべき社会的連帯経済の事例も多い。そして農業のような、家族制生産が中心となるセクターでは、生産単位としての世帯と市場とをつなぐものとしてのアソシエーションが不可欠である。

とはいえ、それでも理論や活動家の主張と現実の間の乖離はなくならない。それゆえ、なぜうまくいかないのか（あるいはうまくいっているのか）を、組織論的にではなく住民の視点から、地域の諸社会関係や人々の生活戦略との関係で解明する必要が

（7）　ハバーマスは、現代社会では、コミュニケーション的合理性に基礎を置く人々の生活世界が、法や市場というシステムの合理性によって「植民地化」されていると指摘する（ハバーマス　一九八七：三〇八）。

ある（ただし組織論的分析が不要というわけではない）。社会的連帯経済に参加する人は、生活や人生のなかでその活動をどのように位置づけているのか、そして人々はなぜ連帯できるのかを、それぞれの社会的背景のなかで考察しなくてはならない。

一つ重要な点は、社会的連帯経済はそれぞれの社会の歴史的社会的条件によって異なっており、ある社会のモデルをそのまま他の社会に移植するのは難しいという点である（ドゥフルニ 一九九五：三二）。社会的連帯経済はそれぞれの社会独自の社会関係と結びついているのである。イタリアの社会的協同組合の展開を研究した経済学者の田中夏子は、それが家族とその延長の「**親密圏**」[8]に基礎を置くこと、そしてそこからさまざまな人と結びついて事業が拡大していることを指摘するが（田中夏子 二〇〇四：一三〇－一三一）、これは、イタリア的な親族関係と社会的ネットワークを前提に、イタリアの社会的協同組合は成り立っているということである。

この点をさらに、私が調査をしたフィリピン・ボホール州とフランス・ジュラ県の例で見てみよう。ボホール州では、ほとんどの農村信用組合が組合員の債務不履行で機能停止に陥っているが、実は協同組合は地方政治家が政府から自分の支持者に資金を流すためのパイプとなっている。それは汚職と紙一重だが、伝統的なフィリピン農村のパトロン＝クライアント関係が現代の制度に適応した形と見ることもできる。本当に資金が必要な農民はむしろ、信用組合ではなく親族関係のなかで資金を回したり、結婚前に貯めた出稼ぎのお金を使ったりして、資金調達をしているのである。こ

（8）「**親密圏**」とは、具体的・個別的な他者と個別的な関心や配慮で結びつく関係から成り立つ社会空間で、家族や友人たちの世界をさし、他者一般に開かれさまざまな人と交流を持つ社会空間である「**公共圏**（公共性）」に対する語。もちろん、この区別の根底にある公と私を区別する観念は、古代ギリシアに由来するヨーロッパ的概念である。

うした協同組合は実態としては社会的連帯経済とはいえないが、しかしパトロン＝クライアント関係の形で人々の生活のリスク分散に貢献しており、人々はそうしたものとして信用組合を利用しているのである（三浦 二〇一七：八九）。一方、十三世紀以来のハードタイプ・チーズの生産のための協同組合の伝統を持つジュラ県では、チーズ組合は家族制生産と市場経済の間の緩衝装置になっている。とはいえ人々は「ジュラの人間は個人主義者なんだよね」と自嘲する。しかし彼らは個人主義的であるからこそ、争いと他からの妬みを避けて自己の利益を最大化するために進んで協同する。ここでは利己と連帯は同じものの表裏なのである（Miura 2013 : 82, 88n）。

こうした実態の根底には、日々の生活の不確実性を農民がいかに回避するかという**レジリエンス**の問題と、危機の時に誰にどのように頼れるのかという**信頼**の問題がある。ある社会で成功した社会的連帯モデルが他の社会でも通用するかどうかが自明ではないのは、「信頼」が社会構造や文化的アイデンティティと関連するからである。

文化人類学におけるアソシエーション研究の困難と同様に、社会的連帯経済の研究の困難は、個々人がどのような動機で、どのように互いに連帯するのかについてまだ十分に理解されていない点にある。この点を探るには、それぞれ社会において人はどのように行動するのかという、**人格**の問題を避けては通れない。そして、人はどのように連帯し、社会を構造化するのかという問題は、文化人類学の根本問題である。

コラム　十九世紀のフランス農村と文化人類学の前史

フランス東部、スイスと国境を接するフランシュ＝コンテ地方は、経済的にも歴史的にも地味な農村地域であるが、その首都**ブザンソン**は、**フーリエ**と**プルードン**という二人の社会主義思想家を生んだことで知られる（リュミエール兄弟が最初の映画工房を構えた街でもある）。**マルクス**が、フーリエを「ユートピア的」、プルードンを「ブルジョワ的」と呼んだせいで、そうした評価が定着したが、フーリエもプルードンもこの地方の農村の実情からインスピレーションを得ており、決して空想的な議論をしたわけではなかった（とはいえ、十八世紀の建築家ルドゥーが理想都市《ユートピア》として王立製塩都市《サリーヌ・ロワイヤル》を作ろうとしたのがこの地だったのは、偶然だろうか）。この地方は十三世紀以来のチーズ生産の協同組合の伝統があり、十九世紀にはどこの村にも**チーズ組合**があったのだが、彼らの思想は幼少期からいつも見てきていたその伝統に刺激されたものだった。実際、農村協同組合を基礎とした社会を構想したフーリエは、その先駆例としてこの地方のチーズ組合をあげている。

一方、プルードンの諸著作には彼の故郷の農民たちの考え方がそのまま読み取れる。彼は「所有とは盗みである」という言葉で有名だが、それは「私の労働の成果は私のものだが、資本家たちは汗水垂らさずその成果を掠め取っている」という告発であり、この「私の労働の成果は私のもの」とは、まさにチーズ組合の組織原理であり、また中世以来の農民の共同放牧や共有林利用といった、「共同体的慣行」を規定した社会的原理でもあった。一八二二年に、あるベルギーの貴族がこの地方に持っていた広大な森林を周辺自治体に払い下げようとしたところ、その分割をめぐって長期の訴訟沙汰となり、一時期その裁判資料の編集に雇われた青年プルードンは、そこで農民の所有の考えと実態を学んだのだった。

また彼は、正義の根底には「**均衡（または相互性）**」があるとしたが、それは農村の社会秩序の基本である**互酬性**のことであったし、彼の**無償信用**の考えも、この地方の農村では食料や日常生活用品は地域内で自給されており、貨幣はほとんど使われず、農民たちは日常的に財を貸し借りし、定期市でもつけ払いが普通だったという、当時の現実の反映であった（こうした農民の生活は、同じくこの地方出身の画家クールベが数多く描いている）。そしてさまざまな民族誌を読めば、この「**均衡＝互酬性**」概念や所有の考えが、世界各地で見られるものであることが分かる。確かにマルクスがそのヘーゲル理解をこき下ろした通り、貧困ゆえに大学に進学できず独学で諸学を修めたプルードンの社会主義思想は、自己流ではあったが、しかしそれは一種の民俗社会学（folk-sociology）だったのであり、彼のヘーゲル理解の浅さは副次的な問題である（マルクスのプルードン批判の多くは、今では単なる中傷だったことがわかっている）。

十九世紀のフランス農業は、全般的に共同放牧などの**共同体的慣行**が次々と廃止されて個人主義化することで、近代化を実現していく。しかしフランシュ＝コンテ地方では反対に、伝統的な協同組合により農業の近代化を実現し、共同放牧も第二次世界大戦後まで存続するなど、中世以来の「共同体的慣行」が生産性向上に大きく貢献した。さらに、フランスで最初の**農業信用組合**や**農民労働組合**もこの地方で結成され、二十世紀になると南部の工業都市サン＝クロードは労働組合の支配する街となった。他方、農村で協同組合に加入できなかった零細農は十九世紀前半から離村を始め、彼らの一部は国境を越え、腕時計の産地であるスイス・ジュラ地方で時計職人となった（ジュラ山脈のスイス側も、フランス側と同様の酪農地帯であるが、スイス・ジュラの**時計産業**はもと もと、農民の副業として始まった）。そしてジュラ地方の時計職人たちは、一八六〇年代に当時のヨーロッパで最も過激な無政府主義運動を展開し、**バクーニン**も訪れるなどロンドンのマルクス派と対立した（建築家ル・コルビュジエの父もこの地の時計デザイナーだった）。ブザンソンは、フランス革命時にスイスから亡命した時計職人たちがフランスの時計産業を基礎づけた街だったが、第二次世界大戦後の一九七二年にはそのブザンソンの腕時計メーカーのリップ社で、リストラ計画に抗議した労働者が時計工場を乗っ取って自主管理運動を始め（リップ争議）、フーコーらの知識人も応援に駆けつけている。

しかしこの華々しい社会主義の歴史にもかかわらず、**農民**たちは保守政治家たちを支持し、社会主義者を毛嫌いしている。というよりも、実はフランシュ＝コンテの**社会主義**は、保守的な農民的価値を生かそうとする思想だったのである。農民たちが保守的なのは、農業は土地に根ざした知識を基礎にするため、急激な社会変化は農業生産の不確実性を高め農民の生活を脅かすからである。そして彼ら農民たちは、近隣の都市に出て労働者となると、そのまま労働運動の担い手となっていった。プルードン思想は、十九世紀末に至るまでフランスでは強い影響力を持ったが、それはフランスの労働者（その多くは農民出身者）の生活に根ざした考えだったからである。しかし才気煥発な都市知識人のマルクスにとっては、農民は単に粗野で世間知らずな人々だった。

同じフランスでまた別の社会主義を唱えたのが**サン＝シモン**である。彼の思想は、社会全体を有機体として捉えたもので、主としてパリのエリートたちに影響力があり、フランス皇帝のナポレオン三世や、スエズ運河を建設したレセップスもサン＝シモン主義者だった。そしてサン＝シモンの高弟コントは、その思想の影響の下で「社会学」を提唱した。十九世紀末に社会学理論の構築を目指したデュルケムは、コントを介してサン＝シモンの有機体説を受け継いだが、一九二〇年代に生まれる現代文化人類学は、このデュルケム（とモース）の社会学をその理論的基礎の一つとしたのだった。これに対しプルードンの思想は、マルクス派からは不当な扱いを受けるが、それでもその無償信用の考えはゲゼルの地域通貨の考えに影響を与えた。また、別の視点からプルードン理論を批判した経済学者ワルラスは、プルードンの「均衡」概念をヒントに新古典派経済学の理論的基礎の一つとなる一般均衡論を構築した。とはいえワルラス自身は自ら社会主義者を名乗り、土地の国有化を唱えていた。そして社会的経済の理論を基礎づけようとしていたシャルル・ジッドはワルラスの友人でもあった（彼は作家アンドレ・ジッドの叔父で、協同組合運動家で民族学者のモースとも交流が深かった）。

文化人類学を含め、現代のさまざまな社会科学理論や社会思想は、このような現実の歴史のなかで、その歴史的な社会過程と知識人の思考の対話のなかから生まれてきたものだった。そのため、彼らの思想を知るためには、その背景となる人々の生活を知る必要がある。

図8　ブザンソンのヴィクトル・ユーゴー広場。この写真の左側の建物にリュミエール兄弟の生家があり、右側手前の建物に文豪ユーゴーの生家がある。この通りを奥に登っていくと、ブザンソンのシンボルである、町を見下ろす城塞がある。

図7　いつも買い物客や学生で賑わっているブザンソンの中心街、グランド・リュ。この写真の場所のすぐ手前には、社会主義思想家フーリエの生家がある。
（図7・8　前田更子撮影）

終章 過去・現在・未来

箭内 匡

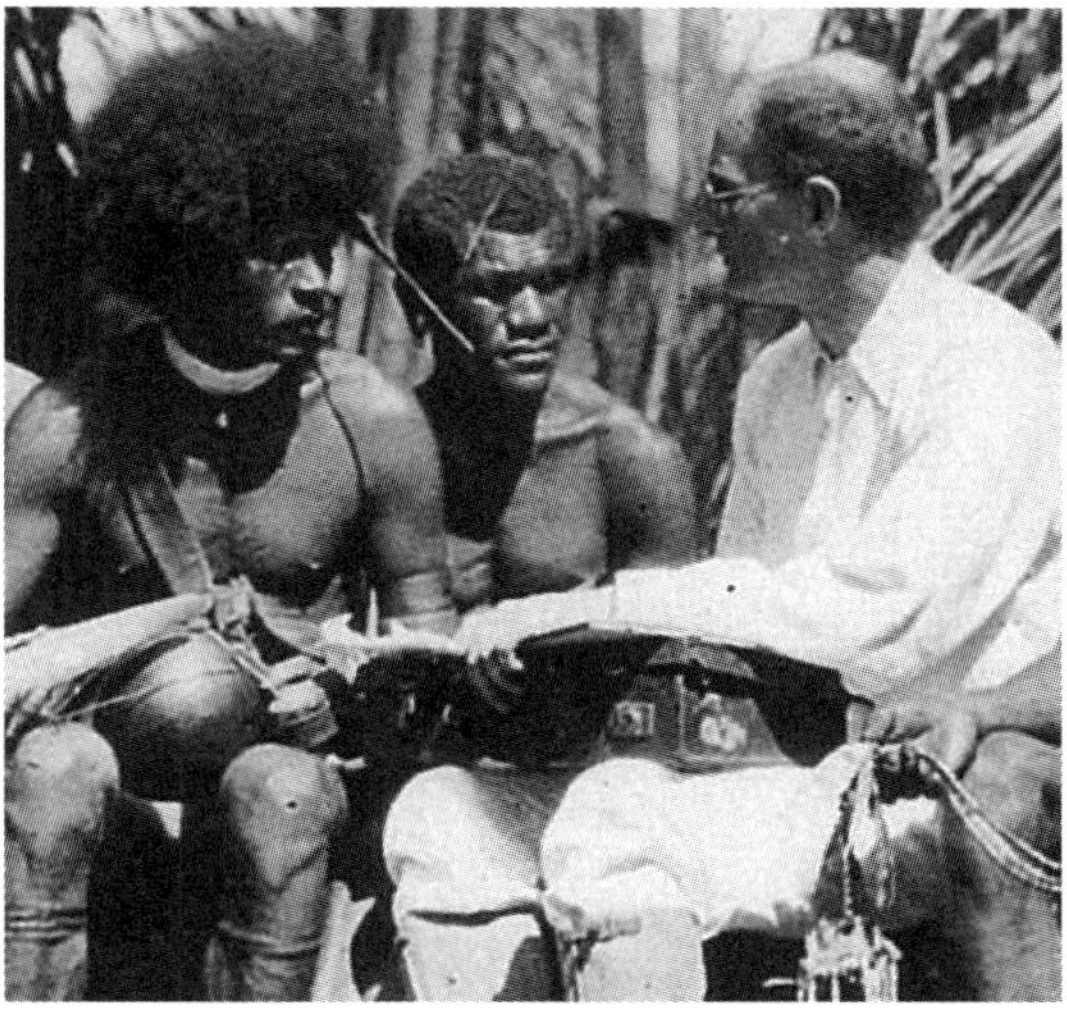

フィールドワーク中のブロニスワフ・マリノフスキ
(Michael W. Young, *Malinowski's Kiriwina: Fieldwork Photography 1915-1918,* University of Chicago Press,1999, p. 69)

文化人類学の現在と過去

人類学は今、どこにいるのか

このワードマップは、文化人類学の今を担う若手研究者が中心になって書いた、同時代的な人類学入門である。人類学は、学問的な言葉を、**フィールドワーク**を通じて自分自身で根本から考え直すことによって進んでいく学問である。それゆえ、著者代表の前川啓治はこの本の執筆者たちに対し、通常「教科書」に想定されるようなオーソドックスな解説を書くのではなく、自分自身の研究の現場に基づいた、血の通った解説を提示するように求めた。従って本書は、キーワード解説による入門書でありつつ、人類学のさまざまな領域の現在を新鮮な形で反映した、力強い文章の集合体でもある。[1]

この本では多くの部分が一九九〇年代の人類学から議論を始める形になっているが、これは、人類学が実際に一九九〇年代前後から根本的な形で変化してきたからである。二十世紀の人類学とかなり異なった二十一世紀の人類学の存在を明確に意識することは、今日、ますます必要になってきているのだ。ただし、この**二十一世紀の人類学**は、それが人類学である以上、もちろん二十世紀の人類学と連続的なものでなけ

(1) このような事情から、以下で本章の各章に触れる際には、当該の章の執筆者名を明記することにする。

ればならない。終章である本章の目的は、この連続性がどんなものであるかを考えることである。

確かに本書では、研究上の進展を学説史的にたどるような語りは断片的にしかなされていない。その意味で、連続性は確かに見えにくい。しかしこのことには利点もある。学説史的な「大きな語り」を避けることで、もっと自由な形で、人類学の現在と過去のさまざまな**部分的連結**を、個々の研究の現場で**発見**することが可能になるからである。

そうした部分的連結の契機は本書の随所に潜んでいる。しかしそれを、特に人類学という学問に初めて出会う読者が発見することは困難だろう。読者はひょっとすると、「これはたぶん今日の人類学なのだろうけれど、しかし、こうした一連の考察の一体どこが人類学的なのか」と疑問を抱くかもしれない。ここでは、そのような疑問に答えることを目指し、人類学の現在をその過去と――そしてできればその可能な未来とも――結びつけてみたいと思う。

一九九〇年代以降の人類学

先ほど、一九九〇年代から人類学が大きく変わってきたと述べた。本書でもしばしば触れられているように、人類学の若手研究者はこうした変化をしばしば、一九八六年にアメリカで刊行された論文集『**文化を書く**』（クリフォード、マーカス編 一九九六）とそれを取り巻く一群の著作からの影響と関係づけて受けとめている。

人類学的研究のかつての典型的な作業は、あるフィールドに長期間滞在して現地調査を行ない、そこにおける「文化」・「社会」を、民族誌として一般的かつ全体的な形で描くこと、そして、そうした民族誌的考察を土台に、より理論的な内容を含んだ人類学的考察を行なうことであった。こうした研究スタイルは、大雑把な方向性としていえば一九九〇年代以来も変わったわけではない。とはいえ、『文化を書く』を中心とする著作群が示したように、この「人類学者が民族誌を書く」という一見すると客観的対象の客観的記述であるかのような行為は、実際には、フィールドの人々と人類学者の間の細やかな**権力関係**(2)——そうしたミクロの権力関係はフィールドを取り囲むマクロの政治経済的関係とも複雑な形で関連する——のなかから出てくることである(3)。そうしたなか、木村周平の執筆による5章で述べられているように、『文化を書く』以後、文化・社会的な問題を集団的レベルでなくて**個人レベル**に焦点を当てて論じたり、また一つの現実にとどまるのではなく、むしろ**複数の現実の間を繋ぐ**ように考察したりする、非典型的なスタイルが評価されるようになる。また里見龍樹による3章で論じられているとおり、民族誌的議論を**非時間的な見方から解放する**ことも積極的になされていった。実際、民族誌的フィールドワークの方法は、現場の物事の微細な関係やニュアンスが把握させてくれる代わりに、研究者の視点を現在に釘付けにしてしまう傾向がなくもない。この点を自覚することは、先ほどの個人レベルの強調

(2) ここでの「権力関係」は、一方的な支配従属の関係と考えるべきではない。むしろミシェル・フーコーが論じたように、権力関係とは、固定的でも可動的・可逆的でもありえ、抑圧的でも創造的でもありうる、と考える方が現実に即している（フーコー 二〇〇六a：二三三－二三五）。

(3) ここで「複雑な形で」という点を強調したのは、一九九〇年代以降、フィールドにおける、（フーコー的な意味での）ミクロの権力関係が、安易にマクロの政治と直結させられる不毛な議論——前川が序章で「超越的」と形容しているような——が量産されたからである。

や複数の現実をつなぐ企てと並んで、人類学者の民族誌的現実の見方を確かに分厚くするものであった。

とはいえ、より長いタイムスパンのなかで考えれば、こうした流れのすべてを『文化を書く』以降の流れと関係づけるのは必ずしも正当でないだろう。『文化を書く』という本自体、一九八〇年代までの人類学の達成の上で書かれた本である。フィールドにおける権力関係に敏感であること、民族誌的現実のなかの個人的次元を捉えること、フィールドの現場性を空間的・時間的に越えて考察することは、時代的制約はあれ、もっと以前から十分に可能なことであった。例えば、人類学と精神分析を通底させる独特の企てを行なったジョージ・**ドゥヴルー**は、一九五〇年代に、一人の北米先住民と精神分析の作業を通じて一対一で向き合った過程を克明に描いた著作を発表している（Devereux 1951）。[4] また同じころに**レヴィ＝ストロース**は、『**悲しき熱帯**』において、異なった時間と空間がさまざまに交錯する重層的で実験的な語りを達成している（レヴィ＝ストロース 二〇〇一）。さらに、人類学者で映画作家でもあったジャン・**ルーシュ**は、やはり二十世紀の半ばに、フランスとアフリカ、映画と人類学を連結しながらさまざまな形で一連の斬新な企てを行なったが、その仕事は、近年次第に認識されつつあるとおり、二十一世紀の人類学の学問的潮流を明確に予告するものであった。[5]

このようにみれば、一九九〇年代以降の人類学の変化の可能性は一九九〇年代に

（4）民族精神医学（ethno-psychiatry）を切り開いたドゥヴルーの仕事は、その独創的な方法論的著作（Devereux 1967）も含め、明らかに、『文化を書く』の代表的著者であるクラパンザーノの仕事の直接の前提になったものでもある。

（5）ルーシュの仕事の詳細については、村尾・箭内・久保編（二〇一四）を参照。仏語圏アフリカを拠点とした彼は、早い時期からネグリチュード運動に直面し、植民地的状況を意識しながら独自の企て――映画中の（特にアフリカ人の）出演者による即興演技、共有人類学の実践、アフリカ人映画作家の育成など――を行なった。なお、共有人類学の考えに従えば、「被調査者」は単なる「インフォーマント」ではなく、人類学者の営みに触発されつつ、自らも自分なりの仕方で「人類学を行なう」可能性をもつ存在である。

なって初めて出てきたのではなく、人類学のなかにすでに潜在していたものであると考えられる。するとむしろ考えるべきなのは、それがなぜ一九九〇年代になって噴出してきたのかということである。

一九九〇年代以降の社会状況

周知のとおり、一九九〇年代は世界全体が激しく変化した時代だった。ソ連崩壊後の、新自由主義的な世界秩序の形成、そして、インターネットの出現に象徴される情報通信技術の飛躍的な発達と普及……。世界が急激に**グローバル化**に向かって突き進む状況を想起すれば、この時代に「文化」・「社会」を全体的・一般的な形で語る仕方――『文化を書く』が批判したような――が失効していったのは当然とも思われる。人類学はそこで、自らの学問的営みの意義を根底から問い直さざるをえなくなったと言える。

私は読者に対し、本書の全体をこのような背景を前提にして読むことを提案したい。一九九〇年代以降の人類学とは、このチャレンジを受け止め、それに答えていくさまざまな企てにほかならないのである。こうした問題意識は、本書の随所に見いだすことができる。例えば、根本達による5章では、社会の**流動化**が加速し、人々がますます**不確実さ**、**不安定さ**のなかで生きるようになっている状況が触れられている。「自分たちが自分たちであること」が根底から揺るがされるなかで、かつて文化・社会と呼ばれていたものが別の仕方で――より意識的で、しばしば排他的な形で――樹立されるようになったこと、それが「**同一性の政治**《アイデンティティ・ポリティクス》」の問題性なのだ。[6] 他方で、今日のグローバル化した世界のもう一つの重要な側面は、**科学技術**が絶えず生み出す新たなものごとの布置が急速に世界中に広がっていくという抗いがたい傾向である。今日では、「文化」・「社会」を科学技術的な事象との絡み合いを考慮せずに論じるのは不可能となった。浜田明範による2章では、そうした状況のもとで人類学的考察を続けていくための、一連の新たな概念的な道具が明快に解説されている。

一九九〇年代以降の世界では、学問的営み自体もまた大きく変化し、自然科学・社会科学を問わず、研究者は自らの研究上のリソースを生かしつつ社会的に「役に立つ」ことが求められるようになった。4章で木村周平が論じる人類学者の実践上のジレンマや、6章で三浦敦が展開する、これまでの人類学者の姿勢への一種の自己批判も、こうした状況と深く関わったものである。こうした一連のチャレンジを受け止めるなかで、人類学はいかにして人類学であり続けることができるのか――これは確かに「二十一世紀の人類学」にとって決定的に重要な問いである。

(6) 正確にいえば、一九九〇年代はこうした流動性、不確実性、不安定性が大きく前景化した時代ではあるが、それ以前にもそうした現象は存在した。同一性《アイデンティティ》の政治も、5章にある通り、グローバル化の時代のみならず、同時により長いタイムスパンをも見据えつつ考察すべきものでもある。

「外」

人類学的思考を貫く本質的要素とは何か

「外」という言葉の意味を考えてみよう。「外に出る」ことは、一方で何か**解放的**な行為であるが、他方では**自分を何かコントロールできないものの危険に晒す**行為でもある。人類学のフィールドワーク、つまり「野外調査」は確かにこの両方の側面を持っている。机上では見事に思えた学問的枠組みも、いざフィールドに持って行ってそれを「外」の力に晒しつづけると、深刻なダメージを受けることが多い。しかしもう一方で、そのようにダメージを受けることは、その見事な枠組みが実は阻害していた**可能性**を新たに表出させる機会にもなりうる。フーコーは、主体としての「私」の思考が破綻する、まさにそのような場所で作動する思考を、「**外の思考**」と呼んだ（フーコー 二〇〇六b）。フーコーはこの「外の思考」という概念を、文学の営み——ここで詩人ランボーの「私は他者である」という有名な言葉を思い出してもよい——に関して用いたのだが、フィールドでの「**他なるもの**」との出会いを通して思考する人類学の営みには、間違いなくこれに似たものがある。(1)

序章で前川が用いる「超越的」と「超越論的」という二つの言葉は、確かに、この

（1） フーコーは『言葉と物』で、文化人類学は精神分析とともに、「〔西欧近代的な〕人間の外部の諸限界」に向かうものであり、西欧近代的な人文諸科学に対する一種の「反＝科学」であると書いた（フーコー 一九七四：四〇一）。今日もなお示唆的な言葉である。なお、ここでの「反＝」とは人文諸科学を根底から組み直そうとする、むしろ肯定的な動きとかかわるものである。

「外の思考」と関係づけることができるだろう。人類学者は、民族誌的フィールドワークという行為を学問的営みの中心に据えることで、安定した主体としての**「私」の思考**――超越的な思考と言ってもよい――を根底から危険に晒す。そこから、「私」の思考が「外の思考」によって侵食されて不安定になった状態が生まれてくるのだが、前川が超越論的と呼ぶのは、まさにそのような形で、「超越的なもの」を脱け出して、その外に留まり続けるような、人類学的思考が本来的に孕む独特の可能性のことである。

人間と社会に関する理論を「外」に引き出す

もちろんこうしたことは、言うは易いが行なうは難い。フィールドワークを行なったあと、そこから民族誌記述へ、人類学的論述へと、**机上での作業**が続いてゆくなかで、「外の思考」が次第に影を潜め、「私」の思考――確かに前と同じ場所に戻るわけでは決してないにせよ――がその力を回復していく場合は多い。二十世紀の古典的人類学は、概していえば、**二歩進んで一歩下がる**ような運動のなかにあったと言えるかもしれない。

二十世紀人類学の核心部分にあった、親族や社会組織の研究も、今日から見ればそのような前後運動のなかにあったと考えられる。深川宏樹は1章で、この分野の研究が「人間」とは何か、「社会」とは何かという根本的な問題と繋がるものであることを指摘したうえで、その古典的理論が究極的には西洋社会の思考を温存するものだったと論じる。そして、それを乗り越えたものとして深川が強調するのは、ワグナーやストラザーンといった人類学者の企てである。彼らは、自らのフィールドであるメラネシアの人々の考えに大きく踏み込んで、「外」に深く侵食された場所から斬新な「社会」の理論を展開していった。そしてそこから出てきたのは、物と人が一緒になって社会関係を形成するなかから「人格化」や「物化」が生起するという、西洋の伝統的な人間理解とは全く異なる思考であった。

（広義での）自然の人類学

メラネシアが、「外の思考」に深く依拠する今日的な人類学的思考の一つの震源地だとすると、もう一つの震源地は疑いなく南アメリカである。3章の執筆者である里見が述べるように、デスコラやヴィヴェイロス・デ・カストロといった人類学者は、南アメリカの先住民たちの考えに深く寄り添うことで、人間と自然の対立を強調する西洋的な自然観を抜け出すような、新しい「自然の人類学」を作り出していった。こうした考察の一つの同時代的成果は、やはり3章で紹介されているデ・ラ・カデナの議論に見ることができる。そこでは、南米諸国の政治における今日的状況のもとで、アンデス高地の先住民が経験してきた一種の**二重の政治**――西欧近代的意味での政治、および、山々などの自然の諸存在との間で先住民が営んできた独特の「政治」

——の両方を考えることの意義が説得的に示されるのである。

ところで学説史的にいえば、こうした**自然の人類学**は、一九八〇年代から一九九〇年代にかけての人類学と**科学技術論**の交流のなかで、科学技術論の発展に支えられながら出てきたものである。２章で浜田が論じる「アクターネットワーク理論」はこの科学技術論から出てきた枠組みであり、それは、科学技術というもの——それを最大限に広い意味で「自然」に含めて考えることは可能だろう——を根底から捉え直すとともに、文化・社会をも根底から捉え直すことを要請するものでもある。同じく２章で論じられる「存在論的」な問題性も、こうした点と関わっている。今日の人類学にとって科学技術論が重要なのは、二十一世紀のグローバル化した世界では、科学技術的なものがあらゆる場所に普及し、**現地の事物とのさまざまな絡み合い**を、現在進行形で生じさせつつあるからである。そうした絡み合いを人類学と科学技術論の両方に依拠しながら、現場において——フィールドにおいて——研究することは、間違いなく、今日の人類学の中心的な研究手法の一つになってきている。

不可量部分

人類学者がフィールドで出会うものとは？

あらゆる人類学的理論は何らかの意味で「**外の思考**」を含んでいる。しかしそれはとてもデリケートなものだ。古典的理論であれ、現代的理論であれ、安易に一般化されたり反復されたりすると、そこにあった「外の思考」は消失してしまう。現実と理論の間にあった活発な交流が失われ、理論が現実を閉じ込める図式が再び確立してしまう——前川の言葉でいえば超越性が再び立ち現われるのだ。この問題は、二十一世紀の人類学について考える上でも決定的に重要である。人類学的考察の内容はこれまでも変化してきたし、今後もさまざまな形で変化していくだろうが、人類学——フィールドという「外」と関わる学問としての——が人類学的であり続ける決定的な条件は、「外の思考」の知的密度を持ち続けることである。「外の思考」なしの人類学は、おそらく社会学または社会科学、ないしその亜流になるだけであり、反対に、社会学ないし社会科学が深く「外の思考」と通じあう時、それは確かに人類学的と呼びうるものになるだろう（一例を挙げるなら、科学技術論が「アクターネットワーク理論」に向かった時の営みは確かに人類学的であったと言えるだろう）[1]。それでは、こ

（1）　たとえばLatour and Woolgar（1986）、ラトゥール（一九九九）を参照。

の「外の思考」の知的密度を保持することは、一体いかにして可能なのだろうか。

マリノフスキ主義の遺産

ここで私が立ち戻りたいのは、人類学の古典中の古典であるマリノフスキの**『西太平洋の遠洋航海者』**である（マリノフスキ 二〇一〇）。なぜなら、「外」の危険に正面から立ち向かう作業としての民族誌的フィールドワークという方法は、一九二二年に刊行されたマリノフスキのこの本の影響のもとで、ある決定的な形で、人類学独自の研究方法として確立されたからである。この本の「序論」は、マリノフスキ自身が実際にトロブリアンド諸島――『西太平洋の遠洋航海者』の研究の舞台――で長期間のフィールドワークを行なう過程で獲得したさまざまなアイデアが詰め込まれ、今日読んでも得るところの多い文章である。そのなかでも中心的な位置にあるのは、**「不可量部分**（imponderabilia）」の概念[(2)]であると言ってよいだろう。急いで付け加えれば、この『西太平洋の遠洋航海者』の「序論」は、人類学を学ぶ者が世代を超えて読み継いできたものだが、奇妙なことに、この「不可量部分」の概念だけはほとんど常に読み落とされてきた。確かにとっつきやすい言葉ではない。ひょっとするとこれは、「私は他者である」というランボーの詩句と同じくらいに謎めいた言葉だったのかもしれない。

マリノフスキはこの「序論」のフィールドワーク論において、現地の習慣や伝統、

（2） この imponderabilia（＝重さを量ることができないもの）は、邦訳（マリノフスキ 二〇一〇）では「不可量的部分」と訳されているが、ここでは読みやすさを考慮し、「不可量部分」と書くことにする。

そして現地の人々独特の思考といったものについて、偏見なしに徹底的に調べることが、フィールドワークの根幹部分をなす作業であると論じる。しかしマリノフスキによれば、それと同時に、フィールドワークをする者が把握しなければならないのが、人々の生活の「不可量部分」と彼が呼ぶものである。それは、「平日のありふれた出来事、身じたく、料理や食事の方法、村の焚火の回りでの社交生活や会話の調子、人々のあいだの強い敵意や友情、共感や嫌悪、個人的な虚栄と野心とが個人の行動にどのように現れ、彼の周囲の人々にどのような気持ちの反応を与えるかという、微妙な、しかし、とりちがえようのない現象」（傍点は引用者）のことである。なぜそれが「不可量」なのかといえば、そうした現象は、現地の習慣や伝統として意識されているわけでもなければ、現地の人々独特の思考として彼らの言葉で表現されるものでもないからだ。「人々が、まじめであるか、ふざけているか、真剣に気持を集中させているか、退屈そうに気まぐれに行動しているか、いつもと同じ気分でいるか、興奮してびりびりしているか」――フィールドのデータは、そうした不可量部分を把握してはじめて生きたものになる。

　不可量部分を把握するためには、「ときにはカメラ、ノート、鉛筆をおいて、目前に行なわれているものに加わるのがよい。人々のゲームに加わるのもよかろうし、彼らの散歩や訪問についていき、すわって彼らの会話を聞き、これに加わってもよかろう」とマリノフスキは言う。逆説的なことに、不可量部分を捉えるためにはデータ収集という作業を忘れることも必要だ、というわけである（以上、マリノフスキ 二〇一〇：五九－六二）。これは次のように考えれば納得できるのではないだろうか。研究者はデータ収集に心を奪われている限り、その思考は「研究者としての私」の主体性のなかに閉じ込められたままである。データ収集の作業を一旦やめて、現地の人々の生の現場に自らを重ねる作業を行なっていくことではじめて、そうした研究者としての主体性の「外」に出て、人々の生の現場で蠢《うごめ》く不可量部分のなかに、自らの思考を十分に浸すことができるのだ。

不可量部分の現在

このマリノフスキのアイデアが今日も有効性を失っていないことは、本書のなかでさまざまな形で見ることができる。例えば、5章で根本は、現代世界における**同一性《アイデンティティ》の政治**について議論するなかで、そうした同一性《アイデンティティ》を超越的視点から眺めるのではなく、人々の生の現場に即して捉え直すべきであることを強調している。マイノリティの人々にとって、同一性《アイデンティティ》の政治学は自らを肯定する手段にもなるのだが、しかし人類学者はそれだけに目を奪われるのではなく、**人々の生の現実に内包されている多様性や柔軟性**——根本はこれを生活世界の論理と呼んでいるが——を全体として捉えることが必要なのであり、そこから真に人類学的な考察が始まるのである。例えばそうした視点からは、根本が述べるように、改宗という宗教と宗教の間を飛び越える行為も、人々の実際の生において確かに存在する連続性のもとで捉えられるようになる。

2章で浜田が展開する**疾病と病い**に関する議論も、同様に不可量部分の問題と関係づけることができるだろう。医療という行為においては、一方では生物医療の観点から同定される疾病が厳然と存在するように見え、もう一方で、より隠れた形ではあるが、患者が主体的に経験する病いが存在するように見える。しかし、モルがフィールドワークに基づく研究を通して示したように、疾病と病いという既存の枠組み——その各々を生物医療的な同一性と主体的な同一性と呼んでもよいかもしれない——から一度思考を解き放って、**医療の現場で生きられている実際の過程**、モルの言う「実行」の過程そのものを捉えるならば、この両者は実際には相互に絡み合いながら複雑な形で現出してくるものであることが分かる。この実行という概念は、疾病や病いのように現実を上から切り分ける概念として用いるべきものではない。それは、具体的な現実と徹頭徹尾同じレベルに留まろうとする、超越論的な概念なのである。

不可量部分をめぐるジレンマ

とはいえ、4章で木村が論じるように、今日の世界において、こうした不可量部分の人類学がある種のジレンマのなかにあることも否定できない。木村は例えば**災害**の問題について論じつつ、一方では、人類学がそこで果たしうるきわめて重要な役割を強調する。災害が起こった時に現実がどの方向に動いていくかは、制度や装置だけでなく、人々が制度や装置と水面下で営んできた、(ここでの言葉遣いに従えば)まさに不可量部分と呼びうるような現実的関係によっても決まってくる。この意味で、日常における社会環境を人々の生の現実的なニュアンスを肌で感じつつ把握していく人類学者の知見は、災害脆弱性を削減しレジリエンスを高めていくことに確かに貢献しうるであろう。

しかし木村は、もう一方で、災害研究の現場で人類学者が直面している深刻な問題についても論じている。不可量部分とじっくり向き合う人類学的アプローチは一般的にいって**時間がかかる**ものだが、災害研究では**スピード感**をもって現場の期待に応えることが求められる。人類学に近い関心を持つ研究者や著作者が、人類学者の隣で、学問的精度は欠いているかもしれないが、人類学者よりもずっと速いスピードで反応していくという状況も無視できないものだ。そうした社会的要請のなかで、人類学者はどのように自らの営みを組み直すことができるのだろうか。似たような状況は、災害研究の現場ほど先鋭的な形ではなくても、今日の人類学が大なり小なりさまざまな領域で直面しているものである。この重要な問いに対して何か簡単な答えがあるとは考えにくい。しかし、不可量部分の概念は、少なくともこの問いを**厳密に考えていくための手がかり**になるものだと思われる。

イメージ

フィールドの現実を新たな目で捉えなおす

今日の人類学が直面している諸問題――前節で述べた不可量部分のジレンマも含めて――を考えるための補助線として、この終章の筆者が提案したいのは、次に述べる意味での**イメージ**の概念である。(1) まずはその概念的内容を二つの点から説明したい。

①イメージとは、ここでは、**感覚・情動・思考のあらゆる作用がわれわれの内部で生み出すもの**――われわれの意識に上らないものも含めて――を指す。一般的用法では、「イメージ」は「言葉」と対立させられることも多いが、ここでは言葉も、むしろイメージを生み出すものとして捉えられる。イメージという言葉はそれゆえ、識閾下の身体感覚から五感によるイメージを経て言語・数式が生み出す高度に抽象的なイメージまで、**雑多なものを雑多なままに内包する**ことになるだろう。(2) イメージ概念の意義は、まさにそうした雑多さを平板化することなく、そこにある蠢《うごめ》きの可能性を全体として一気に捉えることにあるのだ。

②イメージは、さらにいえば、「私」のなかでだけ生起するものではないし、また人間のみが経験するものでもない。例えば人混みのなかを消防車がサイレンを鳴らし

(1) ここで述べることは、この終章の筆者が『イメージの人類学』(箭内 二〇一八) で展開した議論のごく一部である。詳細については同書を参照していただきたい。

(2) イメージを雑多な、多層的なものとする見方の背景にあるのは、イメージというものの本体を、「ある経験の地平から別の経験の地平に移る」ことにあるとするアイデアである。筆者はこのことを「脱イメージ化+再イメージ化」という言葉で概念化している。詳細は箭内 (二〇一八) をご参照いただきたい。

て通り過ぎる時、その消防車のイメージは「私」個人に対してではなく、その場にいた人々、つまり**「私たち」全体に対して**現われた、と考えられる。他方、人間のみならず、**動物や植物、さらには無生物に対しても**、何かが現われる限りはその現われはイメージだと考える。例えば私が飼い犬の吠え声で誰かの存在に気づいたとする。そこでは、最初、犬に現われたイメージが、吠え声を通じて私にも——犬と人間の経験上の差異を含みつつ——共有されたのだ。また、私がカメラで眼前の出来事を撮影するとき、そこでは、私とカメラの内部における相互に異質な過程が結び合わされる形で、イメージが生起したのである。

　こうしたイメージ概念を念頭に置きつつ、**民族誌的フィールドワーク**という作業を振り返ってみよう。フィールドワークを始めた当初の人類学者は、現地の人々が経験しているイメージ——雑多でかつ多方向的に蠢くものとしての——を共有できていない。しかし、現場での経験を重ねてゆくなかで、人々が相互に、あるいは周囲の事物との間で営んでいるイメージの共有関係を次第に共有するようになる。そして、そうした**物事との生きたイメージ的交流**に身を浸すなかで、フィールドノートに書き込まれた人々の行動や言葉の記録も、はじめて十全な意味を持ってくるのである。

イメージ的な雑多さ、イメージ的な結び合い

深川による1章は、社会人類学的な問題性の優れた今日的概観といえるが、そこで

の深川の議論をここで述べたようなイメージ概念と関連づけることもおそらく可能であるだろう。一言でいえば、人類学者による「**人格**」についての理論化は、各々の**フィールドのイメージ的現実をより根深く踏まえる**方向に向かってきたと考えられる。そうした方向性のもと、例えばヴァレンタイン・ダニエルは、南インドのタミル・ナードゥをフィールドに人格の概念を根本から再検討する。そこでは、現地の人々が自らの生を土地や家屋などの諸物質との絶え間ない交流として捉え、またそうした諸物質も含み込んだ上で「人であること」を捉えている現実が考慮されている。先に述べたイメージ概念の説明を踏まえつついえば、ここでのポイントは「まず個物を各レベルで同定したうえでそれを全体として合成する」ような捉え方をしないことであるだろう。そうではなくて、人間と諸物質の混じり合いの**イメージ的雑多さ**が考察の過程で滑り落ちないようにすること、そして同時に、文脈に応じてさまざまに分割される人格のイメージを彼らが経験する通りに**一度で捉えること**が重要なのだ(3)。

「イメージ的雑多さ」と「一度に捉えること」という二つのことは、本書のなかで明示的または暗示的に何度か言及されている、ハラウェイに由来する理論的議論にも見いだされるポイントである。機械と生物がそれぞれの特徴を残したまま「サイボーグ」として結び合うこと(5章)。また人間を特権的対象とみなすのではなく、さまざまな生物種との関係性のなかで考察すること(3章)。人間や機械やさまざまな生物種は、それぞれの仕方で周囲の事物をイメージとして受け止め、またお互いをイ

(3) ここで「イメージ的雑多さ」と「一度に捉えること」という言葉で述べた理論的内容は、M・ストラザーンの『部分的つながり』(二〇一五)にもある通り、カオスとフラクタルの理論に言及しつつ表現されることがある。これは触発的なアイデアだが、しかしこの数学的理論を超越的なモデルとして受容するのは周到に避けるべきである。

メージとして受け止めるのであり、こうした**イメージ的関係**は雑多であると同時に一度に——個物の同定とその後の合成という手続きを経ずに——生起するものである。いったんこのように考えれば、むしろ、人間を他の諸存在から切り離して考察することの方が不自然であることも明瞭に見えてくる。これは本来的には、メラネシアや南インド、あるいは南アメリカのみならず、日本においても理解されていたことであろう[4]。

さらにいえば、イメージ概念に依拠しつつ、2章で浜田が論じる「具体的なものと抽象的なものの区分を無化するような抽象化」のアイデアを発展させることもできるのではないかと思われる。フィールドのイメージを手持ちの専門用語によって読み換えた後に議論するのではなく、フィールドのイメージの**具体性**を保持したままで議論するという方向性——それは人類学が本来的に持っていた方向性でもある[5]——は、確かに今日の人類学においてますます重要になってきている。それと同時に、先ほどの雑多なイメージの全体という考えを土台としつつこの考えを裏返して、われわれが抽象概念として受け止めるものは同時に具体的だと考えるのも重要である。実際、近年の科学技術論および科学技術人類学が力強く論じてきたように、一般に「抽象的」とされるものが、結局は西欧近代における物事の具体的配置のなかで生まれてきたものであることを忘れてはならないのである。

(4) これはそのような日本的文脈から出発した、人類学における独創的な企てとして、岩田慶治の仕事——例えば『草木虫魚の人類学』(一九七三)——が想起されるべきだろう。

(5) 「クラ」(マリノフスキ『西太平洋の遠洋航海者』)や「分節リネージ体系」(エヴァンズ＝プリチャード『ヌアー族』)をはじめ、古典的人類学の多くの重要概念は、それが由来するところの具体的な民族誌的文脈を視野に入れてはじめて適切な形で運用できるものであった。

映像人類学の可能性

イメージ概念をもとに人類学的営みを捉えることは、人類学的考察を**文章表現から非中心化する**こと、そしてそのなかで、例えば、二十世紀人類学において周縁的な位置にあった映像人類学の営みを再評価することにもつながるものである。(6) ここでは、三つの観点から、映像人類学が持つ今日的意義について説明しておきたい。

第一に、具体的なものと抽象的なものの区分の無化という先ほどの議論に照らせば、文章表現と映像表現に絶対的な落差があるわけではないことである。例えば民族誌映画の制作過程において、どの映像とどの映像を繋げるか、その映像をどこで切るか、また、類似したイメージを繰り返したり、異なるイメージを挿入したりして、映像の流れのなかにどんな差異性と反復性を導入するか——映像を編集《モンタージュ》するということは、まさに具体的イメージの**具体性を保持しつつそこに抽象性を加える**ことである。付け加えれば、映像には音声や字幕を通じて言語表現を自由に取り込むことができるし、また（例えば音声のなかの物音によって）見る側の意識に上りにくいニュアンスも盛り込むことができるから、**映像の編集《モンタージュ》**は、相当に分厚い形でイメージ的な雑多さを提示しうると言える。

第二に、映像は不可量部分と親和的な性質のものである。実際、この文脈で「平日のありふれた出来事、身じたく、料理や食事の方法、村の焚火の回りでの社交生活や会話の調子……」というマリノフスキの言葉を想起すれば、彼が不可量部分と呼んで

(6) 映像人類学は、英語圏では visual anthropology と呼ばれ、「視覚的手段による人類学的実践」として理解されてきたが、日本では「映像人類学」という言葉が示す通り、「映像による人類学的実践」という、より広い意味を持っている。ここでは「映像人類学」という言葉を後者の意味で用いる。

いたものが映画映像によって効果的に表現されうることはすぐわかる。[7] もちろん、不可量部分を映像できちんと捉えるためには撮影者がそれを直感的にせよ摑んでいることが必要だし、また撮った映像を適切な形で編集するためには不可量部分の深い理解が前提になる。しかし大雑把にいえば、不可量部分の映像を繰り返し見ることは不可量部分の理解を確かに深めるはずだし、また映像の編集《モンタージュ》を通じ、人類学者自身が**いまだ明瞭な言葉で表現できていない考察**が映像によって伝達可能になる可能性もある。「人類学者＋カメラ」のサイボーグは、確かに、「人類学＋筆記用具」のサイボーグにはない可能性を孕んだものなのだ。

　第三に、映像は、文字による人類学的実践では不可能なことを実現する可能性を持つ。例えばジャン・ルーシュは、今から半世紀以上も前に、映画映像が文字に慣れていない人々にも親しみやすいものであることを利用して、人類学的探究を被調査者の人々と協働で行なう「**共有人類学**」という営みを始めている（村尾・箭内・久保編 二〇一四）。ところで、もし映像が不可量性と親和的なものであるなら、それをうまく利用することで、先に述べた**不可量部分のジレンマを克服する**可能性も開けてくるのではないだろうか。さらにいえば、映像に限らず、人類学の営みを広く（文字メディアに限らない）イメージ的実践として捉え直すなかで、多様な答えの可能性が現われてくるかもしれない。4章で木村が触れている、映像・展示・パフォーマンスによる新たな人類学的表現の試みも、こうした脈絡で理解することができるだろう。

（7）不可量部分と映像の親和的な関係は、たぶんマリノフスキ自身が意識していたことである。彼がトロブリアンド諸島での調査で写真撮影をきわめて重視し——時にはカメラを忘れるべきだと自戒しつつ——、『西太平洋の遠洋航海者』などの民族誌で多数の写真を細心の注意とともに活用したのはその表われである（Wright 1993も参照）。

時間

未来の人類学に向かって思考の軸をずらしてみる

これまでの議論は、今日の人類学を二十世紀人類学との連続線上に置いて考えるものであった。しかし、時間というテーマは、それを二十一世紀の新たな人類学に向けて開いていく可能性を持つものである。二十世紀人類学における民族誌では、人類学者がフィールドで観察した状況や出来事は、過去のことであっても動詞の現在形を使って書くのが普通だった。この動詞の時制の使い方は「**民族誌的現在**」と呼ばれるが、これが一般的に用いられた背景として、民族誌的記述を行なう際、現実のさまざまな要素が相互に連関して作動する様子を全体として描写するためには、過去形よりも現在形の方が適していたという事情があったと考えられる。

しかしこのような現在形の用法には、人類学的考察を対象の現実性に引きつけて、そこに内包された**可能性ないし潜在性を見えにくくする**面があったことも否定できない。確かに、現実のさまざまな要素が相互に連関して作動する様子を捉えるという作業は依然として有意義なものだが、しかしそれが一つの全体をなすかのような想定は捨てる必要がある。むしろ、物事を緩くかつ部分的な連関性のなかで捉えることで、

物事が水面下で営んでいる多方向的な力関係にも光が当たってゆくことになる。こうした考察の方向性は、人類学的営みを**時間**の軸の方に向けることを意味するだろう。

可能性の人類学へ

３章で里見はこの点と関連するいくつかの重要な問題を明快に論じている。そこで最初に述べられるのは、一九八〇年代以降の**歴史人類学**にみられたような、民族誌的対象をアプリオリな全体性から引き離し、歴史のなかに置き直して考察することの意義である。しかし里見は、それと同時に、こうした企てが民族誌的対象を人間中心的枠組みに回収してしまうという問題点を指摘して、「歴史＝自然」に考察を向けていくような新たな方向性を提案する。これは確かに、民族誌と歴史の両方を「外」に引っ張り出し、雑多なままに結び合ったイメージの多方向的な蠢きとその可能性を全体として捉えようとするものだと言えるだろう。

同じ３章で展開される**カーゴ・カルト**についての議論も、歴史の問題性をフィールドの「外の思考」と触れさせる考察として興味深い。カーゴ・カルトは、植民地政府や西洋からきた人々が彼らに与えた衝撃への受動的反応に帰着しうるものではない。なぜなら、里見が述べるように、社会生活を全面的に変化させるという可能性は、メラネシアの人々の思考のなかに最初から潜在していたものだからである。ただし、そうした可能性は常に現出するのではなく、ある特別な時間性のもとでのみ驚きとともに経験されるものなのだ。現実的な生の時間だけではなくて、その下部に潜在している可能的な生の時間をもまるごと受け止めて考える——ベンヤミンの歴史哲学を想起させるこの考えは（ベンヤミン 一九九四）、メラネシア歴史人類学における「外の思考」の表現でありつつ、人類学的営みを時間軸に向けて開くという今日的課題を考える上でも示唆的である。

時間のなかでの「外の思考」

二十世紀の人類学者は、先にも触れたように、民族誌的対象の現実性の把握に追われて、現実の下部に潜在する変化への可能性を十分に注視してこなかったところがある。もちろん、そうしたアプローチが過去において人類学的考察の深化に大きく貢献したことは進んで認めたい。しかし、物事が絶え間なく変化し、「文化」・「社会」を全体的・一般的な形で語る仕方がもはや失効した二十一世紀の世界においては、**現実性から可能性へ**と考察の焦点を移していくことはますます重要になっているように思われる。

この点をまず6章における三浦の議論とともに考えてみたい。三浦はそこで、人類学者による**開発**の問題への取り組みを反省的に捉えつつ、「開発は不必要なのではなく、真に住民のレジリエンスを強化し、その権利を回復するような理論的展望が必要なのである」と論じる。三浦によれば、人類学者が開発批判に終始している間に、開発経済学の側では、人類学的手法をも考慮に入れた精緻な理論構築がなされてきたのであり、人類学は今日の経済学の研究成果をもっと正面から受け止め、それを通して新たな考察の地平を切り開くべきなのである。この議論は、人類学者が民族誌的対象の現実性に過度に囚われることをやめて、むしろ**人々の生における変化への可能性を積極的に捉える**ことに向かうよう促すものだとも考えられる。

　もちろん、ここには一つの大きな問題が存在している。経済学の考え方は**近代的個人**の概念に基づくものであり、1章で深川が論じているように、多くの人類学者にとって、それはとりもなおさず人類学的思考がそこから抜け出すべき原点であった。これに対して三浦は、あえてそのような考察と正反対の方向に向かい、経済学が想定するような個人の概念を前提とした上でどこまで説明が可能であるのかを徹底的に考える――このような研究姿勢は**方法論的個人主義**と呼ばれる――のも大事だと主張する。ここで、二十一世紀の世界においては、こうした考察が方法論的な根拠を持ちうるだけでなく、現実的な根拠も持っていることを見落としてはならないだろう。一九九〇年代以降の新自由主義の世界的支配のなかで、経済学的個人主義に基づく法制度や言説や社会的装置は隅々にまで広がり、それは理論的のみならず実際的な形でわれわれの現実の生の一部をなしているからである。もちろん、そうしたものが地球上に住む人々の生の全体を覆っているわけではない。ここでおそらく要請されてくるのは、最終的には、西欧近代にとっての**他者の論理**を追うという二十世紀人類学の既定路線とは異なる新たな形で「**外の思考**」を育てていくことだろう。そのなかで、人類学ならではの仕方で、社会科学的思考を「外」に通じさせることも可能になるはずだと思われる。

4章で木村が論じる**リスク**の問題もこうしたことと直接つながっている。現代社会ではあらゆる場所でリスクの計算がなされ、そうした考え方はそのなかで生きる誰にとっても親しいものになっている。そして木村が述べるように、「リスクを計算するのは時間を支配し、未来を飼いならすこと」である。しかしもう一方で、同じ4章で論じられる**災害**の問題を思い出してみても、また、有限で単独的なもの——一般性には解消しえないもの——としての**生そのもの**の意味を考えてみても、リスク計算の再帰的システムが生の全体的過程を覆いえないのは自明である。そうしたシステムがいかに日常的な生の過程に深く関与しようとも、生の問題の重要な部分がいつもそうした**システムの外側へと脱け出してゆく**。こうしたことのすべては「外の思考」の問題と関わっている——二十一世紀の人類学が人類学であり続けるためには、時間における「外」に通じた思考を保持することがおそらく必要である。

しかし、そのような思考は一体何をもたらすのだろうか。ここで想起してみたいのは5章における根本の議論である。そこでは、同一性《アイデンティティ》の政治が生み出す袋小路を乗り越える方途として、ツリー（樹木）状のシステムのなかにリゾーム（根茎）状のシステムが結びついて、「リゾーム状になる」ことに注視し、そこに積極的に関与していくことが提案されていた。ここで付け加えるなら、「リゾーム状になる」過程は、そこで微細な力のベクトルが変化することで、いわば「ツリー状になる」過程に転化する可能性をも含んでもいるのであり、だからそこでの考察は、両方向の変化と絡みうるものである（まさにその意味でこれは政治学——より正確にいえばミクロ政治学——の問題なのである）。そして、この枠組みを一般化しつつ、二十一世紀におけるわれわれの生の条件を次のように描写することもできるのではないだろうか。つまり、**われわれの生はツリー状のシステムを土台として成り立っている**のだが、もう一方で、**生そのものはリゾーム状になることなしには存在しえない**。人類学的探究は、こうした生の状況を徹底的に現実に密着した形で捉え、その問題性を考え、そしておそらくそこに介入していくような、二十一世紀の社会にとって不可欠なはずの知の形式なのである。

あとがき

文化人類学は元気がないと言われて久しい。「人類学者はマゾヒストなのですか」。五年ほど前のある講演会の懇親会で、著名な社会学者と話していた折にこう言われた。さすがにその言葉は強烈であったが、「そう言われるとそうなのかもしれませんね。ただ、多くはナルシシストなのでしょうけど」と筆者は応えていた。

オリエンタリズム批判は当初、文学や美学にこそ向けられていたものであるが、人類学にも飛火した。そして、その後の反応をさして件《くだん》の社会学者は、あえてマゾヒストという語を使ったのである。

一九七〇年代後半以降の「人類学の時代」をリードしていた青木保は、かつての「文学青年」に変わって「社会学青年」、そしてその後「人類学青年」が誕生し、今後も増えてゆくであろうと言及していた。人類学はフィールドとともに、時代の思潮を直に反映する分野でもあったのである。不幸な形でそれが作用していったのが、反オリエンタリズムに起因する批判であった。時代性を反映する思想と流行《はや》りは紙一重であると常々思うが、ナルシシストの人類学者はそうした時代背景のなかに埋もれていってしまった。

件の社会学者と同世代で、早くから社会的実践に取り組んできた人類学者に対し、先のやり取りを紹介すると、「ナルシシストだから、ちょっと言われるとそのまま黙ってしまうんだな」という応えが帰ってきた。

現在は、人類学者といっても取り組んでいるトピックも方法もさまざまなので、そうでないタイプも多いだろうが、ヴィヴェイロス・デ・カストロが「ナルシシスト人類学を超えて」と言う時、オリエンタリズム批判の時代背景に乗って展開された「ライティング・カルチュア派」の言説をそのまま真に受けてきた人類学の一時代があったことを認めざるをえない。

しかし、振り返ってみれば、同時代に、レヴィ=ストロース以降の「生成の人類学」の展開の基礎をつくったロイ・ワグナーの「文化創造論」や、構造論から進んだ自然把握の理論に基づくマリリン・ストラザーンの「部分的つながり論」、そして先端分野への独自のアプローチを展開していった「アクターネットワーク論」が存在していたのである。

そして、それ以前には、人類学が他分野に種々独自な概念を提供していた時代があった。しかし、この間、他の分野と意義ある研究上の協同もなされてこなかった。筆者は一九八〇年代、「近代の相対化」という視点からメラネシア系先住民社会のフィールドに入った。そして、フィールドの変容への対応から、トピックを「開発」へと変更するのに、頭の中でみしみしと音をたてるようにしながら世界観を変容させざるをえなかった。変わりゆく世界を捉えるべき時に、それに応じた取り組みを他の分野と協同することなく、人類学内部でしか行なえなかったこともナルシシスト人類学の時代の弊害であろう。

「開発」というトピックは、その後、筆者自らの理論の実践として幅広くコミットしているが、それもフィールドにおける「開発」の、起こるべくして起こる失敗を目の当たりに見てきたからである。人類学者にとってフィールドはあらゆる課題を内包しており、そこから学び、そしてマクロにいたるまでを思考するというのが人類学者の本領であろう。

人類学が学問の世界のなかでマイノリティであった時代は、学問としても存在としても独自性を醸し出していた。人類学の全盛時代には山口昌男、青木保、民俗学者でもある小松和彦、経済人類学者である栗本慎一郎などが時代の議論を引っ張ってゆく一方で、レヴィ＝ストロースの正統な流れを組む川田順造がいた。そうした人類学者の成果は学会という制度を超え、溢れるパワーを感じさせるものであった。人類学者であるということは、そういう制度的構造からはみ出す行為であり、実践であることを筆者は目の当たりに見てきた。

その後まもなく人類学はもはやマイノリティではなくなり、学会がより制度化された時代に人類学を始めた世代の人類学者は、人類学会が人類学界だと捉えているようである。これは、かつて人類学の全盛時代から危惧されていたことではあるが、そのまま現実となっている。

本書の刊行のためには、執筆者による三回の会合を行なっている。原稿の読み合わせや互いへの提案・助言も複数回にわたり行なってきた。ときには、見解が対立することも当然あった。ただ、そうしたやりとりのなかで、筆者としては数々の発見があった。かつての知的興奮のようなものを久しぶりに味わうことができた。

さらに、「ナルシシスト人類学」というものの捉え方も、世代によって異なるということも大きな発見の一つであった。人類学批判全盛の時代に人類学を始めた世代は、良くも悪くも、フィールドを始める前から、特定の批判に対する問題意識をもって人類学という世界に巻き込まれざるを得なかったのだ、ということに驚いている。

人類学にとってこの二〇年、三〇年は「静かな革命」どころではなく、問題が共有されずに静かに断片化する時代だったことを改めて感じざるをえない。多様化と断片化は別のものである。テーマが多様であろうが、人類学としてのパースペクティヴをもつ必要がある。しかし、今、遅ればせながら、本来の展開が再起しようとしている。筆者から見れば、数十年は時間の無駄にも思えるが、それも新たな人類学を生み出すための「産みの苦しみ」だったと思う日がまもなく来るであろう。「存在論的転回」を唱えているホルブラードやピーダーセンが、たとえばワグナーを引いて、書名にそのものを冠した共著を出版して間もない。ここからの再出発はやむを得ないことであり、パラダイム転換に時間がかかったものと理解すべきであろう。

このワードマップが、ワードの説明だけでなく、マップすなわちそれらの位置づけの説明に紙幅を割かざるを得なかったのには、こうした新たな人類学のパラダイム形成という背景がある。編集者である渦岡謙一氏にはその点を御理解いただき、術語の統一から全体の構成に至るまで丁寧な助言をいただいた。感謝の意を表したい。

二〇一八年四月

前川啓治

Life in Capitalist Ruins, Princeton: Princeton University Press.
Turner, Terrence 1991 "Representing, Resisting, Rethinking: Historical Transformations of Kayapo Culture and Anthropological Consciousness," in George Stocking (ed), *Colonial Situations: Essays on the Contextualization of Ethnographic Knowledge*, University of Wisconsin Press, pp.285-313.
Valentinov, Vladislav 2007 "Why Are Cooperatives Important in Agriculture? An Organizational Economics Perspective," *Journal of Institutional Economics*, 3(1):55-69.
Vilaça, Aparecida 2011 "Dividuality in Amazonia: God, the Devil, and the Constitution of Personhood in Wari' Christianity," *The Journal of Royal Anthropological Institute*, 17(2):243-262.
Viveiros de Castro, Eduardo 1998 "Cosmological Deixis and Amerindian Perspectivism," *Journal of the Royal Anthropological Institute*, n.s. 4(3): 469-488.
——— 2009 "The Gift and Given: Three Nano-essays on Kinship and Magic," in S. Bamford and J. Leach (eds.), *Kinship and Beyond: The Genealogical Model Reconsidered*, New York and Oxford: Berghahn Books, pp.237-268.
——— 2012 *Cosmological Perspectivism in Amazonia and Elsewhere: Four lectures given in the Department of Social Anthropology, Cambridge University, February-March 1998*, Hau Master Class Series 1.
Wagner, Roy 1974 "Are There Social Groups in the New Guinea Highlands?" in M. Leaf (ed.), *Frontiers of Anthropology*. New York: Van Nostrand, pp.95-121.
——— 1977 "Analogic Kinship: A Daribi Example," *American Ethnologist*, 4 (4):623-642.
——— 1978 *Lethal Speed: Daribi Myth As Symbolic Obviation*, New York: Cornell University Press.
——— 1991 "The Fractal Person," in M. Godelier and M. Strathern (eds.), *Big Men and Great Men. Personifications of Power in Melanesia*, Cambridge: Cambridge University Press, pp.159-173.
——— 2016 *Invention of Culture* (with a new foreword by Tim Ingold), The University of Chicago Press.
Weismantel, Mary 1995 "Making Kin: Kinship Theory and Zumbagua Adoptions," *American Ethnologist*, 22(4):685-704.
Winch, Peter 1964 "Understanding a Primitive Society," *American Philosophical Quarterly*, 1(4):307-324.
Wong, Heung and Keiji Maegawa 2014 *Revisiting Colonial & Post-Colonial: Anthropological Studies of the Cultural Interface*, Los Angeles: Brudge 21 Publications, Transaction Publishers.
Wright, T. 1993 "Malinowski and the Imponderabilia of Art and Photography," *Journal of the Anthropological Society of Oxford*, XXIV:164-165.

Strathern, Andrew 1973 "Kinship, Descent and Locality: Some New Guinea Examples," in J. Goody (ed.), *The Character of Kinship*. Cambridge: Cambridge University Press, pp.21-33.

——— and Marilyn Strathern 1971 *Self-Decoration in Mount Hagen*, London: Duckworth.

Strathern, Marilyn 1979 "The Self in Self-Decoration," *Oceania*, 49(4):241-257.

——— 1988 *The Gender of the Gift: Problems with Women and Problems with Society in Melanesia*, Berkeley: University of California Press.

——— 1990 "Negative Strategies in Melanesia," in R. Fardon (ed.), *Localizing Strategies: Regional Traditions of Ethnographic Writing*, Edinburgh and Washington: Scottish Academic Press and Smithsonian Institution Press, pp.204-216.

——— 1992a "Parts and Wholes: Refiguring Relationships in a Post-plural World," in Adam Kuper (ed.), *Conceptualizing Society*, pp.75-104, Routledge.

——— 1992b *Reproducing the Future: Anthropology, Kinship, and the New Reproductive Technologies*, New York: Routledge.

——— 1992c "The Decomposition of an Event," *Cultural Anthropology*, 7(2):244-254.

——— 1992d *After Nature: English Kinship in the Late Twentieth Century*, Cambridge: Cambridge University Press.

——— 1996 "Cutting the Network," *The Journal of Royal Anthropological Institute*, 2(3):517-535.

——— 1999 *Property, Substance and Effect: Anthropological Essays on Persons and Things*, London and New Brunswick, NJ: The Athlone Press.

——— 2013 *Learning to See in Melanesia: Four lectures given in the Department of Social Anthropology, Cambridge University, 1993-2008*, Hau Master Class Series 2.

——— (ed.) 2000 *Audit Cultures: Anthropological Studies in Accountability, Ethics, and the Academies*, Routledge.

Tambiah, Stanley 1996 *Leveling Crowds: Ethnonationalist Conflicts and Collective Violence in South Asia*, Berkley: University of California Press.

Thomas, Nicholas 1991 *Entangled Objects: Exchange, Material Culture, and Colonialism in the Pacific*, Cambridge: Harvard University Press.

Thompson, Edward P. 1991 *Customs and Common*, London: Merlin.

Tsai, Yen-Ling, Isabelle Carbonell, Joelle Chevrier and Anna Lowenhaupt Tsing 2016 "Golden Snail Opera: The More-Than-Human Performance of Friendly Farming on Taiwan's Lanyang Plain," *Cultural Anthropology*, 31(4):520-544.

Tsing, Anna Lowenhaupt 2012 "Unruly Edges: Mushrooms as Companion Species," *Environmental Humanities*, 1:141-154.

——— 2015 *The Mushroom at the End of the World: On the Possibility of*

glish translation: (2005) *Anthropology and Development: Understanding Contemporary Social Change*, translated by A. Tidjani Alou, London: Zed Books].
Ortner, Sherry 1995 "Resistance and the Problem of Ethnographic Refusal," *Comparative Studies in Society and History*, 37(1):173–193.
Ostrom, Elinor 1990 *Governing the Commons: the Evolution of Institutions for Collective Action*, Cambridge University Press.
——— 2003 "Towards a Behavioral Theory Linking Trust, Reciprocity and Cooperation," in E. Ostrom and Walker (eds.), *Trust and Reciprocity*, Russel Sage Foundation, pp.19–79.
Posey, Darrell 1990 "Intellectual Property Rights and Just Compensation for Indigenous Knowledge," *Anthropology Today*, 6(4):13–16.
Power, Michael 2007 *Organized Uncertainty: Designing a World of Risk Management*. Oxford University Press.
Prince, Ruth J. 2014 "Navigating Global Health in an East African City." in R.J. Prince and R. Marsland (eds.), *Making and Unmaking Public Health in Africa: Ethnographic and Historical Perspectives*, Athens: Ohio University Press, pp.208–230.
Sahlins, Marshall 1993 "Goodbye to Tristes Tropes: Ethnography in the Context of Modern World History," *The Journal of Modern History*, 65:1–25.
——— 1995 *How Natives Think: About Captain Cook, for Example*, Chicago: University of Chicago Press.
Schlager, Edella and Elinor Ostrom 1992 "Property-Rights Regimes and Natural Resources: a Conceptual Analysis," *Land Economics*, 68(3):249–262.
Schneider, David 1968 *American Kinship: a Cultural Account*, Chicago and London: The University of Chicago Press.
——— 1972 "What is Kinship All About?" in P. Reining (ed.), *Kinship Studies in the Morgan Centennial Year*, Washington D. C.: Washington Anthropological Society, pp.32–63.
——— 1976 "Notes toward a Theory of Culture," in K. Basso and H. Selby (eds.), *Meaning in Anthropology*, Albuquerque: University of Mexico, pp.197–220.
——— 1984 *A Critique of the Study of Kinship*, Ann Arbor: University of Michigan Press.
Scheper-Hughes, Nancy 2004 "The Last Commodity: Post-Human Ethics and the Global Traffic in 'Fresh' Organs," in Aihwa Ong and Stephen Collier (eds.), *Global Assemblages: Technology, Politics, and Ethics as Anthropological Problems*, Basil Blackwell.
Scott, James 1985 *Weapons of the Weak: Everyday Forms of Peasant Resistance*, New Haven: Yale University Press.
Servolin, Claude 1972 "L'absorption de l'agriculture dans le monde de production capitaliste," in Y. Tavernier et al. (dirs.), *L'univers politique des paysans dans la France contemporaine*, Paris : Armand Colin, pp.41–77.

Lowie, Robert 1927 *The Origine of the State*, New York: Harcourt.
Marriott, McKim 1976 "Hindu Transactions: Diversity without Dualism," in B. Kapferer (ed.), *Transaction and Meaning: Directions in the Anthropology of Exchange and Symbolic Behavior*, Philadelphia: Institute for the Study of Human Issues, pp.109–142.
Migot-Adholla, Shem et al. 1991 "Indigenous Land Rights System in Sub-Saharan Africa : a Constraint on Productivity?" *World Bank Economic Review*, 5(1):155–175.
Miura, Atsushi 2013 "Sociability and Associations in Rural French Jura : Justice, Property Rights, and Moral Economy," in Akiko Mori (ed.) *The Anthropology of Europe as Seen from Japan: Considering Contemporary Forms and Meanings of the Social*, Osaka: National Museum of Ethnology, (Senri Ethnological Studies no. 81), pp.67–96.
Mol, Annemarie and John Law 1994 "Regions, Networks and Fluids : Anaemia and Social Topology," *Social Studies of Science* 24:641–671.
Morphy, Howard 1995 "Landscape and the Reproduction of the Ancestral Past," in *The Anthropology of Landscape: Perspectives on Place and Space* in Eric Hirsch and Michael O'Hanlon (eds.), Oxford: Clarendon Press, pp.184–209.
Mosse, David 2005 *Cultivating Development: an Ethnography of Aid Policy and Practice*, London: Pluto Press.
Munn, Nancy D. 1970 "The Transformation of Subjects into Objects in Walbiri and Pitjantjatjara Myth," in Ronald M. Berndt (ed.), *Australian Aboriginal Anthropology: Modern Studies in the Social Anthropology of the Australian Aborigines*, Nedlands: University of Western Australia Press, pp.141–163.
Nagaraj, D. R. 2011 *The Flaming Feet and Other Essays: The Dalit Movement in India*, Shobhi, Prithvi Datta Chandra (ed.), Bangalore: Seagull Books.
——— 2014 *Listening to the Loom: Essays on Literature, Politics and Violence*. Shobhi, Prithvi Datta Chandra (ed.), Bangalore: Seagull Books.
Nandy, Ashis 1990 "The Politics of Secularism and the Recovery of Religious Tolerance," in Das, Veena (ed.), *Mirrors of Violence: Communities, Riots and Survivors in South Asia,* Delhi: Oxford University Press, pp.69–93.
Narotzky, Susana 2016 "Where Have All the Peasants Gone?" *Annual Review of Anthropology*, 45:301–318.
Netting, Robert McC. 1993 *Smallholders, Landholders: Farm Families and the Ecology of Intensive, Sustainable Agriculture*, Stanford: Stanford University Press.
Niwa, Tomoko and Tadashi Yanai 2017 "Flowers' life: Notes and reflections on an art-anthropology exhibition," in Arnd Schneider (ed.), *Alternative Art and Anthropology: Global Encounters*, Bloomsbury, pp.75–87.
Olivier de Sardan, Jean-Pierre 1995 *Anthropologie et développement : essai en socio-anthropologie du changement social*, Paris : APAD-Karthala, [En-

Hoffman, Susanna and Anthony Oliver-Smith (eds.) 1999 *The Angry Earth: Disaster in Anthropological Perspective*, Routledge.

——— 2002 *Catastrophe & Culture: The Anthropology of Disaster*, Oxford: James Currey.

Oliver-Smith, Anthony 1986 *The Martyred City: Death and Rebirth in the Andes*, Albuquerque: University of New Mexico Press.

Holbraad, Martin 2007 "Introduction," in A. Henare, M. Holbraad and S. Wastell (eds.), *Thinking though Things: Theorising Artefacts Ethnographically*, London: Routledge

Holbraad, Martin and Morten Axel Pedersen 2008/09 "Planet M: The Intense Abstraction of Marilyn Strathern," *The Cambridge Journal of Anthropology*, 28(3):43–65.

——— 2017 *The Ontological Turn: An Anthropological Exposition*, (New Departures in Anthropology), Cambridge: Cambridge University Press.

Hydén, Göran 1980 *Beyond Ujamaa in Tanzania: Underdevelopment and an Uncaptured Peasantry*, University of California Press.

Jackson, Jean E. 1995 "Culture, Genuine and Spurious: The Politics of Indianness in the Vaupés, Columbia," *American Ethnologist*, 22(1):3–27.

Janowski, Monica and Flona Kerlogue (eds.) 2007 *Kinship and Food in South East Asia*, Copenhagen: Nisa Press

Kalberg, Stephen 1980 "Max Weber's Types of Rationality: Cornerstones for the Rationalization Process in History," *American Journal of Sociology*, 86(5):1145–1179.

Konrad, Monica 2005 *Nameless Relations: Anonymity, Melanesia and Reproductive Gift Exchange between British Ova Donors and Recipients*, New York and Oxford: Bergham Books.

Langness, Lewis 1964 "Some Problems in the Conceptualization of Highlands Social Structure," *American Anthropologist*, 66(4) Part 2: 162–182.

Lakoff, Andrew 2008 "The Generic Biothreat, or, How We Became Unprepared," *Cultural Anthropology*, 23(3):399–428.

Latour, B. and S. Woolgar 1986 *Laboratory Life: The Construction of Scientific Facts*, Princeton University Press.

Le Roy, Etienne 2011 *La terre de l'autre*, Paris: L.G.D.J.

Leacock, Elenor 1954 "The Montagnais 'Hunting Territory' and the Fur Trade," *American Anthropologist*, 56(5): part 2.

Liaw, York Fang 1976 *Undang-Undang Melaka, Laws of Malacca*, Leiden: M. Nijhoff.

Limbale, Sharankumar 2003 *The Outcaste: Akkarmashi*. Bhoomkar. Santosh (trans.), Delhi: Oxford University Press.

Lindstrom, Lamont 1993 *Cargo Cult: Strange Stories of Desire from Melanesia and Beyond*, Honolulu: University of Hawaii Press.

Long, Norman 2001 *Sociology of Development, Actor Perspectives*, London: Routledge.

endon Press.
——— 1999 "Strathernograms, or the Semiotics of Mixed Metaphors," in E. Hirsch (ed.), *The Art of Anthropology*, London: The Athlone Press, pp.29–75.
Ghassem-Fachandi, Parvis 2012 *Pogrom in Gujarat: Hindu Nationalism and Anti-Muslim Violence in India*, Princeton: Princeton University Press.
Gluckman, Max 1956 *Custom and Conflict in Africa*, Oxford: Blackwell.
Gow, Peter 1991 *Of Mixed Blood: Kinship and History in Peruvian Amazonia*, Oxford: Clarendon Press.
Gregory, Christopher 1982 *Gifts and Commodities*, London: Academic Press.
Grosh, Margaret and Paul Glewwe 2000 *Designing Household Survey Questionnaires for Developing Countries: Lessons from 15 Years of the Living Standards Measurement Study*, vol. 1, Washington: World Bank.
Hann, Chris 1998 "Introduction: the Embeddedness of Property," in C. Hann (ed.), *Property Relations: Renewing the Anthropological Tradition*, Cambridge University Press.
Hannerz, Ulf 1987 "The World in Creolisation," *Africa*, 57(4):546–559.
——— 1990 "Cosmopolitans and Locals in World Culture," *Theory, Culture and Society*, 7:237–251.
Hale, Charles 2006 "Activist Research v. Cultural Critique: Indigenous Land Rights and the Contradictions of Politically Engaged Anthropology," *Cultural Anthropology*, 21(1):96–120.
Halstead, Paul and John O'shea (eds.) 1989 *Bad Year Economics: Cultural Responses to Risk and Uncertainty*, Cambridge University Press.
Harrison, Simon 2004 "Forgetful and Memorious Landscapes." *Social Anthropology*, 12(2):135–151.
Heller, Michael 1998 "The Tragedy of the Anticommons: Property in the Transition from Marx to the Market," *Harvard Law Review*, 111(3):621–688.
Henare, Amiria, Martin Holbraad and Sari Wastel (eds.) 2007 *Thinking Through Things: Theorising Artefacts Ethnographically*, Routledge.
Henrich, Joseph et al. 2005 "Economic Man" in Cross-Cultural Perspective: Behavioral Experiments in 15 Small-Scale Societies," *Behavioral and Brain Science*, 28:795–855.
Hess, Charlotte and Elinor Ostrom, 2007 "Introduction: An Overview of the Knowledge Commons," in C. Hess and E. Ostrom (eds.), *Understanding Knowledge as a Commons: from Theory to Practice*, Cambridge (MT): MIT Press, pp.3–26.
Hirsch, Eric and Michael O'Hanlon (eds.) 1995 *The Anthropology of Landscape: Perspectives on Place and Space*, Oxford: Clarendon Press.
Hodgson, Dorothy L. 2002 "Introduction: Comparative Perspectives on the Indigenous Rights Movement in Africa and the Americas," *American Anthropologist*, 104(4):1037–1049.

Descola, Philippe 2005 *Par-delà nature et culture*, Paris: Gallimard. (2013 *Beyond Nature and Culture*, Janet Lloyd (trans.), Chicago: The University of Chicago Press)
Devereux, George 1951 *Reality and dream : Psychotherapy of a Plains Indian*, New York : International Universities Press.
——— 1967 *From Anxiety to Method in the Behavioral Sciences*, The Hague : Mouton.
Dirks, Nicholas 1987 *The Hollow Crown: Ethnohistory of an Indian Kingdom*, Cambridge: Cambridge University Press.
Durrenberger, E. Paul 1984 "Introduction," in E. P. Durrenberger (ed.), *Chayanov, Peasants, and Economic Anthropology*, Academic Press, pp.1–25.
Ellis, Frank 1998 "Household Strategies and Rural Livelihood Diversification," *Journal of Development Studies*, 35(1) : 1–38.
Eriksen, Thomas Hylland 2005 "How can the Global be Local? : Islam, the West and the Globalization of Identity Politics," in Oscar Hemer and Thomas Tufte (eds.), *Media and Glocal Change: Rethinking Communication for Development*, Buenos Aires: Clasco, pp.345–398.
Errington, Frederick 1974 "Indigenous Ideas of Order, Time, and Transition in a New Guinea Cargo Movement," *American Ethnologist*, 1(2) : 255–267.
Ewald, François 1991 "Insurance and Risk," in *The Foucault Effect: Studies in Governmentality*, Burchell, Graham, Collin Gordon and Peter Miller (eds.), Harvester Wheatsheaf, pp.197–210.
Fabian, Johannes 1983 *Time and the Other: How Anthropology Makes Its Object*, Columbia University Press.
Fassin, Didier 2013 "Why Ethnography Matters: On Anthropology and Its Publics," *Cultural Anthropology*, 28(4) : 621–646.
Ferguson, James 1990 *The Anti-Politics Machine: Development, Depoliticization, and Bureaucratic Power in Lesotho*, University of Minnesota Press.
Fischer, Michael M. J. 2007 "Culture and Cultural Analysis as Experimental Systems," *Cultural Anthropology*, 22(1) : 1–65
Fortes, Meyer 1987 *Religion, Morality and the Person: Essays on Tallensi Religion*, Cambridge: Cambridge University Press.
Fortun, Kim 2001 *Advocacy After Bhopal: Environmentalism, Disaster, New Global Orders*, University of Chicago Press.
——— 2015 "Ethnography in Late Industrialism," Orin Starn (ed.), *Writing Culture and the Life of Anthropology*, Duke University Press., pp.119–136.
Friedmann, Harriet 1980 "Household Production and the National Economy: Concepts for the Analysis of Agrarian Formations," *Journal of Peasant Studies*, 7(2) : 158–184.
Freeman, James M. 1979 *Untouchable: An Indian Life History*, Stanford: Stanford University Press.
Gell, Alfred 1998 *Art and Agency: An Anthropological Theory*, Oxford: Clar-

20:11-28.
Braverman, Avishay et al. 1991 *Promoting Rural Cooperatives in Developing Countries: the Case of Sub-Saharan Africa*, Washington: World Bank (World Bank Discussion Papers 121).
Button, Gregory 2011 *Disaster Culture : Knowledge and Uncertainty in the Wake of Human and Environmental Catastrophe*, Left Coast Press.
Carsten, Janet 1997 *The Heat of the Hearth: the Process of Kinship in a Malay Fishing Community*, Oxford: Clarendon Press.
——— 2001 "Substantivism, Antisubstantivism, and Anti-antisubstantivism," in S. Flankilin and S. Mckinnon (eds.), *Relative Values: Reconfiguring Kinship Studies*, Durham and London: Duke University Press, pp.29-53.
——— (ed.) 2000 *Culture of Relatedness: New Approaches to the Study of Kinship*, Cambridge: Cambridge University Press.
Chatterjee, Partha 1999 "Nationalist Thought and the Colonial World: The Derivative Discourse?" in *The Partha Chatterjee Omnibus*, New Delhi: Oxford University Press, pp.1-181.
——— 2004 *The Politics of the Governed : Reflections on Popular Politics in Most of the World*, New York: Columbia University Press.
Conklin, Beth A. 1997 "Body Paint, Feathers and VCRs: Aesthetics and Authenticity in Amazonian Activism," *American Ethnologist*, 24(4):711-737.
Corsín Jiménez, Alberto 2004 "The Form of the Relation, or Anthropology's Enchantment with the Algebraic Imagination," Manchester: unpublished manuscript.
——— 2008 "Well-Being in Anthropological Balance: Remark on Proportionality as Political Imagination," in A. Corsín Jiménez (ed.), *Culture and Well-Being: Anthropological Approaches to Freedom and Political Ethics*, London: Pluto Press, pp.180-197.
Daniel, Valentine 1984 *Fluid Signs: Being a Person the Tamil Way*, Berkeley: University of California Press.
Das, Veena 1990 "Our Work to Cry: Your Work to Listen," in Veena Das (ed.), *Mirrors of Violence: Communities, Riots and Survivors in South Asia*, Delhi: Oxford University Press, pp.345-398.
Davidson, Andrew 1992 "Rethinking Household Livelihood Strategies," in D. Clay and J. Schwarzweller (eds.), *Household Strategies*, London: JAI Press (*Research in Rural Sociology ad Development*, vol. 5), p.11-28.
Davidson, Donald 2004 *Problems of Rationality*, Clarendon.
de la Cadena, Marisol 2015 *Earth Beings: Ecologies of Practice across Andean Worlds*, Durham and London: Duke University Press.
Deliège, Robert 1992 "Replication and Consensus: Untouchability, Caste and Ideology in India," *Man*, 27(1):155-173.
Demsetz, Harold 1968 "Towards a Theory of Property Rights," *American Economic Review*, 57(2):347-359.

外国語

Abu-Lughod Lila, 1991 "Writing against Culture," in Robert G. Fox (ed.), *Recapturing Anthropology: Working in the Present*, School of American Research Press, pp.137-162.

Acheson, James 2011 "Ostrom and Anthropologists," *International Journal of Commons*, 5(2):319-339.

Adams, Vincanne 2013 *Markets of Sorrow, Labors of Faith: New Orleans in the Wake of Katrina*, Duke University Press.

Agrawal, Arun 2003 "Sustainable Governance of Common Pool Resources: Context, Methods, and Politics," *Annual Review of Anthropology*, 32:243-262.

Anderson, Astrid 2011 *Landscapes of Relations and Belonging: Body, Place and Politics in Wogeo, Papua New Guinea*, New York: Berghahn.

Apffell-Marglin, Frédérique 1985 *Wives of the God-King: The Rituals of the Devadasis of Puri*, Delhi: Oxford University Press.

Appell, George 1995 "Community Resources in Borneo: Failure of the Concept of Common Property and its Implications for the Conservation of Forest Resources and the Protection of Indigenous Land Rights," in G. Dicum (ed.), *Local Heritage in the Changing Tropics*, New Haven (CT): Yale School of Forestry & Environmental Studies, pp.32-52.

Bamford, Sandra 2004 "Conceiving Relatedness: Non-substantial Relations among the Kamea of Papua New Guinea," *The Journal of Royal Anthropological Institute*, 10(2):287-306.

Barlett, Peggy 1980 "Adaptive Strategies in Peasant Agricultural Production," *Annual Review of Anthropology*, 9:545-573.

Bates, Robert 1981 *Markets and States in Tropical Africa: the Political Basis of Agricultural Policies*, University of California Press.

Bailey, Frederick G. 1969 *Strategems and Spoils: a Social Anthropology of Politics*, London: Basil Blackwell.

Banerjee, Abhijit V. 2013 "Microcredit Under the Microscope: What Have We Learned in the Past Two Decades, and What Do We Need to Know?" *Annual Review of Economics*, 5:487-519.

Barth, Fredrik 1981 [1966] "Models of Social Organizations (I, II, III)," in *Selected Essays of Fredrik Barth, vol. 1: Process and Form in Social Life*, Routledge & Kegan Paul, pp.32-75.

Benda-Beckmann, Franz von et al. 2006 "The Property of Properties," in F. von Benda-Beckmann et al. *Changing Property of Properties*, New York: Berghahn Books, pp.1-39.

Bender, Barbara (ed.) 1993 *Landscape: Politics and Perspectives*. Providence: Berg.

Bernstein, Henry 1979 "Concepts for the Analysis of Contemporary Peasantries," *Journal of Peasant Studies*, 6(4):421-44.

——— 1980 "Capitalism and Petty Commodity Production," *Social Analysis*,

フィ――語り・コミュニティ・アイデンティティ』世界思想社，214-234頁
――――2014「人類学から映像-人類学《シネ・アンスロポロジー》へ」村尾静二・久保正敏・箭内匡編『映像人類学《シネ・アンスロポロジー》――人類学の新しい実践へ』せりか書房
――――2016「イメージと力の人類学――または，人類学はなぜ思想的企てであり続けるべきなのか？」『現代思想　総特集 人類学のゆくえ』44(5)：177-189
――――2017「多自然主義を超えて――自然と身体の人類学ための一考察」『現代思想　総特集　人類学の時代』45(4)：192-208
――――2018『イメージの人類学』せりか書房
山下晋司 2014「公共人類学の構築」山下晋司編『公共人類学』東京大学出版会，3-18頁
山口節郎 2002『現代社会のゆらぎとリスク』新曜社
吉田憲司 1999『文化の「発見」――驚異の部屋からヴァーチャル・ミュージアムまで』岩波書店
ラトゥール，ブルーノ 1999『科学が作られているとき』川崎勝・高田紀代志訳，産業図書
――――2008『虚構の「近代」――科学人類学は警告する』川村久美子訳，新評論
ラドクリフ＝ブラウン，アルフレッド 1972「まえがき」フォーテス，エヴァンス＝プリッチャード編『アフリカの伝統的政治体系』大森元吉ほか訳，みすず書房，290-334頁
――――1975『未開社会における構造と機能』（新版）青柳まちこ訳，新泉社
リーチ，エドマンド 1974『人類学再考』青木保・井上兼行訳，思索社
ルーマン，ニクラス 2014『リスクの社会学』小松丈晃訳，新泉社
レヴィ＝ストロース，クロード 1972『構造人類学』荒川幾男・生松敬三・川田順三・佐々木明・田島節夫訳，みすず書房
――――1976『野生の思考』大橋保夫訳，みすず書房
――――1977『悲しき熱帯』（1・2）川田順造訳，中央公論新社（中公クラシックス）
――――1985『悲しき南回帰線』（上・下）室淳介訳，講談社学術文庫
――――2000『親族の基本構造』福井和美訳，青弓社
――――2006-2010『神話論理』早水洋太郎ほか訳，みすず書房
レーナルト，モーリス 1990『ド・カモ――メラネシア世界の人格と神話』坂井信三訳，せりか書房
ローズ，ニコラス 2014『生そのものの政治学――二十一世紀の生物医学，権力，主体性』桧垣達也監訳，小倉拓也・佐古仁志・山崎吾郎訳，法政大学出版局
ワースレイ，ピーター 1981『千年年王国と未開社会――メラネシアのカーゴ・カルト運動』吉田正紀訳，紀伊國屋書店
ワグナー，ロイ 2000『文化のインベンション』山口美恵・谷口佳子訳，玉川大学出版部

松田素二 2009『日常人類学宣言！——生活世界の深層へ／から』世界思想社
マリノフスキ，ブロニスワフ 2010『西太平洋の遠洋航海者——メラネシアのニュー・ギニア諸島における，住民たちの事業と冒険の報告』増田義郎訳，講談社（学術文庫）
三浦敦 2017「市民社会と協同組合——フィリピンとセネガルの農村アソシエーション」信田敏宏ほか編『グローバル支援の人類学』昭和堂，79-101頁
箕曲在弘 2014『フェアトレードの人類学——ラオス南部ボーラヴェーン高原におけるコーヒー栽培農村の生活と協同組合』めこん
村上春樹 1997『アンダーグラウンド』講談社（講談社文庫）
村尾静二 2014「映画を撮ること，共有すること——ロバート・フラハティの「人類学的」映像制作」村尾静二・箭内匡・久保正敏編『映像人類学——人類学の新たな実践へ』せりか書房，28-43頁
————・箭内匡・久保正敏編 2014『映像人類学——人類学の新たな実践へ』せりか書房
メイヤスー，クロード 1977『家族制共同体の理論——経済人類学の課題』川田順造・原口武彦訳，筑摩書房
モース，マルセル 1995「人間精神の一カテゴリー——人格の概念および自我の概念」マイクル・カリザス，スティーヴン・コリンズ，スティーヴン・ルークス編『人というカテゴリー』厚東洋輔・中島道男・中村牧子訳，紀伊國屋書店，15-58頁
———— 1973「贈与論」『社会学と人類学Ⅰ』有地亨ほか訳，弘文堂
———— 2009『贈与論』吉田禎吾・江川純一訳，筑摩書房（ちくま学芸文庫）
———— 2014『贈与論　他二編』森山工訳，岩波書店（岩波文庫）
森田敦郎 2011「民族誌機械——ポストプルーラリズムの実験」春日直樹編『現実批判としての人類学——新世代のエスノグラフィへ』世界思想社，96-120頁
———— 2012『野生のエンジニアリング——タイ中小工業における人とモノの人類学』世界思想社
森正美 2009「フィリピン・ムスリム社会における多元的法体制と法実践の交渉——パラワン島南部のバランガイにおける婚姻手続き過程」角田猛之・石田真一郎編『グローバル世界の法文化——法学・人類学からのアプローチ』福村出版，131-154頁
モル，アネマリー 2016『多としての身体——医療実践における存在論』浜田明範・田口陽子訳，水声社
モルガン，ルイス・ヘンリー 1958-1961『古代社会』（上・下）青山道夫訳，岩波書店（岩波文庫）
屋嘉比収 2009『沖縄戦，米軍占領史を学びなおす——記憶をいかに継承するか』世織書房
箭内匡 1988「人類学と「民族科学」——スペイン・ガリシア地方の民間医療に関する一つの反省」『民族学研究』53(2):155-177
———— 2002「アイデンティティの識別不能地帯で——現代マプーチェにおける「生成」の民族誌」田辺繁治・松田素二編『日常的実践のエスノグラ

フーコー，ミシェル 1974『言葉と物——人文科学の考古学』渡辺一民・佐々木明訳，新潮社
——— 2006a「自由の実践としての自己への配慮」廣瀬浩司訳，『フーコー・コレクション5　性・真理』筑摩書房（学芸文庫）
——— 2006b「外の思考」豊崎光一訳『フーコー・コレクション2　文学・侵犯』筑摩書房（学芸文庫）
——— 2006c「統治性」石田英敬訳，『フーコー・コレクション6　生政治・統治』小林康夫・石田英敬・松浦寿輝編，筑摩書房（学芸文庫）
フッサール，エドムント 1965『現象学の理念』立松弘孝訳，みすず書房
フリードマン，ハリエット 2006「食料の政治経済学——グローバルな危機」『フードレジーム——食料の政治経済学』渡辺雅男・記田路子訳，こぶし書房，13-61頁
ブルデュ，ピエール 1988『実践感覚1』今村仁司・港道隆訳，みすず書房
フレーザー，ナンシー 2012「アイデンティティ・ポリティクスの時代の社会正義——再配分・承認・参加」『再配分か承認か？——政治・哲学論争』加藤泰史監訳，法政大学出版局，7-116頁
ベック，ウルリッヒ 1998『危険社会——新しい近代への道』東廉・伊藤美登里訳，法政大学出版局
———，アンソニー・ギデンズ，スコット・ラッシュ 1997『再帰的近代化——近現代における政治，伝統，美的原理』松尾精文・小幡正敏・叶堂隆三訳，而立書房
ペトリーナ，アドリアナ 2016『曝された生——チェルノブイリ後の生物学的市民』粥川準二監修，森本麻衣子・若松文貴訳，人文書院
ベンヤミン，ウォルター 1994「歴史の概念について」『ボードレール 他五篇』野村修編訳，岩波書店（岩波文庫）
ボアズ，フランツ 2013『北米インディアンの神話文化』前野佳彦編・監訳，磯村尚弘・加野泉・坂本麻裕子・菅原裕子・根本峻瑠訳，中央公論新社
ホブズボウム，エリック，テレンス・レンジャー 1992『創られた伝統』前川啓治・梶原景昭ほか訳，紀伊國屋書店
ホワイト，ウィリアム・フット 2000『ストリート・コーナー・ソサエティ』奥田道大・有里典三訳，有斐閣
ボワセベン，ジェレミー 1986『友達の友達——ネットワーク，操作者，コアリッション』岩上真珠・池岡義孝訳，未來社
前川啓治 1991「「超越的」人類学から「超越論」的人類学へ」日本オセアニア学会『NEWS LETTER』4:12-17
——— 2000『開発の人類学——文化接合から翻訳的適応へ』新曜社
——— 2004『グローカリゼーションの人類学——国際文化・開発・移民』新曜社
——— 2012「はじめに——文化の構築とインターフェースの再帰性」前川啓治編『カルチュラル・インターフェースの人類学——「読み換え」から「書き換え」の実践へ』新曜社
マーカス，ジョージ，マイケル・フィッシャー 1989『文化批判としての人類学——人間科学における実験的試み』永渕康之訳，紀伊國屋書店

から「書き換え」の実践へ』新曜社，189-207 頁
──── 2015『薬剤と健康保険の人類学──ガーナ南部における生物医療をめぐって』風響社
浜本満 1996「差異のとらえかた──相対主義と普遍主義」清水昭俊編『思想化される周辺世界』岩波書店，68-96 頁
林春男・重川希志依 1997「災害エスノグラフィーから災害エスノロジーへ」『地域安全学会論文報告集』7：376-379
林春男・重川希志依・田中聡 2009『防災の決め手「災害エスノグラフィー」──阪神・淡路大震災 秘められた証言』NHK 出版
ハラウェイ，ダナ 2000『猿と女とサイボーグ──自然の再発明』高橋さきの訳，青土社
──── 2001「サイボーグ宣言── 1980 年代の科学とテクノロジー，そして社会主義的フェミニズムについて」小谷真理訳，巽孝之編『サイボーグ・フェミニズム』水声社，27-143 頁
──── 2013a『伴侶種宣言──犬と人の「重要な他者性」』永野文香訳，以文社
──── 2013b『犬と人が出会うとき──異種協働のポリティクス』高橋さきの訳，青土社
バーンスタイン，ピーター 2001『リスク──神々への反逆』（上・下）青山護訳，日本経済新聞社
バーンズ，ジョン 1982「ニューギニア高地におけるアフリカン・モデル」『家族と親族』笠原政治ほか訳，村武精一編，未來社，116-134 頁
ヒース，デボラ，レイナ・ラップ，カレン・スー・タウシッグ 2004「ジェネティック・シチズンシップとは何か」仙波由加里訳，『現代思想』32(10)：173-189
ファーマー，ポール 2012『権力の病理 誰が行使し誰が苦しむのか──医療・人権・貧困』豊田英子訳，みすず書房
フィーニー，デイビッドほか 1998「「コモンズの悲劇」その二二年後」田村典江訳，『エコソフィア』1：76-87
フォーテス，マイヤー 1972「ゴールド＝コースト北部地域におけるタレンシ族の政治体系」フォーテス，エヴァンス＝プリッチャード編『アフリカの伝統的政治体系』大森元吉・安藤勝美・細見真也・星昭・吉田昌夫・林晃史・石井章訳，みすず書房，290-334 頁
──── 1981「単系出自集団の構造」『家族と親族』大塚和夫ほか訳，村武精一編，未來社，63-100 頁
──── 1985『祖先崇拝の論理』田中真砂子編訳，ぺりかん社
深川宏樹 2016「身体に内在する社会性と「人格の拡大」──ニューギニア高地エンガ州サカ谷における血縁者の死の重み」『文化人類学』81(1)：5-25
──── 2017「狂気に突き動かされる社会──ニューギニア高地エンガ州における交換と「賭けられた生」」風間計博編『交錯と共生の人類学──オセアニアにおけるマイノリティと主流社会』ナカニシヤ出版，267-297 頁
福島真人 2010「野生のリスク管理──病棟のダイナミクスを観る」『学習の生態学──リスク・実験・高信頼性』東京大学出版会，253-279 頁

とうしんろく編，高倉浩樹・木村敏明監修 2012『聞き書き震災体験――東北大学 90 人が語る 3.11』新泉社
ドゥ・ヴァール，フランス 2010『共感の時代へ――動物行動学が教えてくれること』柴田裕之訳，紀伊國屋書店
ドゥフルニ，ジャック 1995「第三主要セクターの起源，形態および役割」ジャック・ドゥフルニ，ホセ・ルイス・モンソン編著『社会的経済――近未来の社会経済システム』富沢賢治ほか訳，日本経済評論社，9-35 頁
ドゥルーズ，ジル 2008『シネマ 1　運動イメージ』財津理・斎藤範訳，法政大学出版局
――――，フェリックス・ガタリ 1994『千のプラトー――資本主義と分裂症』宇野邦一・小沢秋広・田中敏彦・豊崎光一・宮林寛・守中高明訳，河出書房新社
床呂郁哉・河合香吏編 2011『ものの人類学』京都大学学術出版会
ド・セルトー，ミシェル 1987『日常的実践のポイエティーク』山田登世子訳，国文社
中川理 2014「市場――モデルと現実のあいだ」内海博久編『現代社会を学ぶ――社会の再構築・再創造のために』ミネルヴァ書房，168-189 頁
中沢新一 2010『カイエ・ソバージュ』講談社
中空萌・田口陽子 2016「人類学における「分人」概念の展開――比較の様式と概念生成の過程をめぐって」『文化人類学』81(1):80-92
中村忠男 2015「訳者解題」『キャプテン・クックの列聖――太平洋におけるヨーロッパ神話の生成』オベーセーカラ・中村忠男訳，みすず書房
根本達 2018『ポスト・アンベードカルの民族誌――現代インドの仏教徒と不可触民解放運動』法藏館
バウマン，ジークムント 2001『リキッド・モダニティ――液状化する社会』森田典正訳，大月書店
ハーヴェイ，デヴィッド 1999『ポストモダニティの条件』吉原直樹監訳，青木書店
ハッキング，イアン 1999『偶然を飼いならす』石原英樹・重田園江訳，木鐸社
ハーディン，ギャレット 1993「共有地の悲劇」桜井徹訳『環境の倫理』（下）晃洋書房，445-470 頁
バトラー，ジュディス 1999『ジェンダー・トラブル――フェミニズムとアイデンティティの攪乱』竹村和子訳，青土社
バナジー，アビジット，エステル・デュフロ 2012『貧乏人の経済学――もういちど貧困問題を根っこから考える』山形浩生訳，みすず書房
ハバーマス，ユルゲン 1985『コミュニケイション的行為の理論』（上）河上倫逸ほか訳，未來社
―――― 1987『コミュニケイション的行為の理論』（下）丸山高司ほか訳，未來社
―――― 1994『公共性の構造転換』第 2 版，山田正行訳，未來社
浜田明範 2012「薬剤と顕微鏡――ガーナ南部における疾病概念とモノの布置」前川啓治編『カルチュラル・インターフェースの人類学――「読み換え」

院大学出版会
セン，アマルティア 2000『自由と経済政策』石塚雅彦訳，日本経済新聞社
ソンタグ，スーザン 2006『隠喩としての病い／エイズとその隠喩』富山太佳夫訳，みすず書房
鷹木恵子 2007『マイクロクレジットの文化人類学――中東・北アフリカにおける金融の民主化に向けて』世界思想社
高倉浩樹編 2015『展示する人類学――日本と異文化をつなぐ対話』昭和堂
――――・滝澤克彦編 2014『無形民俗文化財が被災するということ――東日本大震災と宮城県沿岸部地域社会の民俗誌』新泉社
竹沢尚一郎 2007『人類学的思考の歴史』世界思想社
―――― 2013『被災後を生きる――吉里吉里・大槌・釜石奮闘記』中央公論新社
田中英資 2017『文化遺産はだれのものか――トルコ・アナトリア諸文明の遺物をめぐる所有と保護』春風社
田中夏子 2004『イタリア社会的経済の地域展開』日本経済評論社
田辺明生 2010『カーストと平等性――インド社会の歴史人類学』東京大学出版会
ターナー，ヴィクター 1981「パフォーマンスとしての人類学」大橋洋一訳，『現代思想』9(12):60-81
チャクラバルティ，ディペシュ 1996「急進的歴史と啓蒙的合理主義――最近のサバルタン研究批判をめぐって」臼田雅之訳，『思想』859：82-107
チャヤノフ，アレクサンドル 1957『小農経済の原理』磯辺秀俊・杉野忠夫訳，大明堂
中外日報 2017「B・R・アンベードカル研究会――東京で佐々井氏との対話」『中外日報』（2017年6月30日）中外日報社，11頁
ツィン，アナ・ローウェンホープト 2017「根こそぎにされたランドスケープ（と，キノコ採集という穏やかな手仕事）」藤田周訳，『現代思想　総特集　人類学の時代』45(4):128-150
出口顯 1999「名前と人格の系譜学――マルセル・モース再読」上野和男・森謙二編『名前と社会――名づけの家族史』早稲田大学出版部，28-58頁
―――― 2012『レヴィ＝ストロース――まなざしの構造主義』河出書房新社（河出ブックス）
―――― 2015「エヴァンズ＝プリチャードとリーンハートの考え方――ナイロートの宗教研究における」『文化人類学』80(2):221-241
―――― 2017「ブリコラージュ，進化，メーティス――文化と自然の統合」『現代思想　総特集　人類学の時代』45(4):151-169
デスコラ，フィリップ 2017「自然の構築――象徴生態学と社会的実践」難波美芸訳，『現代思想　総特集　人類学の時代』45(4):27-45
デュモン，ルイ 2001『ホモ・ヒエラルキクス――カースト体系とその意味』田中雅一・渡辺公三訳，みすず書房
デ・ラ・カデナ，マリソル 2017「アンデス先住民のコスモポリティクス――「政治」を超えるための概念的な省察」田口陽子訳，『現代思想　総特集　人類学の時代』45(4):46-80

めぐる（反）歴史的考察」『思想』845：5-36
サッチマン，ルーシー 1999『プランと状況的行為——人間-機械コミュニケーションの可能性』佐伯胖監訳，上野直樹・水川善文・鈴木栄幸訳，産業図書
佐藤信夫 1992『レトリック感覚』講談社（学術文庫）
佐藤裕 1990「三者関係としての差別」『解放社会学研究』4:77-87
———— 2005『差別論——偏見理論批判』明石書店
里見龍樹 2017『「海に住まうこと」の民族誌——ソロモン諸島マライタ島北部における社会的動態と自然環境』風響社
————・久保明教 2013「身体の産出，概念の延長——マリリン・ストラザーンにおけるメラネシア，民族誌，新生殖技術をめぐって」『思想』1066:264-282
サーリンズ，マーシャル 1984『石器時代の経済学』山内昶訳，法政大学出版局
———— 1993『歴史の島々』山本真鳥訳，法政大学出版局
清水昭俊 1999「忘却のかなたのマリノフスキー—— 1930 年代における文化接触研究」『国立民族学博物館研究報告』23(3)：543-634
清水展 2003『噴火のこだま——ピナトゥボ・アエタの被災と新生をめぐる文化・開発・NGO』九州大学出版会
———— 2015「先住民アエタの誕生と脱米軍基地の実現——大噴火が生んだ新しい人間，新しい社会」清水展・木村周平編『新しい人間，新しい社会——復興の物語を再想像する』京都大学学術出版会，17-50 頁
————・木村周平編 2015『新しい人間，新しい社会——復興の物語を再創造する』京都大学学術出版会
白川千尋・石森大知・久保忠行編 2016『多配列思考の人類学——差異と類似を読み解く』風響社
新ケ江章友 2013『日本の「ゲイ」とエイズ——コミュニティ・国家・アイデンティティ』青弓社
スコット，ジェームズ 1999『モーラル・エコノミー——東南アジアの農民反乱と生存維持』高橋彰訳，勁草書房
———— 2017『実践 日々のアナキズム——世界に抗う土着の秩序の作り方』清水展・日下渉・中溝和弥訳　岩波書店
ストラザーン，マリリン 2015『部分的つながり』大杉高司・浜田明範・田口陽子・丹羽充・里見龍樹訳，水声社
———— 2016「歴史のモノたち——出来事とイメージの解釈」深川宏樹訳，『現代思想　総特集　人類学のゆくえ』44(5):80-97
スピヴァク，ガヤトリ 1992『ポスト植民地主義の思想』清水和子・崎谷若菜訳，彩流社
関根康正 1995『ケガレの人類学——南インド・ハリジャンの生活世界』東京大学出版会
———— 2006『宗教紛争と差別の人類学——現代インドで〈周辺〉を〈境界〉に読み替える』世界思想社
————・根本達・志賀浄邦・鈴木晋介 2016『社会苦に挑む南アジアの仏教——B. R. アンベードカルと佐々井秀嶺による不可触民解放闘争』関西学

171-185 頁
――――― 2016「人類学における災害研究――これまでとこれから」橋本裕之・林勲男編『災害文化の継承と創造』臨川書店，29-43 頁
木村秀雄 2007「愚直なエスノグラフィ――著作権・無形文化遺産・ボランティア」『文化人類学』72(3)：383-401
ギル，トム，ブリギッテ・シテーガ，デビッド・スレイター編 2013『東日本大震災の人類学――津波，原発事故と被災者たちの「その後」』人文書院
ギルロイ，ポール 2006『ブラック・アトランティック――近代性と二重意識』上野俊哉・毛利嘉孝・鈴木慎一郎訳，月曜社
久保明教 2015『ロボットの人類学――二〇世紀日本の機械と人間』世界思想社
――――― 2016「方法論的独他論の現在――否定形の関係論にむけて」『現代思想　総特集　人類学のゆくえ』44(5)：190-201
クラインマン，アーサー 1996『病いの語り――慢性の病いをめぐる臨床人類学』江口重幸ほか訳，誠信書房
グラノヴェター，マーク 1998「経済行為と社会構造――埋め込みの問題」『転職――ネットワークとキャリアの研究』渡辺深訳，ミネルヴァ書房，239-280 頁
クラパンザーノ，ヴィンセント 1991『精霊と結婚した男――モロッコ人トゥハーミの肖像』大塚和夫・渡部重行訳，紀伊國屋書店
グリック，ジェイムズ 1991『カオス――新しい科学をつくる』大貫昌子訳，上田睆亮監修，新潮社（新潮文庫）
クリフォード，ジェイムズ 2003『文化の窮状――二十世紀の民族誌，文学，芸術』太田好信・慶田勝彦・清水展・浜本満・古谷嘉章・星埜守之訳，人文書院
―――――，ジョージ・マーカス編 1996『文化を書く』春日直樹ほか訳，紀伊國屋書店
グレイザー，バーニー，アンセルム・ストラウス 1996『データ対話型理論の発見――調査からいかに理論をうみだすか』後藤隆・水野節夫・大出春江訳，新曜社
グレーバー，デヴィッド 2016『負債論――貨幣と暴力の 5000 年』酒井隆史監訳，高祖岩三郎・佐々木夏子訳，以文社
黒崎卓 2001『開発のミクロ経済学――理論と応用』岩波書店
慶田勝彦 1994「子供観」浜本満・浜本まり子編『人類学のコモンセンス――文化人類学入門』学術図書出版社，78-98 頁
コーエン，エイブナー 1976『二次元的人間――複雑社会における権力と象徴の人類学』辰巳浅嗣訳，法律文化社
小松丈晃 2003『リスク論のルーマン』勁草書房
コーン，エドゥアルド 2016『森は考える――人間的なるものを超えた人類学』奥野克巳・近藤宏監訳，亜紀書房
サイード，エドワード 1993『オリエンタリズム』（上・下）今沢紀子訳，平凡社（平凡社ライブラリー）
酒井直樹 1994「死産される日本語・日本人――日本語という統一体の制作を

大泉一貫 2014「農協への期待」大泉一貫編著『農協の未来――新しい時代の役割と可能性』勁草書房，3-51 頁
岡田浩樹 2007「人類学 “at home town” ――地域社会への貢献をめぐる日本の人類学の諸問題」『文化人類学』72(2)：241-268
小田昌教 1994「自然」浜本満・浜本まり子編『人類学のコモンセンス――文化人類学入門』学術図書出版社，21-38 頁
小田マサノリ 2018「アクティヴィスト人類学」奥野克巳・石倉敏明編『Lexicon 現代人類学』以文社，142-145 頁
オベーセーカラ，ガナナート 2015『キャプテン・クックの列聖――太平洋におけるヨーロッパ神話の生成』中村忠男訳，みすず書房
カークセイ，S・エベン，ステファン・ヘルムライヒ 2017「複数種の民族誌の創発」近藤祉秋訳，『現代思想　総特集　人類学の時代』45(4):96-127
春日直樹 1996「「発端の闇」としての植民地――カーゴ・カルトはなぜ「狂気」だったか」山下晋司・山本真鳥編『植民地主義と文化』新曜社
――― 2001『南太平洋のラスプーチン――ヴィチ・カンバニ運動の歴史人類学』世界思想社
――― 2007『〈遅れ〉の思考――ポスト近代を生きる』東京大学出版会
――― 2009「モースに敬意を表するとき」『現代思想』37(10):212-222
カスミア，シャリン 2000『モンドラゴンの神話――協同組合の新しいモデルをめざして』三輪昌男訳，家の光協会
金菱清編 2012『3・11 慟哭の記録――七一人が体験した大津波・原発・巨大地震』新曜社
カーニー，ヒュー　1983『科学革命の時代』中山茂訳，平凡社
柄谷行人 1989『探究Ⅱ』講談社
カリザス，マイクル，コリンズ・スティーヴン，ルークス・スティーヴン編 1995『人というカテゴリー』厚東洋輔・中島道夫・中村牧子訳，紀伊國屋書店
河合洋尚編 2016『景観人類学――身体・政治・マテリアリティ』時潮社
ギアーツ，クリフォード 1991『ローカル・ノレッジ』梶原景昭・小泉潤二・山下晋司・山下淑美訳，岩波書店
――― 1987『文化の解釈学』（I・II）吉田禎吾・柳川啓一・中牧弘允・板橋作美訳，岩波書店
北中淳子 2016「精神医学による主体化――精神療法とバイオロジーの人類学」鈴木晃仁・北中淳子編『精神医学の歴史と人類学』東京大学出版会，161-193 頁
ギデンズ，アンソニー 1993『近代とはいかなる時代か？―モダニティの帰結』松尾精文・小幡正敏訳，而立書房
――― 2005『モダニティと自己アイデンティティ――後期近代における自己と社会』秋吉美都・安藤太郎・筒井淳也訳，ハーベスト社
――― 2015『社会の構成』門脇健一訳，勁草書房
木村周平 2013『震災の公共人類学――揺れとともに生きるトルコの人びと』世界思想社
――― 2014「災害の公共性」山下晋司編『公共人類学』東京大学出版会，

引用文献

日本語

青山和佳 2006『貧困の民族誌――フィリピン・ダバオ市のサマの生活』東京大学出版会

秋道智彌 2010『コモンズの地球史――グローバル化時代の共有論に向けて』岩波書店

東浩紀・大澤真幸 2003『自由を考える――9・11以降の現代思想』NHK出版

アパデュライ，アルジュン 2004『さまよえる近代――グローバル化の文化研究』門田健一訳，平凡社

アルチュセール，ルイ 2005『再生産について――イデオロギーと国家のイデオロギー装置』西川長夫ほか訳，平凡社

アンダーソン，ベネディクト 1997『増補　想像の共同体――ナショナリズムの起源と流行』白石さや・白石隆訳，NTT出版

伊藤俊治 1993『聖なる肉体』リブロポート

伊藤泰信 2009「学という市場，市場のなかの学――人類学とその外部環境をめぐって」織田竜也・深田淳太郎編『経済からの脱出』春風社，25-55頁

――― 2015「民族誌なしの民族誌的実践――産業界における非人類学的エスノグラフィの事例から」『九州人類学年報』42:17-21

岩田慶治　1973『草木虫魚の人類学――アニミズムの世界』淡交社

インゴルド，ティム 2014『ラインズ――線の文化史』工藤晋訳，左右社

――― 2017『メイキング――人類学・考古学・芸術・建築』金子遊・水野友美子・小林耕二訳，左右社

ヴィヴェイロス・デ・カストロ，エドゥアルド 2015a『インディオの気まぐれな魂』近藤宏・里見龍樹訳，水声社

――― 2015b『食人の形而上学――ポスト構造主義的人類学への道』檜垣立哉・山崎吾郎訳，洛北出版

――― 2016「アメリカ大陸先住民のパースペクティヴィズムと多自然主義」近藤宏訳，『現代思想　総特集　人類学のゆくえ』44(5):41-79

ウィリス，ロイ 1979『人間と動物――構造人類学的考察』小松和彦訳，紀伊國屋書店

宇田川妙子 2012「ジェンダーと親族――女性と家内領域を中心に」河合利光編『家族と生命継継承――文化人類学的研究の現在』時潮社，149-177頁

内山田康 2011「チェッラッタンマンは誰か？――関係的神性，本質的神性，変態する存在者」『文化人類学』76(1):53-76

江原由美子 1985『女性解放という思想』勁草書房

エヴァンズ＝プリチャード，エドワード・E 1978『ヌアー族――ナイル系民族の生業形態と政治制度の調査記録』向井元子訳，岩波書店

――― 2001『アザンデ人の世界――妖術・託宣・呪術』向井元子訳，みすず書房

ま　行

や　行

ら　行

わ　行

は 行

な　行

た　行

さ　行

事項索引

マ　行

ヤ　行

ラ　行

ワ　行

ナ　行

ハ　行

サ　行

タ　行

人名索引

著者紹介（執筆順）

深川宏樹（ふかがわ ひろき）〔１章〕

1981年生まれ。筑波大学大学院人文社会科学研究科博士課程修了、博士（文学）。現在、兵庫県立大学環境人間学部准教授。専門は社会人類学、人格論。

主要論文：「身体に内在する社会性と「人格の拡大」」（『文化人類学』81巻1号)、「紛争の「重み」、感情の仲裁」(『文化人類学』82巻4号)。

浜田明範（はまだ あきのり）〔２章〕

1981年生まれ。一橋大学大学院社会学研究科博士後期課程単位取得退学、博士（社会学)。現在、関西大学社会学部准教授。専門は医療人類学、アフリカ地域研究。

著訳書：『薬剤と健康保険の人類学』（風響社)、M・ストラザーン『部分的つながり』（共訳、水声社)、A・モル『多としての身体』（共訳、水声社)。

里見龍樹（さとみ りゅうじゅ）〔３章〕

1980年生まれ。東京大学大学院総合文化研究科博士課程単位取得退学、博士（学術)。現在、早稲田大学人間科学学術院専任講師。専門は文化人類学、メラネシア民族誌。

著書・論文：『「海に住まうこと」の民族誌――ソロモン諸島マライタ島北部における社会的動態と自然環境』（風響社)、「「沈む島」と「育つ岩」――あるいは、「生き存えること」の人類学」（『現代思想』2018年１月号）など。

木村周平（きむら しゅうへい）〔４章〕

1978年生まれ。東京大学大学院総合文化研究科博士課程中途退学、博士（学術)。現在、筑波大学人文社会系准教授。専門は文化人類学（日本・トルコ)。

著書：『震災の公共人類学』（世界思想社)、『新しい人間、新しい社会』（清水展との共編、京都大学学術出版会)、『災害フィールドワーク論』（杉戸信彦・柄谷由香との共編、古今書院)。

根本 達（ねもと たつし）〔５章〕

1975年生まれ。筑波大学大学院人文社会科学研究科博士課程修了、博士（国際政治経済学)。現在、筑波大学人文社会系助教。専攻は文化人類学、南アジア地域研究。

著書・論文：『ポスト・アンベードカルの民族誌』（法藏館)、「ポスト・アンベードカルの時代における自己尊厳の獲得と他者の声」（『文化人類学』81巻2号）など。

三浦 敦（みうら あつし）〔６章〕

1963年生まれ。東京大学大学院博士課程単位取得退学、博士（学術)。現在、埼玉大学大学院教授。専門は農村開発研究、協同組合研究（フランス、フィリピン、セネガル)。

主要論文：「現代市場社会における非私的所有の効率性と社会性」（『社会人類学年報』38号)、「セネガルの土地改革」（『アジア経済』57巻1号）など。

著者紹介

前川啓治（まえがわ けいじ）〔はじめに、序章、あとがき〕
1957年生まれ。大阪大学大学院人間科学研究科博士課程単位取得退学、博士（文学）。現在、筑波大学人文社会系教授。専門は文化人類学、グローバリゼーション論、地域開発。
著書：『開発の人類学――文化接合から翻訳的適応へ』（新曜社）、『カルチュラル・インターフェースの人類学――「読み換え」から「書き換え」の実践へ』（編著、新曜社）など。

箭内 匡（やない ただし）〔終章〕
1962年生まれ。東京大学大学院総合文化研究科博士課程修了、博士（学術）。現在、東京大学大学院総合文化研究科教授。専門は文化人類学。
著書：『イメージの人類学』（せりか書房）、『映像人類学《シネ・アンスロポロジー》――人類学の新しい実践へ』（共編著、せりか書房）、『映画的思考の冒険』（編著、世界思想社）など。

ワードマップ
21世紀の文化人類学
世界の新しい捉え方

初版第1刷発行 2018年6月12日

著　者　前川啓治・箭内 匡・深川宏樹・浜田明範・里見龍樹・木村周平・根本 達・三浦 敦
発行者　塩浦　暲
発行所　株式会社 新曜社
〒101-0051 東京都千代田区神田神保町3-9
電話（03）3264-4973㈹・Fax（03）3239-2958
E-mail：info@shin-yo-sha.co.jp
URL：http://www.shin-yo-sha.co.jp/
印　刷　メデューム
製　本　イマヰ製本所

ISBN978-4-7885-1582-6　C1030